O FATOR MAIA

O Guia Definitivo para a Compreensão do
APOCALIPSE 2012

JOSÉ ARGÜELLES

O FATOR MAIA

O Guia Definitivo para a Compreensão do
APOCALIPSE 2012

Tradução
MAURO DE CAMPOS SILVA

Editora
Cultrix
SÃO PAULO

O primeiro número à esquerda indica a edição, ou reedição, desta obra. A primeira dezena à direita indica o ano em que esta edição, ou reedição foi publicada.

Edição	Ano
8-9-10-11-12-13-14-15	08-09-10-11-12-13-14

Direitos de tradução para a língua portuguesa
adquiridos com exclusividade pela
EDITORA PENSAMENTO-CULTRIX LTDA.
Rua Dr. Mário Vicente, 368 – 04270-000 – São Paulo, SP
Fone: 2066-9000 – Fax: 2066-9008
E-mail: pensamento@cultrix.com.br
http://www.pensamento-cultrix.com.br
que se reserva a propriedade literária desta tradução.

Dedicado ao meu instrutor, o incomparável C.T. Mukpo

SUMÁRIO

AGRADECIMENTOS

A elaboração e a produção de *O Fator Maia* não teria sido possível sem o amor que lhe foi dedicado.

Os primeiros créditos são de minha sogra, Maya, que leu o manuscrito, capítulo por capítulo, incentivando-me, quando poucos o faziam. Naturalmente, devo agradecer à sua filha Lloydine, minha esposa, que é a fonte que me liga à Terra, assim como a Terra está ligada às estrelas. Também sou grato a meus filhos — Josh, Tara, Heidi, Paul e Yvonne — e a seu círculo de amigos, os quais devem ser mencionados pelo amor incondicional que me dedicaram. Finalmente, nesse filão doméstico, não seria justo deixar de mencionar os nodos psíquicos de simpatia interdimensional, o cão, Genji, e os gatos Sponsor e Onyx, testemunhos vivos de que não estamos sós.

Além das pessoas mencionadas no primeiro capítulo, que me forneceram pistas, informações e me inspiraram para a reconstituição de *O Fator Maia*, outras pessoas destacaram-se durante o processo de fermentação e produção, agindo como verdadeiros luzeiros. Acreditando em mim e no meu trabalho, nutriram-me com o seu apoio. São eles: Stan Padilla, um pacato vidente, cuja arte e orações são círculos de proteção que purificam o canal da visão; Brooke Medicine Eagle, cuja irmandade é a essência cintilante da regeneração humana; Don Eduardo Calderon, ilusionista da matéria do sonho, que ajudou a abrir condutos de memória terrena; Sua Eminência, Tai Situ Rinpoche, por levantar uma ponte entre os mundos; Rupert Sheldrake, por empenhar-se na batalha; e Ted e J.J., que juntos praticaram a lealdade cosmonógama.

Obviamente, *O Fator Maia* não passaria de mais um manuscrito na gaveta não fosse o gênio de Barbara Clow, da Bear & Company, que, ao receber este texto, logo percebeu a necessidade de revelá-lo ao mundo. Seu marido, Gerry, também merece ser lembrado pela sua perseverança e humor durante todo o processo, bem como Angela Werneke, pelo cuidado com a apresentação visual. Por último, sob este aspecto, sou grato aos seres do mundo espiritual, cuja orientação tem sido de paciente compaixão, semeando minha percepção de forma arrebatadora, enquanto eu exauria minhas dúvidas.

A todos esses, e a outros incontáveis amigos, a gratidão do ser ilimitado é oferecida incondicionalmente de um coração cuja maior alegria é a simplicidade do momento.

Evam maya e ma ho! (Salve a harmonia da mente e da natureza!)

PREFÁCIO
POR BRIAN SWIMME

Entre os sinólogos, há uma lenda sobre os primeiros ocidentais — um grupo de eruditos jesuítas — que estudaram o I Ching no século XVII. O empreendimento começou com grande entusiasmo e esperança, aprendeu-se a língua, decifraram-se e avaliaram-se os significados. Então, adveio a tragédia. Vários daqueles jovens talentosos ficaram loucos. A dificuldade em entender o I Ching no âmbito das categorias mentais do Ocidente simplesmente pôs aturdidos esses dedicados senhores. Por fim, a Companhia de Jesus foi obrigada a abandonar o projeto e mesmo a proibir o estudo dessa exótica escritura chinesa.

A história, mesmo se apócrifa, lança alguma luz sobre o trabalho do dr. José Argüelles, pois ele também mergulhou com seriedade naquilo que, para a mente ocidental, é um sistema de conhecimento desconcertante, o Tzolkin dos maias. Depois de toda uma vida dedicada a esse enigma, o dr. Argüelles apresenta sua história, uma história sem dúvida fantástica. Somos convidados a levar em consideração — entre outras afirmações "chocantes" — o seguinte:

Em primeiro lugar, que a história da humanidade é, em grande parte, modelada por uma radiação galáctica, pela qual a Terra e o Sol vêm passando há 5.000 anos, e que um grande momento de transformação nos aguarda quando chegarmos ao final dessa radiação, em 2012.

Em segundo, que o comportamento e a visão de mundo de nossas culturas seguem a natureza dos "períodos galácticos", cujo código foi apreendido pelos maias, tanto matemática como simbolicamente.

Terceiro, que cada pessoa tem o poder de conectar direta — sensorial, sensual e eletromagneticamente — a energia e a informação dessa radiação que emana do centro da galáxia, e, assim, despertar para a mente real, a mente superior, a mente mais profunda.

Sem dúvida, muitos pensarão que o dr. Argüelles seguiu o caminho dos jesuítas que se perderam no I Ching — louco, maníaco e entregue a delírios pessoais. Certamente que o dr. Argüelles está ciente de quão chocantes são as suas conclusões. A princípio, ele nos adverte com sinceridade: "Para mim, significava um salto, desviar-me do abismo, por assim dizer, na direção de um território mental considerado inexplorado ou um tabu pelos padrões culturais vigentes." E por certo seu trabalho possui tanto a extravagância quanto a obscuridade de toda visão nova da realidade, e isso basta para fazer da leitura deste livro um desafio, independentemente da magnitude cósmica de suas afirmações.

Dito isso, deixe-me assinalar por que penso que a visão do dr. Argüelles é de grande valor. Estou convencido de que qualquer visão do universo que *não* nos deixa chocados, não tem importância para nós. Devemos ter em mente que nós, ocidentais sensatos, nós, cidadãos racionais cristãos-judaicos-seculares-democráticos, mantemos a Terra como refém com nossas armas nucleares. Nós, industriais modernos, somos quem pratica o ecocídio que se espalha por todos os continentes.

Dizer que uma certa visão do universo é "sensata" significa dizer que ela se ajusta a essa concepção moderna de mundo, que criou e ainda conserva esse terror global. Não precisamos de visões sensatas; precisamos é das mais chocantes e fantásticas visões de universo que pudermos encontrar. A visão do dr. Argüelles é das mais qualificadas.

Mas essa visão não é apenas fantástica. Com a precisão infalível de todo gênio, o dr. Argüelles sabe que a única esperança de equilíbrio para a ciência e sociedade ocidentais está em assimilar a cosmologia dos povos primitivos, e, em particular, a dos maias. Por que destacar as cosmologias primitivas? Porque os povos primitivos tiveram, em seus primórdios, a mesma convicção: a de que a Terra, o Sol, a galáxia, o universo — tudo, em toda parte, traz em si a vida e é inteligente.

O que precisamos é de *humildade*. Nós, que somos treinados numa moderna visão de mundo que organiza e dá apoio ao militarismo, ao consumismo, ao patriarcado e ao antropocentrismo, temos de reconhecer nosso engano fatal — começamos admitindo que o universo está morto, que é destituído de sentimentos, de inteligência e de propósito. Teremos coragem de nos livrar dessa fatal ilusão? Teremos sabedoria para recorrer aos maias e à sua ciência, para aprender algo sobre a realidade do universo?

Daqui em diante, gostaria de comentar três afirmações "chocantes" do dr. Argüelles. Já que a minha área é a física matemática, minha linha de pensamento necessariamente reflete os contornos da ciência contemporânea. Mas quero deixar bem claro que não estou tentando colocar a visão dos maias dentro de categorias científicas modernas. A cosmologia maia *não pode* ser colocada em categorias científicas modernas. Mas aí surge em nosso tempo uma ciência pós-moderna, uma orientação científica que incorpora a visão de mundo dos povos primitivos à concepção científica moderna. É a partir do contexto dessa ciência holística, pan-humana e pós-moderna que eu me posiciono.

Primeiro: a radiação galáctica que, segundo os maias, estamos atravessando. Para começar, permitam-me dizer que a ciência moderna nunca abordou tal radiação como os maias o fizeram. Mas, recentemente, os físicos se deram conta da influência de radiações que atravessam a galáxia, e isso por si só é novidade. A astrofísica atual descreve essas radiações como ondas de densidade que varrem a galáxia e que influenciam a sua evolução. Por exemplo, o nascimento do nosso Sol foi resultado dessa onda. A onda de densidade passou e provocou a ignição de uma estrela gigante, que explodiu e deu origem ao Sol. De fato, toda formação estelar deve-se, a princípio, a essas radiações que se espalham por nossa galáxia. Podemos formular a noção da galáxia como um organismo envolvido em seu próprio desenvolvimento. Estamos falando da "dinâmica auto-organizadora" da galáxia. Ou, de uma perspectiva mais organicista, falamos da galáxia como algo em expansão — o nascimento das estrelas é retratado como parte da epigenia galáctica. Assim, o Sol seria ativado por uma dinâmica governada pelo centro galáctico; da mesma forma, o olho de uma rã seria ativado pela dinâmica governada pelo seu próprio centro orgânico.

A questão óbvia é a seguinte: até que ponto vai o dinamismo galáctico com respeito ao desenvolvimento do Sol e seus planetas? Isto é, a dinâmica da galáxia está relacionada apenas com a ignição do Sol, e, depois, este e a Terra prosseguem sozinhos? Ou a radiação galáctica está comprometida com a evolução da vida?

Aqui é preciso comentar duas coisas. Primeiro: pode-se dizer simplesmente que a galáxia está continuamente envolvida com a evolução da Terra e da vida. As radiações de densidade vêm se espalhando pela galáxia nesses 4,55 bilhões de anos de existência do Sol, e toda vez que atravessam a nossa estrela, alteram sua dinâmica e também a energia radiante que banha a Terra. Não tenho dúvidas de que, ao refletirem sobre isso, os biólogos evolucionistas conseguirão explicar como o desenvolvimento da vida na Terra tem sido moldado por essa dinâmica. Cada vez mais compreenderemos que o formato da folha de olmo foi moldado não apenas por seleção natural aqui na Terra, mas pela ação da galáxia como um todo.

Em segundo lugar, precisamos reconhecer que era simplesmente impossível para a ciência moderna notar a existência de uma radiação galáctica tal como os maias a descrevem. A ciência moderna se concentra no material e em sua mudança de posição. As qualidades — cores, odores, emoções, sentimentos, intuições — eram chamadas de secundárias e rejeitadas. Isto é, nós nos comprometíamos *desde o começo* com um modo de consciência que nunca iria admitir a radiação galáctica dos maias.

Ao mesmo tempo, o que precisa ser considerado é o quanto foi difícil fazer o que a ciência moderna tem feito. Por exemplo, observar empiricamente que o Sol tem um começo — isto é uma proeza que requer um modo de consciência muito elevado. Pense como teve de ser exótica a consciência para ver de fato o movimento dos continentes! Ou para ouvir o eco da bola de fogo primeva há vinte bilhões de anos atrás, no começo do tempo! Ao aceitar o desenvolvimento específico da consciência na ciência moderna, podemos começar a perdoar seus equívocos, e a apreciar outros modos de consciência, desenvolvidos em torno de projetos culturais diferentes.

Os maias eram um povo embriagado de objetivos culturais diferentes, que exigiam uma consciência totalmente diferente. Onde os modernos cientistas detectaram experimentalmente os efeitos físicos das radiações de densidade varrendo toda a galáxia, os maias foram capazes de detectar experimentalmente radiações de diferentes forças, radiações que influenciavam não só o nascimento e a atividade das estrelas, mas o nascimento e a atividade de idéias, visões, convicções. Ou ainda, aquilo que eu mesmo julgo ser o caso: tanto os cientistas modernos como os maias respondem às *mesmas radiações*. Os cientistas modernos desenvolveram um modo de consciência que lhes permite expressar os efeitos *físicos* dessas radiações; os maias desenvolveram uma consciência que lhes possibilitava expressar os efeitos *psíquicos* dessas radiações.

Segundo: os períodos galácticos. Na exposição do dr. Argüelles, os maias ensinavam que cada era tinha uma qualidade específica que favorecia um tipo especial de atividade, e tudo isso é visível no código do Tzolkin. Conhecendo o código galáctico dos períodos, pode-se antecipar sua chegada e, assim, agir adequadamente e com grande eficácia. Tal orientação para o universo era comum entre os povos primitivos, embora nenhum deles apresentasse as sofisticadas nuanças dos maias. Além disso, as tradições religiosas ocidentais antigas e medievais possuem uma concepção de tempo semelhante, onde cada momento ou era tem sua qualidade particular atribuída pela essência da divindade; o conhecimento dessa qualidade possibilitava uma profunda penetração na atividade divina.

A maneira como eu abordo a idéia de um "período galáctico" é através dos vinte bilhões de anos de história cósmica. Quando examinamos nossa descrição do que realmente aconteceu, percebemos que cada era tem a sua qualidade própria, seu momento único, sua criação específica.

Por exemplo, depois de meio milhão de anos na epopéia cósmica, chegou a hora de criar os átomos de hidrogênio. Precisamos salientar aqui que essa criação está intimamente ligada à natureza macrofásica do cosmos naquele momento. Até então, os átomos de hidrogênio não haviam sido criados; depois, os átomos de hidrogênio não foram criados. Mas, *naquela hora*, os átomos de hidrogênio puderam vir a ser aos quintilhões. Há dezenas de exemplos semelhantes em todas as eras da epopéia cósmica, mas talvez fiquemos com a emergência dos átomos de hidrogênio para fazer com que a questão referente à atividade seja inerente ao período cósmico.

Antes do seu surgimento, era, de fato, possível a um átomo individual de hidrogênio ser formado. Mas para tanto era necessário um tremendo dispêndio de energia. E o átomo rapidamente se dissipava na fornalha primeva. Criar átomos de hidrogênio em outras épocas significava trabalhar contra as tendências do universo. A criação fluente e abundante depende, por um lado, da urgência que é própria do hidrogênio em manifestar-se, e, por outro, da periodicidade peculiar ao universo. Foi somente quando, para citar o dr. Argüelles, "a necessidade momentânea juntou-se ao propósito universal" que a criação efetivamente ocorreu. Quando a qualidade do universo convidou os átomos de hidrogênio à existência, eles brotaram em grande abundância. A existência desses períodos cósmicos e galácticos é detectada em toda parte durante esses vinte bilhões de anos.

De súbito, vem à luz a questão na mente ocidental: "Pode ser que haja períodos para o nascimento dos átomos, ou das galáxias, ou das células primitivas. Mas, e os meus pensamentos? E a cultura humana? São influenciados pelos tempos galácticos?" Isso nos leva à próxima discussão.

Terceiro: interação pessoal com a mente galáctica. Na verdade, o que podemos dizer sobre essa noção de inteligência e propósito galácticos?

Deixei essa questão para o fim, porque aqui lidamos com a extensão mais profunda da repressão psíquica ocidental. Os maias sentiam-se envolvidos com a mente do Sol, que por sua vez lhes manifestava a mente e o coração da galáxia. Achavam também que a galáxia tinha desejos. Os cientistas modernos ouviram isso e relegaram os maias ao baú dos "contos de fada". Mas essa rejeição apenas revela a nossa condição psíquica desequilibrada.

Consideremos o que se segue. Nossos ancestrais intelectuais do século XVII podiam ficar diante de um animal que urrava de dor, convencidos de que esse animal não tinha quaisquer sentimentos. Ao serem indagados sobre como podiam ser tão insensíveis, explicavam que esses animais eram apenas máquinas que haviam sido danificadas; como fazem as máquinas quando estão avariadas, emitiam sons horríveis.

Como descendentes que somos desses cientistas, temos a mesma sensibilidade distorcida. Então, por que permanecemos apáticos enquanto o mundo vivente, hoje, geme de agonia por todo o planeta? Trago essa questão à tona com a esperança de que, aproximando-nos da verdade — que a nossa sensibilidade moderna é a mais distorcida de todos esses 50.000 anos de existência do *Homo sapiens* —, estaremos estimulando todo o espectro da sensitividade psíquica humana. Só então daremos fim a essa nossa agressão à vida. E assim poderemos viver uma existência extática semelhante à dos maias.

A nossa dificuldade vem de um equívoco cultural que nos leva a pensar nos átomos de hidrogênio, nas estrelas, e assim por diante, como "apenas físicos", e em nós mesmos e em nossa vida psíquica como transcendentes, como algo totalmente separado do universo.

A história da criação cósmica, segundo a ciência pós-moderna, oferece um ponto de partida diferente: o universo como um evento único de energia multiforme. E, portanto, a consciência e o corpo do homem, assim como a consciência e o corpo da coruja, são florescências de um processo cósmico numinoso. Seguindo essa orientação holística, podemos começar a examinar como nossos pensamentos, nossos ossos e nossas intuições representam tessituras da mesma dinâmica fundamental sagrada.

Dentro dessa perspectiva, os "sentimentos" não são fabricados na mente humana transcendente. Em vez disso, os sentimentos são transmitidos, exatamente como o são os fótons. Na verdade, essa é a experiência mais comum. Diante de um imponente rochedo de granito uma pessoa é banhada por toda sorte de sentimentos; esses são sentimentos que a montanha comunica ao ser humano.

Considere, então, um maia sendo iluminado pela luz do Sol. O que está acontecendo? Esse acontecimento, como qualquer outro, é ao mesmo tempo psíquico e físico. Podemos falar da interação eletrodinâmica quântica entre os fótons do Sol e os elétrons do homem, ou podemos falar dos sentimentos e das intuições experimentadas "interiormente". A totalidade do acontecimento exige que ambos os pólos sejam aceitos conjuntamente. O Sol tanto aquece a pele quanto inflama a mente; o Sol tanto reparte o seu calor quanto expressa seus sentimentos interiores; o Sol tanto transmite sua energia termonuclear quanto projeta suas idéias e necessidades.

É difícil parar de refletir sobre as idéias fascinantes encontradas no livro do dr. Argüelles. Mergulhe nelas e veja você mesmo. E que possa retornar com uma força renovada para promover a saúde e a criação da Comunidade da Terra!

Brian Swimme
Institute in Culture and Creation Spirituality
Holy Names College, Oakland.

INTRODUÇÃO:
O MISTÉRIO DOS MAIAS:
A CIÊNCIA TRANSCENDIDA

Desde o triunfo do racionalismo e da Revolução Industrial do século XVIII, institucionalizou-se o truísmo de que a ciência moderna representa o pináculo da realização humana. Essa crença é a pedra angular do progresso material e tecnológico. A idéia de que possa ter havido uma ciência mais avançada do que aquela que hoje predomina, e que, afinal de contas, fundamenta todos os aspectos da civilização industrial, é virtualmente impensável. Porém, chegou o momento em que o racionalmente impensável pode ser a única solução que nos resta para atravessarmos com segurança a ameaçadora investida do militarismo nuclear e do envenenamento ambiental que agora põe em risco a existência deste planeta.

Entrincheiradas e sempre vigilantes, as forças do materialismo científico guardam com muito zelo a entrada de seus domínios, tendo em mente um objetivo único: manter o mito de uma superioridade tecnológica sempre em evolução. Assim, os OVNIs, as experiências paranormais, a descoberta em 1976 de fenômenos "racionalmente" inexplicáveis em Marte, logo se transformam em documentos confidenciais, negados ao público. Entretanto, na manhã de 28 de janeiro de 1986, quatro dias depois do triunfante Voyager 2 ter-se aproximado de Urano com sua estonteante transmissão de informações, o ônibus espacial Challenger explodia aos olhos do público, que acompanhava o evento pela televisão. Naquele momento, o mito da superioridade tecnológica sofreu um severo golpe.

A dúvida e a vulnerabilidade exibidas pela malograda missão da Challenger fazem as pessoas inteligentes questionar mais do que nunca o objetivo da tecnologia e da "infalibilidade" da ciência moderna. E, através dessa fenda aberta no mito da superioridade tecnológica, ventos estranhos agora sopram. Sob o luar daquilo que transcende o racionalismo científico, podemos formular as perguntas: e se o modo como estamos fazendo as coisas não for o melhor ou o mais inteligente que a Terra conhece? Podem existir pessoas mais capazes, mais sábias, mais avançadas do que nós, que desprezamos em nossa presunção? Pode haver uma ciência superior à nossa, praticada tanto em nosso planeta quanto em algum outro lugar? O que nos dá tanta certeza de que o materialismo científico é a melhor técnica para arrancar respostas de um cosmos que é infinitamente mais vasto e misterioso do que possa conceber a mente racional? Em outras palavras, o que o espectro da crise tecnológica pede é uma mudança de padrão de natureza autenticamente radical. Tal mudança tem pairado no ar há muito tempo, graças à pesquisa pioneira em física quântica, mas tem necessitado de um choque experimental para se assentar.

Durante todo o século XX, mentes científicas sensíveis vêm tentando informar-se e alertar o público para o comportamento irracional do mundo que a ciência racional tenta observar. Embora a sua mensagem tenha escapado aos comandantes e tecnocratas cujo poder de decisão regula a ordem social, os que divulgam a "nova ciência", como Fritjof Capra, Itzhak Bentov e Gary Zukov, têm se esforçado admiravelmente para mostrar a semelhança entre a física quântica e o misticismo oriental, ao menos para uma minoria pensante crítica. Sem dúvida, a conclusão de Zukov em *The Dancing Wu Li Masters* (1979) toca as raias do inimaginável ao declarar que estamos nos aproximando do "fim da ciência". Contudo, mesmo ele é incapaz de renunciar à idéia "do esforço inquietante e do desenvolvimento progressivo de teorias físicas cada vez mais amplas e mais úteis".

O verdadeiro "fim da ciência", a tão antecipada mudança radical, significa a renúncia à idéia de um progresso contínuo. Ou, pelo menos, uma renúncia suficientemente longa para descobrir se não podem existir ciências não-físicas ou não-materialistas que transcendam totalmente a noção de progresso — e não-progresso. É claro que o mito do progresso científico e da superioridade tecnológica não poderia receber golpe maior do que a descoberta de que existiu uma ciência mais avançada antes do surgimento do mito do progresso, praticada por um povo que, pela avaliação moderna, ainda estava na Idade da Pedra. Mais especificamente, estou me referindo a um sistema de pensamento virtualmente desprezado por todos os proponentes da "nova ciência". Esse sistema de pensamento é a ciência conhecida e praticada por um povo antigo chamado maia.

O exemplo mais próximo do sistema de ciência maia conhecido dos paladinos da nova ciência é o I Ching. Mesmo o I Ching, porém, não foi totalmente compreendido pelos "novos cientistas", que, ainda imersos na doutrina do progresso, não foram capazes de vê-lo como ele é: o código de uma ciência baseada na ressonância holonômica antes que na física atômica.

Martin Schönberger, em *The I Ching and the Genetic Code* (1973),* Robert Anton Wilson, em *The Illuminati Papers* (1980), e o meu *Earth Ascending* (1984) são algumas das poucas tentativas de abordar o I Ching como o exemplo de um sistema que é mais abrangente do que a ciência atual. Como diz Schönberger, o I Ching representa "... uma fórmula do mundo com a envergadura de uma ordem da

---

* Publicado com o título de *O I Ching e os Mistérios da Vida*, pela Editora Pensamento, São Paulo, 1989.

realidade. . . a resposta à busca de Heisenberg de 'formas básicas anônimas e de simetrias polares de natureza uniforme'."

Como sistema ordenador do mundo que é o I Ching, o sistema científico dos maias é de ressonância holonômica, tanto do futuro como do passado. Na verdade, de uma perspectiva de ciência maia, os termos futuro e passado são de pouco valor como medidas de superioridade ou progresso. Para os maias, se o tempo existe, ele é como um circuito de onde tanto o futuro quanto o passado fluem igualmente, encontrando-se e unindo-se no presente. A ciência maia, bem como o I Ching, podem ser considerados tanto pré como pós-científicos.

Por que razão, então, neste momento de crise tecnológica e de mudança de padrões, os maias invadem a nossa consciência? Quem foram — ou quem são os maias? De onde eles vieram? Quais foram as suas realizações? Por que fizeram aquilo que fizeram? Por que abandonaram sua civilização em pleno apogeu? Para onde eles foram, e por quê?

Enquanto filosofias e práticas orientais — a ioga, a meditação, os arranjos florais, as artes marciais e assim por diante — vão se tornando aos poucos um fenômeno cada vez mais comum nos últimos cinqüenta anos, revolucionando nossa cultura e com impacto sobre o pensamento científico, os maias permanecem enigmáticos e distantes.

Porém, evocar os maias da América Central é evocar ao mesmo tempo uma curiosa ressonância do Oriente, da Índia. Afinal de contas, maia é um termo filosófico hindu muito importante que significa "origem do mundo" e "mundo da ilusão". A palavra maia em sânscrito está ainda relacionada com conceitos como "grande", "medida", "magia" e "mãe". Não causa surpresa o fato de Maya ser o nome da mãe do Buda. E no clássico védico, *Mahabharata*, lemos que Maya era o nome de um notável astrólogo-astrônomo, mago e arquiteto, além de ser também o nome de uma grande tribo de navegadores.

Não é só na Índia antiga, terra da metafísica e da aventura espiritual, que encontramos o nome Maya, mas também mais para o ocidente. O nome do tesoureiro do famoso menino-rei do Egito, Tutancamon, era Maya, enquanto na filosofia egípcia encontramos o termo mayet, que significa ordem universal do mundo. Na mitologia grega, entre as sete Plêiades, filhas de Atlas e Pleione, e irmãs de Híades, há uma que se chama Maia, também conhecida como a estrela mais brilhante da constelação das Plêiades. E, finalmente, sabemos que o nosso mês de maio deriva do nome da deusa romana, Maia, "a grande", deusa da primavera, filha de Fauno e esposa de Vulcano.

Retornando aos maias da América Central, sabemos que seu nome vem da palavra Mayab, termo que descreve a península de Yucatán, área principal da base biorregional dos maias. Mas permanece

a questão: quem foram os maias? Por que o nome associado a essa civilização da América Central aparece em muitas partes do mundo? É apenas uma coincidência? De onde vieram os maias?

O dogma antropológico corrente diz que os maias faziam parte de um grande grupo de ameríndios que cruzou o estreito de Bering durante a última Era Glacial, há cerca de 12.000 anos, e que finalmente estabeleceu-se no que é agora a América Central. Lendo os textos maias tardios, como o *Popol Vuh, The Book of Chilam Balam* e *The Annals of the Cakchiquels*, temos a clara impressão de que, realmente, os maias vieram de longe: "do outro lado do mar, viemos para o lugar chamado Tulan, onde fomos gerados por nossas mães e por nossos pais. . ." (Cakchiquels). Para não se pensar que o tema é simples, lemos em outra parte, no mesmo texto, um tanto truncado, que havia quatro Tulans:

"De quatro (regiões) as pessoas vieram para Tulan. Ao leste há uma Tulan; outra, em Xibalbay (o mundo subterrâneo); outra, no oeste, de onde viemos; e mais outra onde está Deus (acima, céu). Portanto, havia quatro Tulans."

Ao examinar a passagem anterior, vemos que o lugar de origem ou o processo de origem descrito pelos maias nesse texto posterior é de natureza mandálica, celestial e cósmica. Os quatro Tulans representam o caminho solar, o leste e o oeste, bem como o mundo superior e o mundo inferior. Além disso, uma leitura da história maia e mexicana em geral mostra que Tulan (ou Tollan) é um código arquetípico, além de ser um lugar real. E se Tulan descreve não necessariamente um lugar geográfico mas um processo de vir a ser, um ponto de entrada para um outro mundo? Nesse caso, as reminiscências maias sobre sua origem lembram os hopis, que descrevem passagens de diferentes mundos, dos quais o atual é o quarto. Mas o que são esses mundos? Descrevem eles antigos estágios de vida neste planeta? Ou descrevem passagens cósmicas que simultaneamente ocorrem aqui e/ou em outro lugar?

Deixando de lado por enquanto a questão das origens, pisamos num solo mais firme quando contemplamos as realizações dos maias. É inquestionável que os maias representam uma das grandes florescências da civilização do planeta Terra. Espalhados pelas florestas do Yucatán e nas terras montanhosas da atual Guatemala, existe um número extraordinário de cidades antigas e de templos. Elevadas pirâmides escalonadas, praças minuciosamente planejadas e centros cerimoniais são ricamente adornados com pedras esculpidas cobertas de inscrições hieroglíficas.

Várias coisas nos impressionam nas majestosas ruínas maias, principalmente seu isolamento. Mesmo com relação à civilização mexicana, intimamente ligada a ela, o estilo artístico maia é singular. Isolados nas selvas da América Central, os maias mostram-se tão arredios quanto distantes. Porém, ao considerarmos suas pirâmides sobressaindo-se entre as árvores da floresta, bem como seus intrincados hieróglifos, também ficamos impressionados quanto à época em que os maias apareceram na história. Quase três mil anos depois do auge das construções das pirâmides no Egito, cuja civilização pode ser justificadamente comparada à dos maias, estes surgem em cena.

Ainda mais dramático do que o surgimento relativamente tardio da civilização maia é o seu repentino abandono. Por volta de 830 d.C., depois de uns 500 a 600 anos de intensa atividade, os principais centros foram abandonados ao tempo e à floresta. De todos os enigmas apresentados pelos maias, esse parece ser o maior. Embora tenham sido feitos alguns esforços para se provar que a causa do abandono dos grandes centros foi uma revolução interna, a seca ou a pestilência, não há prova convincente para qualquer dessas teorias. Permanece ainda a possibilidade, por mais assombrosa que ela possa ser ao nosso modo de pensar, de os maias terem abandonado conscientemente a sua civilização em pleno auge. Nesse caso, é preciso perguntar: por quê?

Intimamente relacionado com o mistério do abandono dos principais centros por volta de 830 d.C. está o enigma não apenas do significado dos hieróglifos, mas das datas matemáticas, astronômicas e dos calendários deixados pelos maias. Se eles simplesmente tivessem abandonado sua arquitetura e sua arte, sua civilização ainda assim seria comparável às mais avançadas que a humanidade conheceu: os egípcios e os gregos, a dinastia Gupta, da Índia, os templos de Java, a dinastia T'ang, da China, e a clássica dinastia Heian, do Japão. Entretanto, são as suas realizações científicas que se destacam tanto quanto, se não mais, a grandeza harmônica de sua arte, e ainda continuam a nos causar admiração.

Geralmente, fala-se sobre a realização científica dos maias em termos da elaboração de seus calendários. Os maias calcularam a extensão da revolução da Terra ao redor do Sol até três casas decimais. Isto eles fizeram sem os nossos instrumentos de precisão. E não só isso. Eles tinham calendários dos ciclos de lunação e dos eclipses; mais ainda, eles mantinham calendários que registravam as revoluções sinódicas e as sincronizações dos ciclos de Mercúrio, Vênus, Marte, Júpiter e Saturno. E em alguns de seus monumentos, encontramos registros de datas e/ou eventos que ocorreram há 400.000.000 anos, no passado. Tudo isso eles faziam com um sistema numérico único e extraordinariamente simples, porém flexível, que contava vintenas (em vez de dezenas) e utilizava somente três símbolos notacionais. Por que, e com que finalidade?

Como os calendários maias estão relacionados com o mistério de suas origens e com o enigma do abandono de suas cidades principais por volta de 830 d.C.? E para onde eles foram depois? Certamente que alguns ficaram. Entretanto, há uma clara interrupção antes do reinício da civilização maia em fins do século X, que é como se essa ruptura tivesse sido consciente e deliberada. Não apenas é profunda a ruptura entre o assim chamado Novo Império Maia e os maias pré-830 d.C., mas na época em que os espanhóis chegaram, foi como se toda a compreensão do passado tivesse sido esquecida. E, contudo, o calendário permaneceu. Uma pista — para quem?

Os arqueólogos, é claro, vêem o sistema de calendários tão-somente como um meio de se registrar o tempo. Mas a pergunta — por que tanto tempo era empregado no registro do tempo? — fica sem resposta. Surge a suspeita de que o calendário é mais do que um calendário. Será esse sistema numérico tão apurado também um meio de registrar calibrações harmônicas que se relacionam não apenas com posições espaço-temporais, mas com qualidades ressonantes do ser e da experiência, cuja natureza nossa predisposição materialista impede de ver?

Não há dúvida de que na literatura sobre os maias e sobre suas realizações intelectuais acuradas poucos são os autores que abordam o assunto de alguma outra forma que não seja aquela em que a civilização maia é vista como "coisa do passado", como menos avançada do que a nossa. A concepção progressista de que os maias representavam um dentre vários fluxos de civilização que lutavam contra as adversidades ambientais para atingir nosso nível de materialismo e de ciência, é a visão que inspira quase tudo o que se disse acerca dos maias. E, por essa razão, muita coisa pode estar completamente errada.

Depois de muitos anos de estudo e de reflexão sobre o mistério dos maias, cheguei à inevitável conclusão de que esse povo não pode ser compreendido com os padrões que temos usado para medi-los e julgá-los. Tendo já há muito tempo a intuição de que o objetivo da vida para os maias podia ser bem diferente do que a nossa imaginação materialista supõe, recentemente cheguei à conclusão de que não apenas os maias — ao menos os maias cuja civilização sofreu uma interrupção abrupta em seu auge em 830 d.C. — eram mais capazes do que nós, mas também sua ciência era bem mais avançada do que a nossa. Quanto a isso, pouco importa que eles não utilizassem ferramentas de metal ou dispositivos que lhes poupassem esforços, como a roda (eles também não tinham animais de carga).

Pelo fato de terem realizado tanto com tão pouco, os maias têm algo de muito importante para nos ensinar neste momento de crise tecnológica e de mudança de padrões. Na verdade, os maias podem até possuir não só o "novo" padrão, mas também o conhecimento científico através do qual esse paradigma pode ser aplicado. Sendo assim, talvez não seja por acaso que os maias foram a última civilização antiga a florescer neste planeta. Nem talvez seja casual o fato de os maias representarem a última tradição antiga a ser examinada e compreendida à "luz" do pensamento moderno. De fato, pode ser que tenha chegado a hora para um "redescobrimento" dos maias.

Considerando tudo isso, estou inclinado a sentir a presença espiritual dos maias. Sábios misteriosos daquilo que chamamos tempo, mestres da sincronização, sua presença é insinuante. É claro, o tempo é o mesmo. Tudo está mapeado, planejado, projetado. Foram deixados copiosos indícios.

O que é preciso é estrutura mental adequada para examinar essas pistas. O colapso da estrutura mental atual poderá permitir a leitura dessas pistas e suas conseqüentes conclusões — conclusões que podem de certa forma desviar o planeta do curso da extinção para o caminho da transformação.

Ao preparar a apresentação deste texto, duas coisas me orientaram: o estudo de um fenômeno que passei a entender como um código-mestre galáctico e a intuição de que é necessária uma ruptura dramática com o atual modelo científico se quisermos não apenas sobreviver, mas operar uma transformação na direção mais positiva e benéfica possível. Há tanto tempo desprezado, o Fator Maia deve agora ser examinado.

A idéia de escrever este livro me ocorreu muito repentinamente. Porém, depois de refletir, percebi que vinha trabalhando com esse material por mais de trinta anos. Nesta fase da minha vida e da vida do planeta, é preciso mostrar a verdade de forma clara, coerente e honesta. Muitos são os caminhos que levam à verdade. Inspiração, intuição direta, experiência e revelação são complementadas pelo estudo, pela pesquisa, pela experimentação e pela análise. Todos esses elementos têm sido utilizados no tratamento e na apresentação do Fator Maia. Entretanto, mais do que qualquer outra coisa, sinto que é meu dever apresentar da forma mais simples e direta possível o Código Maia e o Módulo Harmônico.

Mais do que um calendário, o Módulo Harmônico Maia agora apresentado evoca a imagem do Hexagrama 49 do I Ching:

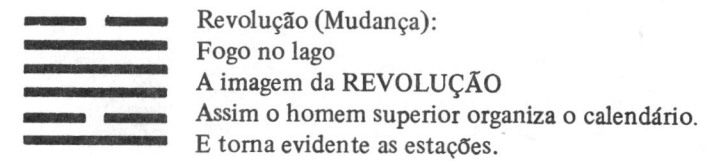

Revolução (Mudança):
Fogo no lago
A imagem da REVOLUÇÃO
Assim o homem superior organiza o calendário.
E torna evidente as estações.

É com o interesse de organizar o calendário – o calendário como o conheciam os viajantes cósmicos maias – e tornar evidente que estamos envolvidos em períodos ou estações galácticas que este livro é apresentado. Na posse de tal conhecimento, poderemos nos adaptar à Terra e deixar de lado nossa presunção infantil e perigosa com relação ao mito do progresso e da superioridade tecnológica. Nisso reside a importância de *O Fator Maia: O Guia Definitivo para a Compreensão do APOCALIPSE 2012.*

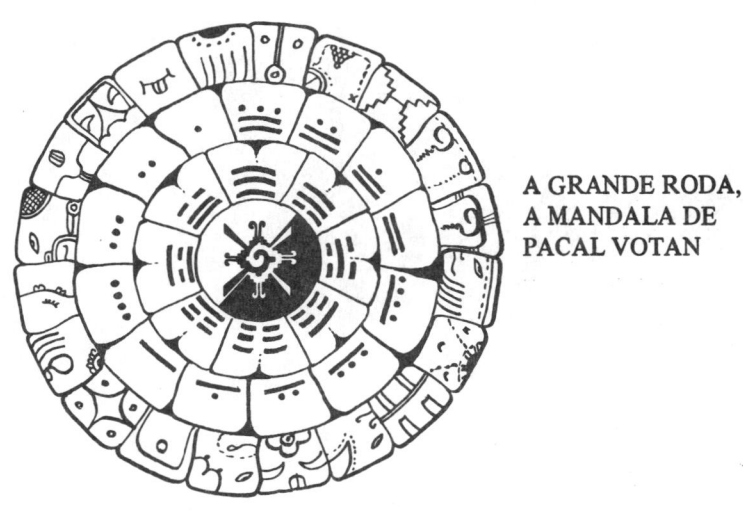

A GRANDE RODA,
A MANDALA DE
PACAL VOTAN

PEDRA CALENDÁRIO DOS ASTECAS
SÉCULO XV D.C.

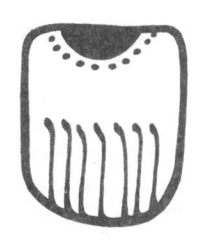

MEUS 33 ANOS DE BUSCA

Embora neste livro eu escreva sobre coisas que parecem culturalmente remotas ou transcendentalmente cósmicas, seria um erro pensar que os maias são inacessíveis. Conforme tenho visto durante toda a minha vida, a experiência maia, com sua riqueza de conhecimentos artísticos e científicos, não é tão estranha ou diferente quanto é persistentemente familiar, como nas numerosas coincidências da palavra maia e seus cognatos espalhados por todo o mundo civilizado. Ao mesmo tempo, porém, a experiência maia, ou o Fator Maia como eu o tenho chamado, é ampla, inquestionavelmente ampla, e contém implicações que se estendem muito além dos domínios de nossa imaginação.

Tenho 47 anos, e foram precisos 33 anos para que eu percebesse que, mesmo com toda a sua amplidão, o Fator Maia nos é simpático, acessível, comunicável. A fim de que outros também possam entrar nesse mundo, gostaria de contar rapidamente como foi a minha aproximação. Começando bem do início, eu fui concebido no México e, embora tenha nascido nos Estados Unidos, passei meus primeiros cinco anos nesse país. O fato de o apartamento de meus pais localizar-se no número 100 da rua Tula, na Cidade do México, impressionou-me mais tarde pela curiosa sincronicidade, já que o nome Tula é a forma tolteca de Tulan ou Tollan, o centro de origem dos maias.

Foi em 1953, ano da descoberta do código genético e dos cinturões de radiação Van Allen, o campo magnético da Terra, que ocorreu o meu primeiro contato com os maias. Naquele verão meu pai havia levado meus dois irmãos gêmeos e eu para o México. Era a oportunidade perfeita para um garoto de quatorze anos. Eu não tinha estado no México desde o dia em que o deixei, aos cinco anos, mas a Cidade do México ainda representava minhas reminiscências infantis de uma capital colonial. Embora não chegássemos além de Cuernavaca, no Museu Nacional de Antropologia fui estimulado por uma forte impressão que me despertou profundos e remotos sentimentos. Mas o museu, com seu fantástico acervo de artefatos, incluindo a grande Pedra Calendário dos Astecas, não era nada comparado com a experiência da grande cidade pirâmide de Teotihuacan, "Lugar Onde os Deuses Tocaram a Terra".

Enquanto galgava a Pirâmide do Sol e olhava em direção das montanhas, malhadas pelas nuvens e sombreadas pelo céu ainda azul daqueles tempos, um sentimento profundo brotou em mim, uma ânsia de *conhecer*. Eu sabia que não se tratava apenas de um conhecimento *sobre* as coisas, mas um conhecimento que vem de *dentro* das coisas, que eu desejava com tanto ardor. Quando desci os degraus da pirâmide, espantado e maravilhado com a grandiosidade da cidade de Teotihuacan, fiz um juramento a mim mesmo: seja o que for que tenha acontecido aqui, eu vou saber — não apenas como um estrangeiro ou como um arqueólogo, mas como um verdadeiro conhecedor, um vidente.

Deve ter sido naquele outono, em 1953, quando trabalhava na biblioteca pública de Rochester, Minnesota, que se estabeleceu o elo seguinte. Eu estava arquivando alguns livros, tarefa que apreciava bastante pela oportunidade que tinha de me deparar com idéias novas e diferentes. E de todos os livros que estimulavam e arrastavam a minha mente para além de si própria, havia dois em particular: *Tertium Organum*,* de P.D. Ouspensky, e *The Ancient Maya*, de Sylvanus Griswold Morley.

Com relação ao primeiro volume: por que as "estonteantes" descrições das possibilidades de existência de infinitos mundos paralelos eram suficientes para deixar minha imaginação numa condição de serena transcendência — ou tratar-se-ia de uma recordação? Realmente, eu não sabia discernir. Por alguma razão, o livro de Morley sobre os maias causava o mesmo efeito. Ou antes, enquanto expandia minha compreensão de uma experiência cultural de elevadas dimensões, o livro de Morley me dava um roteiro das probabilidades terrenas de fundamentar as experiências cósmicas que Ouspensky descrevia no *Tertium Organum*.

Seja como for, o livro de Morley deixou em mim uma impressão indelével. As fotografias dos maias atuais, as curiosas descrições antropológicas dos maias em relação a outros membros da raça mongólica, os diagramas dos templos antigos e as reproduções das esculturas em pedra, de extraordinária delicadeza, harmonia e mistério, tudo isso me fascinava. Mas nada me fascinava mais do que o sistema numérico e matemático dos maias. Rapidamente eu o aprendi: um ponto é igual a um ou a uma unidade de um múltiplo de vinte; uma barra, cinco ou um múltiplo de cinco vezes vinte; e um glifo de uma concha, zero ou a plenitude. Era tão extraordinariamente simples — e aerodinâmico. E depois havia os nomes das diferentes posições-valores: *kin*, os um; *vinal*, os 20; *tun*, os 400; *katun*, os 8.000; e *baktun*, os 160.000.

• = 1

▬▬▬ = 5

⬭ = 0

Durante longas horas eu me maravilhava com a maestria que o sistema representava — e o mistério sobre quais teriam sido os seus propósitos. Evidentemente, Morley não sabia. Conquanto valorizasse bastante os remanescentes maias, ele, como quase todos os arqueó-

* Publicado pela Editora Pensamento, São Paulo, 1989.

logos (e isso eu iria descobrir mais tarde), julgava os maias por padrões de tecnologia material. Morley os considerava como estando na Idade da Pedra. Nada de metalurgia, nada de rodas. E, contudo, na avaliação de Morley, e muito para seu espanto, sem esses instrumentos materiais eles ainda conseguiram criar uma ciência e uma arquitetura de uma beleza harmônica igual à das grandes civilizações do Velho Mundo. Para Morley, que escreveu em 1947, os maias permaneciam uma "exceção refratária... Poucas culturas, se é que existe alguma, com aspectos primitivos comparáveis... concentraram-se em realizações intelectuais de tal extensão".

Minha insatisfação com as limitações de Morley era gerada pela minha própria falta de experiência e conhecimento, necessários para se encontrar a verdadeira razão para esse desconforto. Por mais que eu mergulhasse nos conhecimentos matemáticos, astronômicos, e sobre os calendários, tal como tinham sido decifrados por pessoas como Morley e seus colegas, havia um véu além do qual minha experiência não podia penetrar. Aqui eu me retraía em devaneios e fantasias. E uma fantasia sempre voltava: uma viagem para as cálidas florestas da Mesoamérica onde, através de uma experiência catártica e transfigurativa, eu surgiria, não como até então eu tinha sido, mas como portador de um conhecimento, um vidente. Esse devaneio, que persistia, estimulou-me em minha busca dos maias.

Durante os meus anos de faculdade, e especialmente os de graduação, os maias foram um passatempo. Embora eu estudasse história da arte no nível de graduação, a Universidade de Chicago não oferecia cursos de arte pré-colombiana. Todavia, aproveitei todos os recursos da biblioteca da universidade, além daqueles do Instituto de Arte de Chicago e do Museu de Campo. Fazendo uso das habilidades que adquiria e da disciplina que eu estava aprendendo no estudo formal de história da arte, fiz rápidos progressos em meu próprio estudo dos maias e da arte pré-colombiana em geral. Em quase todos os aspectos, era um bom curso. Eu estava livre para mergulhar naquela que era realmente a minha área favorita da história da arte.

Entretanto, enquanto eu lia, estudava, refletia e observava, tornava-se evidente que alguma coisa estava errada. Parecia que ninguém estava captando o problema. Os arqueólogos todos tratavam a civilização maia como se ela fosse uma feliz aberração enigmática da Idade da Pedra. Comecei a suspeitar que os arqueólogos estudavam os maias justamente porque sua mente presunçosa e seu posicionamento nunca os entenderia, atribuindo aos maias a responsabilidade do seu fracasso!

Além de Morley, talvez o mais proeminente autor e intérprete dos maias é um homem chamado J.E.S. Thompson. Compilador admirável de dois monumentais volumes, *Maya Hieroglyphic Writing* e *A Catalog of Mayan Hieroglyphs*, além de textos mais gerais como *The Rise and Fall of Mayan Civilization*, Thompson, mais do que qualquer outro, escreveu sobre os maias como se eles fossem sábios idiotas, mas hábeis, sabe lá Deus por que razão, em cálculos astronômicos abstrusos ao ponto de tal habilidade se constituir numa obsessão demoníaca, mas sem nenhuma finalidade racional! Mais ainda do que Morley, Thompson julgava os maias pelo escalão do Renascimento europeu, por sua civilização e por seus valores. As discussões de Thompson sobre a arte dos maias deixa transparecer uma impaciência flexível até certo ponto. Por não compreenderem o significado da cultura maia, muitos arqueólogos como Thompson geralmente atribuem a ela o pior, projetando a si mesmos, com seus hábitos modernos, sobre um sistema de vida alienígena e fatalista. Assim, ao se confrontar com o que é certamente o aspecto mais enigmático da civilização maia — seu súbito declínio no século IX — Thompson prefere ver nisso uma revolta dos escravos contra governantes despóticos. Todavia, "É difícil acreditar que uma civilização tão solidamente estabelecida pudesse ser vencida de modo tão repentino... Se insatisfações vinham se acumulando lentamente durante os séculos, não deixaram qualquer indício que pudesse identificá-las."

Enquanto toda essa confusão se instaurava em minha cabeça, preparei-me, no verão de 1964, para uma outra viagem minha ao México. A fascinação romântica pelo lugar atingiu seu ponto máximo. A viagem de carro, como eu a tinha feito com meu pai há dez anos atrás, proporcionou bastante tempo para admirar as paisagens intermináveis de montanhas e de céu. Para mim, a terra era mística, viva, possuidora de grandes segredos. Minha abertura para o mistério daquela terra foi complementada pela descoberta de outros pontos de vista diferentes dos dos arqueólogos materialistas. O principal foi o da escritora Laurette Sejourné.

Eu já estava familiarizado com o seu livro, *Burning Water: Thought and Religion in Ancient Mexico*, onde se pode respirar novos ares, em contraste com os textos dos arqueólogos, pois Sejourné levava a sério as aptidões mentais e espirituais dos povos antigos. Na Cidade do México entrei em contato com o seu estudo, *The Universe of Quetzalcoatl*. Na introdução desse livro, o eminente historiador da religião, Mircea Eliade, escrevendo sobre a abordagem de Sejourné, disse que, para ela, "a cultura forma uma unidade orgânica... e, portanto, deve ser estudada a partir do seu núcleo e não de seus aspectos periféricos". Havia ressonância entre essa perspectiva e as minhas impressões pessoais. Comecei a perceber que a dificuldade em estabelecer parâmetros relativos aos maias e aos povos mexicanos antigos era um problema da nossa própria civilização. Seja lá o que for que eu tenha começado a sentir em 1953, agora estava se aprofundando. Além de Teotihuacan, eu visitava os antigos sítios mexicanos de Tula e Xochicalco. Munido de algum conhecimento, minha intuição penetrou fundo naquelas pedras silenciosas. Foi particularmente em Xochicalco que os sentimentos de premonição — ou recordação — agregaram-se com intensidade perturbadora. Xochicalco fica bem no alto, nas montanhas remotas do estado de Guerrero.

A sua arquitetura harmônica, simples, é dominada por uma presença singular: Quetzalcoatl, a Serpente Emplumada. Datando dos séculos nove e dez d.C., Xochicalco, "Lugar da Casa das Flores", representa uma fusão entre o estilo de Teotihuacan, nas montanhas mexicanas, e aquele do período clássico dos maias. Sem dúvida, foi em Xochicalco que as elites maias e de Teotihuacan refugiaram-se e reuniram-se depois do declínio "abrupto" do período clássico. E foi lá que nasceu o Quetzalcoatl "histórico", em 947 d.C. Para mim, aumentava o mistério; e, ao mesmo tempo, começava uma etapa de descobertas.

O mistério era o de Quetzalcoatl, a Serpente Emplumada, que os maias chamavam de Kukulkan, "Lugar Onde Mora a Serpente". A obra de Sejourné sobre Quetzalcoatl deixava claro que não se tratava de um deus apenas, mas um deus múltiplo; não um homem apenas, mas muitos homens; não só uma religião, mas um complexo mítico, uma estrutura mental. E também ficava evidente que essa constelação de feições, essa presença múltipla, animava cada aspecto das antigas civilizações mexicana e maia. Não apenas as artes, mas a astronomia e o calendário foram influenciados por Quetzalcoatl, que estava fortemente associado com a estrela da manhã e da tarde, o planeta Vênus.

Associações celestes, astronômicas, bem como seu papel como figura religiosa da estatura de um Moisés ou de um Cristo, deram evidências proféticas a Quetzalcoatl. Assim, no século X 1 Reed, Quetzalcoatl, suposto fundador da cidade de Tula e revitalizador de Chichén Itzá, em Yucatán, tendo profetizado sua volta no dia 1 Reed, no ano 1 Reed, foi confirmado pela chegada de Cortés naquele mesmo dia, uma Sexta-feira Santa no calendário cristão, ano de 1519 d.C.

A SERPENTE EMPLUMADA, QUETZALCOATL, XOCHICALCO, SÉCULO X D.C.

Esse fato por si só parece ter sido suficiente para debilitar o já perturbado Montezuma II, imperador do malfadado império asteca.

Embora poucos em nossa cultura tenham ouvido falar de Quetzalcoatl, exceto os que conhecem o romance de D.H. Lawrence, *The Plumed Serpent*, os fatos proféticos ocorridos deram-me a convicção de que Quetzalcoatl não foi apenas um caso local. Antes, vi nele uma forma imanente e invisível que sustenta e transcende a trama mítica da mecanização. Fortalecido com essa intuição, mais uma vez voltei do México com um sentimento de missão pessoal.

Quando concluí meus estudos de graduação em história da arte, em 1965, eu tinha chegado a uma posição intuitivamente mais refletida a respeito dos maias e das civilizações de Anahuac, "Lugar Entre as Águas", o nome original dado ao México e à América Central. Os arqueólogos podiam desenterrar pedras e catalogar datas, atribuir nomes como "deus D" ou "objeto ritual", mas isso não dizia nada sobre a dinâmica das civilizações antigas. Para mim, era óbvio que uma estrutura mental intuitiva devia ser desenvolvida além da necessidade de se penetrar nos estados mentais que produziram os artefatos. E ademais, os artefatos não passavam de resíduo. A realidade estava na condição mental-emocional presente nos artefatos.

Além disso, se estados místicos e transcendentes de consciência eram estimulados por meio de práticas e atos de contemplação executados pelos seguidores de Quetzalcoatl-Kukulkan, o que me impedia, então, e a outras pessoas, de atingir esse estado mental? R.M. Bucke, William James e Aldous Huxley já não tinham apresentado argumentos convincentes o bastante acerca da unidade dos estados místicos de consciência em todas as épocas e lugares? E o objetivo das práticas místicas não era levar a pessoa a um estado de unidade? Segundo Sejourné, a religião de Quetzalcoatl, como pano de fundo de toda civilização mexicana, era essencialmente um processo que conduzia à unificação mística. Examinando os artefatos mais harmônicos dessas civilizações antigas, eu não tinha nenhuma dúvida de que alguma coisa assim ocorrera.

No final do ano de 1966, iniciei uma experiência motivado tanto por essas reflexões quanto pela convicção de que se a arte havia proporcionado a vazão mais criativa para as experiências místicas, talvez através dela se pudesse penetrar na estrutura mental que criou as civilizações dos maias e de Teotihuacan. É evidente que entre as minhas inspirações no ciclo de pintura, ao qual me dedicava, estavam os murais de Teotihuacan, a cerâmica e os trabalhos hieroglíficos dos maias. O brilho da cor, a capacidade de transmitir informação através de estruturas simbólicas condensadas, o desenho geral que reunia muitos aspectos e formas em um único discurso geométrico, embora ondulante e vibrante, eram aspectos da arte maia-mexicana que me inspiravam.

O resultado dessa experiência foi uma série de grandes painéis de posição livre, que Humphry Osmond, o inventor da palavra "psicodélico", chamou, quando os viu em 1968, de "Portas da Percepção". Para mim, o mais significativo foi o próprio processo de elaboração dessas pinturas, pois, de fato, elas tinham me dado a oportunidade de entrar nos lugares onde pude conversar com Tlacuilo, o velho pintor, o formador dos arquétipos. Meu coração se abriu e meu ser foi inundado de recordações. Não posso dizer se eram recordações de vidas passadas ou não, mas eram reminiscências coletivas do fluxo mental dos antigos. O conhecimento começou a vir de dentro de mim.

> O bom pintor é sábio, deus está no seu coração.
> Ele conversa com o seu próprio coração.
> Ele põe a divindade em todas as coisas.
> provérbio nahuatl

Enquanto a visão dos antigos pintores mexicanos e maias me guiava durante a pintura dessas Portas da Percepção, foi o estudo do I Ching que me proporcionou a percepção da estrutura primária da mudança, que era também a estrutura primária de cada um dos oito painéis. Os painéis estavam divididos em três partes. Enquanto os terços superior e inferior eram estruturalmente espelhos um do outro, a parte central representava a zona de mudança ou transformação. Essa estrutura de transformação também apresentava uma simetria bilateral completa. Muitos anos depois, descobri que a estrutura básica dessas Portas da Percepção eram as mesmas da Configuração Tríplice Binária, a imagem-chave incrustada na Matriz do Calendário Sagrado dos maias, o código-chave do meu livro *Earth Ascending*.

Como estivesse seguindo um caminho visionário quando fiz outra visita ao México, em 1968, também estava melhor preparado para aquilo que iria ver. Além da visita ao novo Museu de Antropologia, o ponto alto dessa aventura foi a viagem para Monte Alban, a cidadela zapoteca, ou do povo das nuvens, localizada nas montanhas de Oaxaca. Datando de pelo menos 600 a.C., Monte Alban representa uma fusão das influências maias e mexicanas em seu singular estilo cultural. Lá se encontram as esculturas dos Danzantes, os dançarinos sacerdotes-xamãs extáticos com cabeça de animal, cujo interior do corpo está assinalado com hieróglifos. Porém, ao lado deles, encontramos marcações notacionais do sistema matemático maia, sinais do Calendário Sagrado. Aqui, também, na grande praça do centro cerimonial, está o Observatório, peculiarmente disposto de forma oblíqua. Ponderando sobre a identidade dos dançarinos e sobre o significado dos sinais constantes no calendário, recebi sugestões de presenças — seres estelares, guardiães. Quem eram eles?

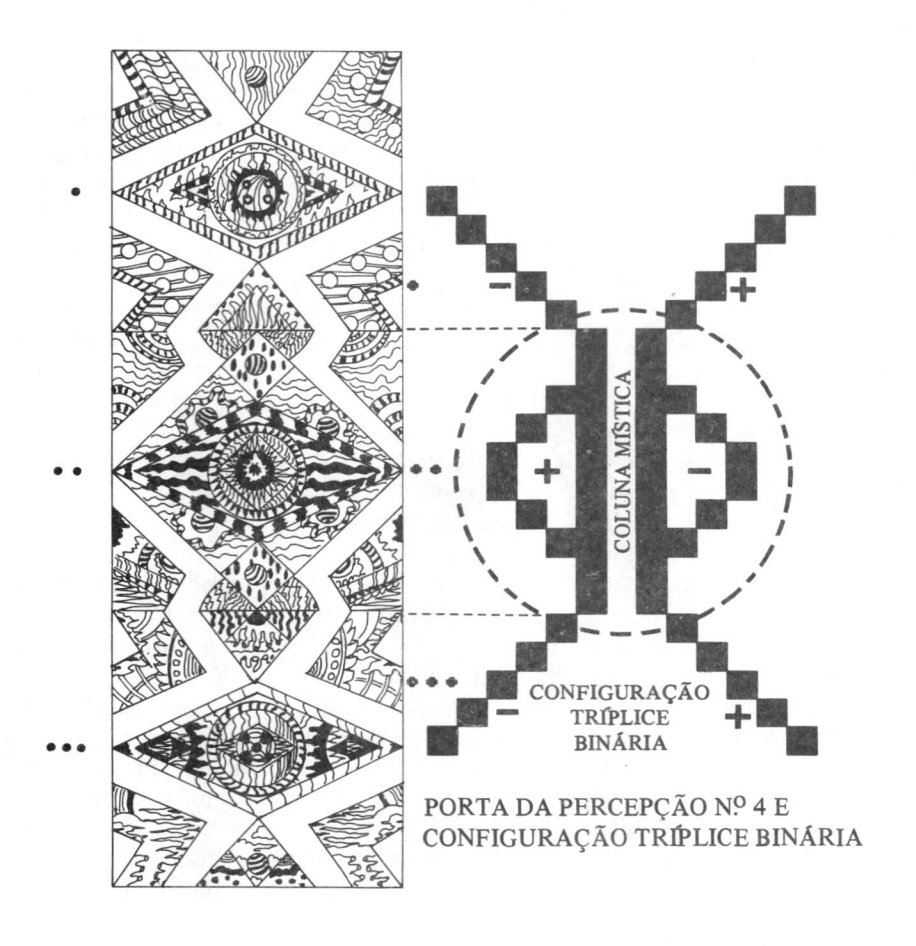

PORTA DA PERCEPÇÃO N.º 4 E
CONFIGURAÇÃO TRÍPLICE BINÁRIA

Não longe de Monte Alban, na pequena cidade de Teotitlan del Valle, ainda são celebradas antigas cerimônias, e ainda se tecem tapeçarias de um sofisticado refinamento geométrico e simbólico. O proprietário de uma pequena loja, que falava inglês (seu irmão, o tecelão, só falava zapoteca), me surpreendeu. Seu recurso era puxar dois tecidos do mesmo desenho, um vermelho e preto, o outro azul e laranja. O desenho desses tecidos era notável, pois consistia numa única linha que se espiralava e se projetava de maneira tal que, dividindo o tapete em duas partes iguais, também criava a imagem de uma mandala. Como eu olhasse admirado, o proprietário piscou para mim e disse, "Veja, os antigos mexicanos também conheciam o Yin e o Yang." Por causa da cintilação das cores complementares, azul e laranja, comprei aquela peça, e, tomando uma cerveja cerimonial com o proprietário, senti que tinha passado por uma outra intersecção de faixas temporais.

HUNAB KU

Contudo, era 1968, uma época de inquietação e violência por toda parte. Quando saíamos da Cidade do México, ouvimos as notícias do rádio sobre os tumultos de Tlaltelolco, onde cerca de 400 estudantes foram mortos. Meus pensamentos voltavam-se cada vez mais, não apenas para as injustiças no mundo, mas para aquela visão distorcida que predominava em toda parte a respeito do Terceiro Mundo. Essa preocupação começou a inspirar minhas aulas de história da arte, e em Davis, onde eu lecionava na Universidade da Califórnia, participei dos esforços iniciais para criar uma faculdade Americana Nativa — a Universidade Deganawida-Quetzalcoatl.

Foi através desses esforços que conheci dois americanos nativos renegados, Tony Shearer e Sun Bear. Tony estava muito envolvido com as profecias de Quetzalcoatl e com o Calendário Sagrado, sobre os quais ele escreveu em seu livro *Lord of the Dawn*. Um livro seu anterior, *Beneath the Moon and Under the Sun*, descreve o Calendário Sagrado e contém a imagem que eu chamo de Configuração Tríplice Binária, o desenho mágico de 52 unidades dentro da matriz de 260 unidades do Calendário Sagrado. Foi através da inspiração de Tony que vim a interessar-me mais tarde pelos estudos do Calendário Sagrado, ou Tzolkin, como tem sido chamado. Foi também Tony que me falou sobre a importância da data de 1987 relativa às profecias referentes à volta de Quetzalcoatl.

Os esforços de Sun Bear para fundar a Tribo do Urso e o seu claro apelo para o retorno à terra e ao modo de vida tradicional muito me inspiraram naquela época, a ponto de eu me envolver na organização do Primeiro Festival da Terra, em Davis. Aquele foi o Dia da Terra, 1970, o lançamento do movimento ecológico. Essas atividades e interesses persistiram enquanto eu lecionava no Evergreen

State College. Foi lá, no inverno de 1972, que eu também encontrei o tradicional porta-voz dos hopis, Thomas Banyaca, que compartilhava das profecias desse povo. Sempre lembrarei de Thomas dizendo que "somente aqueles espiritualmente fortes sobreviverão à passagem no Quarto Mundo e a vinda do Quinto". Entendi que aquele momento estava intimamente relacionado com a data de 1987, que Tony havia me revelado.

Os estudos sobre o pensamento maia e sobre os antigos mexicanos exerceram grande influência na elaboração do meu livro, *The Transformative Vision* (1975). Essencialmente uma crítica da civilização ocidental, empregando a metáfora dos hemisférios direito e esquerdo do cérebro, utilizei o "Grande Ciclo" maia de 5.125 anos, que começou em 3113 a.C. e termina em 2012 d.C., juntamente com o conceito hindu das quatro idades ou Yugas e o conceito de Yeats dos cones e matizes, como estrutura para pôr em perspectiva a moderna "tirania do hemisfério esquerdo". Todavia, a única análise da "Transformative Vision" que apareceu em um jornal de arte desprezava os meus esforços, pois eu tivera a audácia de avaliar o Renascimento e a moderna civilização ocidental a partir de perspectivas cosmológicas tão "alienígenas" como a hindu e a maia.

No verão de 1974, enquanto dava aulas sobre arte mexicana nativa e pré-colombiana, no Instituto Naropa, concluí uma grande

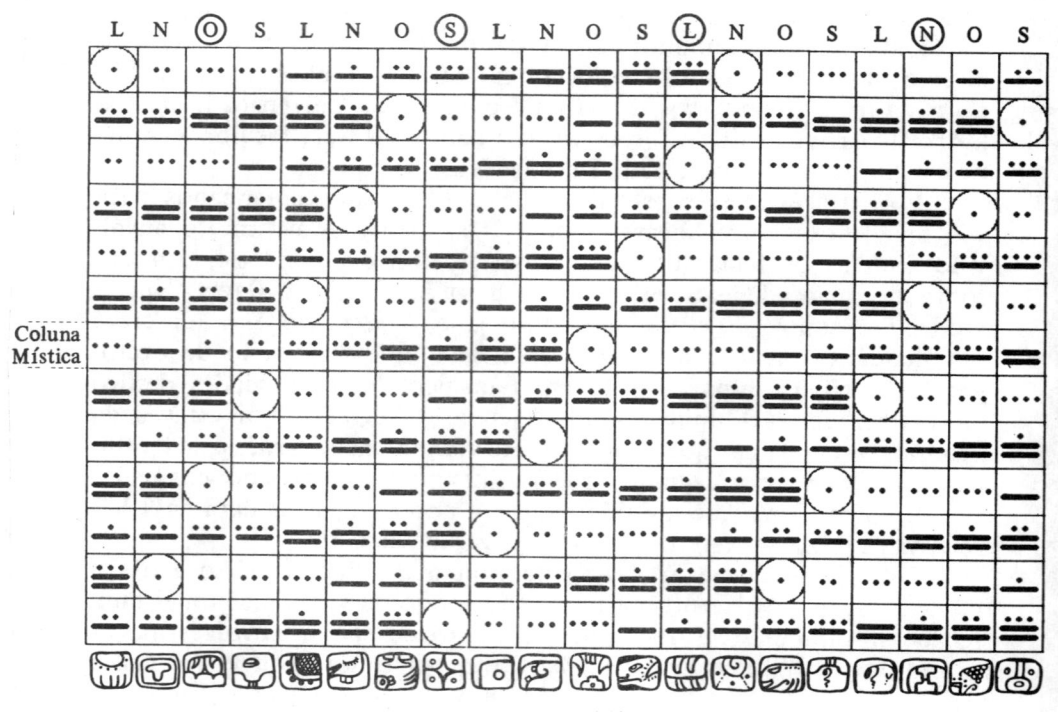

TZOLKIN, O CALENDÁRIO SAGRADO DOS MAIAS

versão do Calendário Sagrado, utilizando o sistema de notação maia. Uma outra versão desse calendário aparece como Mapa 9, em *Earth Ascending*. O que me impressionou nessa versão foi o efeito rítmico das vinte repetições das notações, de um até treze. Esta foi a primeira indicação que tive de que o Calendário podia ser mais do que aquilo. Seria algum tipo de código?

Durante esse tempo, nos meados dos anos 70, quando vivia em Berkeley, participei de um efêmero projeto educacional chamado Fundação Shambhala-Tollan. Enquanto Shambhala referia-se ao místico reino da Ásia Central, tão fundamental para os ensinamentos e conhecimentos proféticos do Budismo Tibetano, Tollan (Tula) representava a cidade mítica e fonte da sabedoria dos maias e dos antigos mexicanos. Segundo minha intuição, existia alguma conexão, conquanto obscura, entre esses dois domínios legendários, uma conexão não tanto no plano terreno, mas no corpo etérico do planeta. Houve, em algum tempo remoto, uma congruência e uma sincronização de tradições proféticas entre a gente de Shambhala e a de Tollan? A volta dos "guerreiros de Shambhala" e o retorno de Quetzalcoatl estariam de alguma forma relacionados?

Enquanto a visão da Fundação Shambhala-Tollan ultrapassava minha capacidade de implementar algo de prático com ela, encontrei nos ensinamentos do Budismo Tibetano uma base importante para a minha mente. Dedicando-me intensamente a práticas de meditação tornada acessível por meio do meu instrutor, Chögyam Trungpa Rinpoche, descobri na doutrina Vajrayana um vasto contexto para dar prosseguimento às minhas investigações sobre os maias. Em particular, os ensinamentos sobre a mente-única pareciam muito úteis para considerações ulteriores a respeito do calendário maia, suas origens e especialmente sua base filosófica ou científica. Do mesmo modo que nas cosmologias budistas (e hindu), os maias descrevem um universo de ciclos infinitos de tempo e de ser. Antes, os maias são mais precisos nos cômputos desses ciclos. Em todo caso, a contemplação de ciclos de grande alcance e que tudo encerram leva inevitavelmente a considerarmos o fato de que não estamos sós, de que existe uma infinidade de outros mundos, mais evoluídos do que o nosso próprio sistema. E se quisermos alcançar um grau maior de conhecimento e de comunicação, de que outra forma poderia ser senão por meio do desenvolvimento da mente, através do esclarecimento e da expansão da consciência?

Ainda nos meados dos anos 70, publicaram-se dois outros livros que estimularam minhas reflexões cosmológicas sobre os maias e seu calendário, *Time and Reality in the Thought of the Maya*, do filósofo mexicano Miguel León-Portilla e *Mexico Mystique*, de Frank Waters. Embora complacente com a poética da imaginação maia, e apresentando uma comparação do pensamento maia com o taoísmo chinês, o estudo de León-Portilla não consegue penetrar na ciência real que está por trás do calendário e da "obsessão dos maias com o tempo". Por outro lado, o estudo de Frank Waters possui a virtude de apresentar as tradições proféticas dos maias e dos antigos mexicanos num contexto de certa forma contemporâneo. Ele focaliza, especialmente, a data final do Grande Ciclo, que ele determina para 24 de dezembro de 2011 d.C., como o momento de uma grande transformação na consciência planetária, "A Futura Sexta Era da Consciência".

Em 1976, viajei para o México mais uma vez. Nessa ocasião, aventurei-me em solo maia e visitei o antigo sítio de Palenque. Quando eu e minha família chegamos a Palenque, desabou uma verdadeira tempestade tropical. Escalamos os nove níveis da Pirâmide das Inscrições e procuramos abrigo no templo, que se localiza no alto. De lá vimos um duplo arco-íris que parecia sair do Templo dos Ventos, não longe de onde estávamos.

Não há dúvida sobre a magia de Palenque, com duplo arco-íris ou não. Aqui foi descoberto o túmulo do líder Pacal Votan, em 1947 — o único túmulo em pirâmide, no México, de estilo egípcio. Não há nada em Palenque que não seja harmonioso. As esculturas em baixo-relevo da Cruz Folhada e da Cruz do Sol são incomparáveis, assim como a tampa do sarcófago do túmulo de Pacal Votan. Contudo, o que mais me cativou foram os vestígios de afrescos pintados no Templo dos Ventos. Sim, eu já os tinha visto. Eles haviam ocupado a minha mente quando comecei a pintar as Portas da Percepção uns dez anos antes.

Devido à presença do túmulo de Pacal Votan, cuja câmara funerária é decorada com o simbolismo dos Nove Senhores da Noite, ou Nove Senhores do Tempo, o mistério de Palenque é profundo. O sentimento de abandono e de silêncio humano está em toda parte. Ao mesmo tempo, a sinfonia da selva flui em ondas e crescendos de um contínuo êxtase de insetos. Típica dos grandes centros clássicos dos maias, Palenque reclama a pergunta: Por que Palenque foi abandonada? Para onde foram os sacerdotes, os astrônomos, os artesãos? Que conhecimento levaram com eles, e por quê?

Não mais do que cem milhas distante de Palenque, no alto das Serras de Chiapas, perto da fronteira com a Guatemala, localiza-se a cidade de San Cristobal. Outrora um grande centro colonial, agora San Cristobal parece um tanto desolada, longínqua. Porém, ocasionalmente, é possível vê-los nas ruas: os maias lacandônios. Longos cabelos negros, descendo até abaixo dos joelhos, vestindo túnicas brancas simples, os lacandônios conseguiram manter sua integridade, levando uma vida sedentária nas terras baixas da floresta, onde conservam o calendário e a riqueza de seus sonhos. Revelando poucos segredos, eles vêm a San Cristobal para fazer algum comércio e depois voltam novamente para o seu refúgio.

Ao vê-los, fiquei impressionado. Que papel os atuais lacandônios, esses descendentes dos antigos astrônomos, representam no grande drama do mundo? Será como sugere o filme *Chac*, simplesmente para conservar o sonho, o espírito aborígine, sem o qual o mundo se arruinaria mais cedo do que se espera? O que ocorre na psique do nativo, que nós nunca vemos ou sabemos, e que entretanto mantém um necessário equilíbrio com a Terra?

Pegamos um táxi em San Cristobal, num domingo, e fomos visitar uma vila afastada. Na velha igreja, que era uma igreja só na aparência, os índios dirigiam seus cultos. O cheiro de incenso de copal era forte. Periodicamente, o canto atingia uma estranha harmonia e depois passava para uma suave cacofonia. Do lado de fora, os *jefes*, os líderes locais, passavam um bastão com ponta de prata entre eles, decidindo sobre questões levantadas pela comunidade. Observando tudo isso, fiquei pensando — quem fala por essas pessoas? Ou será que eles falam da e pela Terra, e isso é tudo o que importa?

O abismo aparente que existe entre os maias atuais e os arquitetos das antigas cidades não pode ser julgado pelos nossos critérios de progresso material. Refletindo sobre essa questão, lembro-me do mito hopi referente a Palat-Kwapi, a Misteriosa Cidade Vermelha do Sul. A história conta as migrações para as terras quentes do sul e a construção da cidade-templo de Palat-Kwapi, com seus quatro planos. Porém, o objetivo da construção é apenas o de obter e consolidar um sistema de conhecimento. A ordem é de os construtores abandonarem a cidade, deixando-a como um memorial desse conhecimento, depois de terminada a obra. Esquecendo a ordem, os habitantes começam a entrar em decadência, mas uma rivalidade entre clãs faz com que despertem. Recordando-se de sua missão, as pessoas finalmente abandonam Palat-Kwapi, a Misteriosa Cidade Vermelha do Sul.

Esse mito se ajusta bem aos maias. O objetivo deles era codificar e estabelecer um sistema de conhecimento, uma ciência, e, tendo-o codificado em pedra e em texto, ir embora. A civilização tal qual a conhecemos, uma forja de armas de destruição e paralelamente uma coleção de bens materiais, não serviria de forma alguma para os seus propósitos ou sistema de conhecimento. Um outro fator surge nesse cenário: uma vez que o sistema de conhecimento e a ciência maia interessavam-se tanto por ciclos de tempo, eles divisaram no horizonte um período de trevas, e por esta razão viram que era hora de dar as coisas por encerradas e partir. Dadas as condições do mundo atual, quem poderá dizer que estavam errados?

Pelo menos, esse era o meu raciocínio no final dos anos 70, quando então passei por uma crise pessoal e por um colapso alcoólico. Ao sair dessa desordem psíquica, em 1981, olhei ao meu redor e pareceu-me que a crise global dos anos 60 agora tinha-se tornado endêmica, tanto assim que não era reconhecida. Minhas próprias pesquisas tinham-me levado a uma posição de síntese, em que via a Terra como um todo orgânico. Porém, eu sentia que o ímpeto da civilização moderna estava conduzindo as coisas a um ponto onde, ou a divindade intervém ou deixamos como legado a nossa extinção.

PACAL VOTAN
TAMPA DE
SARCÓFAGO.
PALENQUE,
683 D.C.

Para mim, significava dar um salto, desviar-me do abismo, por assim dizer, na direção daquele território mental considerado extinto ou tabu pelos padrões culturais vigentes.

Pela primeira vez em quase uma década, adotei uma forma visual de expressão como vazão principal para aquilo que eu precisava aprender. Através de uma série de colagens e de pinturas com tinta, desapareci detrás de grandes painéis de ouro ou prata — as séries de Arte Planetária — entrei numa fase de elevada sintonia com a Terra.

Havia chegado a hora de levar a sério a idéia de uma mente ou consciência planetária. Em razão de meus estudos de história da arte e de minhas próprias investigações pessoais, eu estava convicto de que não só a Terra era um organismo vivo, mas também de que o seu padrão de vida na verdade anima, do geral até o particular, todos os aspectos de sua evolução, inclusive os processos que chamamos de civilização. A totalidade da interação entre a vida mais abrangente da Terra e as respostas individuais e de grupo a essa vida define a "arte planetária". Neste processo maior, percebi vagamente que os maias foram os navegantes ou mapeadores das águas da sincronização galáctica. Por outro lado, os egípcios, uns três mil anos antes, tinham firmado e definido o curso da Terra, no oceano da vida galáctica, através da Grande Pirâmide.

A expansão do pensamento, da percepção e do sentimento resultou numa série de explorações, encontros e coincidências surpreendentes. No outono de 1981, depois de ter conhecido e me envolvido com Lloydine Burris, uma dançarina e visionária, escrevi um texto de "ficção científica" intitulado *Crônicas da Arte Planetária — A Confecção do Quinto Anel*. A perspectiva real desse conto imaginário de "arte planetária", localizado em alguma época do futuro, provinha do sistema estelar de Arcturus. Qualquer que seja o mérito dessa história não publicada, parecia imperativo desenvolver uma

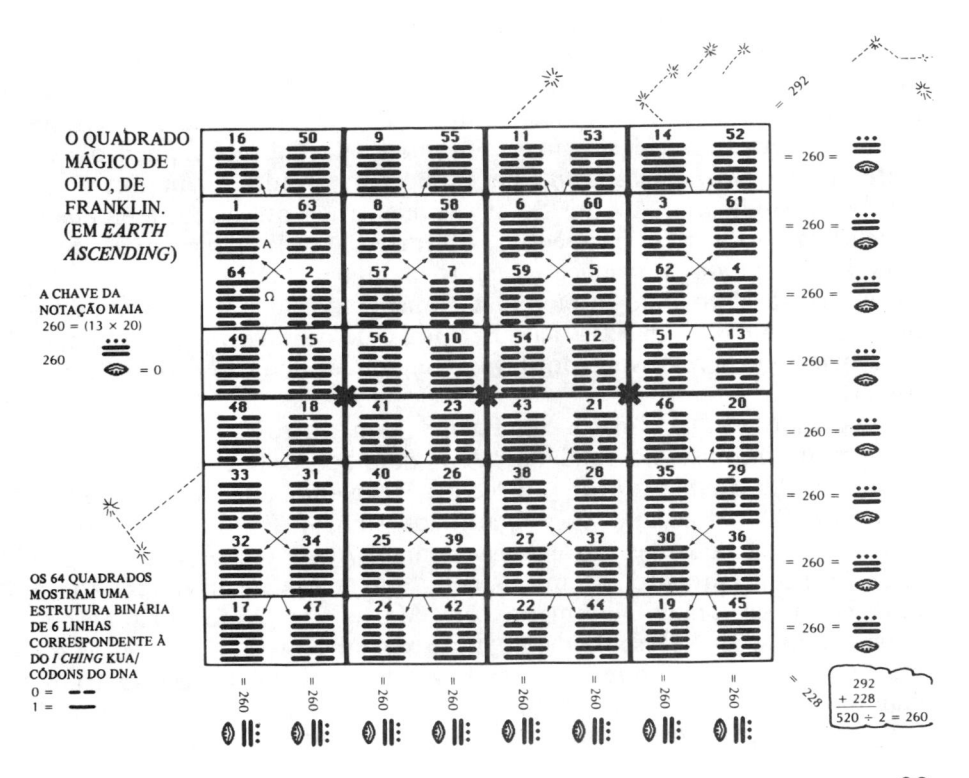

O QUADRADO MÁGICO DE OITO, DE FRANKLIN. (EM *EARTH ASCENDING*)

A CHAVE DA NOTAÇÃO MAIA
260 = (13 × 20)

OS 64 QUADRADOS MOSTRAM UMA ESTRUTURA BINÁRIA DE 6 LINHAS CORRESPONDENTE À DO *I CHING* KUA/CÓDONS DO DNA

consciência que se ocupasse das nossas questões planetárias à distância, de modo que pudesse surgir alguma coerência da confusão dos noticiários do dia-a-dia e do terrorismo nuclear. Descobri, então, que essa atitude era também fundamental para penetrar mais profundamente no mistério dos maias. Será que o sistema maia era uma matriz codificada, em sincronia com um conhecimento de nível galáctico, adotado para as idiossincrasias deste planeta?

Essa linha de pensamento inevitavelmente levou-me ao compêndio de matrizes codificadas, *Earth Ascending*. A princípio, um texto de geomancia, de "adivinhação telúrica", o ponto de partida desse livro tinha sido a coincidência de identidade entre o I Ching e os 64 códons, as palavras-código do DNA, isto é, o código genético. Quanto a mim, a descoberta sincrônica de que cada uma das fileiras, horizontais e verticais, do quadrado mágico de oito, de Ben Franklin, produz a soma 260, levou-me a considerar a relação entre a matriz do Calendário Sagrado dos Maias, o Tzolkin de 260 unidades, e o I Ching. O que se seguiu foi o fluxo espontâneo de "mapas" ou matrizes que constituem *Earth Ascending*, a figura-código principal sendo a "configuração tríplice binária", cuja base é o Calendário Sagrado dos Maias.

Tenho plena consciência de que, para muitos, os mapas de *Earth Ascending* são como uma língua estrangeira. Isso não me causa surpresa, pois a compreensão efetiva desses mapas, mesmo para mim, só ocorreu depois da publicação do livro em 1984. Aos poucos, comecei a perceber que os mapas, bem como o próprio sistema maia, vinham de longe. Ora, até o início dos anos 80, realmente eu não havia ponderado a respeito da natureza dos OVNIs ou das inteligências extraterrestres. Mas com o fenômeno do "direcionamento" do material de *Earth Ascending*, eu tinha sido levado a um outro nível de possibilidade. A obra de ficção científica que precedera *Earth Ascending*, com sua perspectiva arcturiana, seria tanto uma pista para a origem da informação quanto para o mistério dos maias? Se fosse, estava claro para mim que a transmissão de informação de diferentes pontos da galáxia não dependia de variáveis espaço-temporais, mas, em vez disso, apontava para um princípio de difusão ressonante.

A hipótese de vida e inteligência em outros mundos recebeu um grande impulso no final de 1983, quando conheci Paul Shay do *Stanford Research Institute* e Richard Hoagland, que já fora cientista da NASA. Hoagland participara dos trabalhos que envolviam as sondas Viking com destino a Marte, em 1976. Por exemplo, ele não ficou satisfeito quanto ao modo com que a NASA havia tratado a descoberta de certos fenômenos em Marte, incluindo uma grande "face" que aparecia esculpida no topo de uma meseta. Ao ver as fotos realçadas por computador, com as quais Hoagland estava trabalhando, fiquei perturbado. Algo como uma memória me abalou, mas era mais ampla, mais profunda e infinitamente mais obsessiva do que qualquer outra que já me ocorrera. A minha primeira impressão foi de que a civilização — a vida evoluída — havia se desenvolvido em Marte, e que essa civilização havia encontrado um fim trágico. Simultaneamente ao reconhecimento instantâneo desse fato, também percebi que o conhecimento desse evento ainda estava de alguma forma presente e ativo no campo de consciência da Terra.

Na manhã do Natal de 1983, fiz uma descoberta fortuita. Querendo partilhar com minha família as "novidades de Marte", para meu encanto, encontrei uma foto da face marciana num livro, *The New Solar System*, que eu tinha desde há muitos anos, mas que nunca havia examinado mais cuidadosamente. Então, devido à semelhança das capas, apanhei um exemplar de *Overlay: The Influence of Primitive Art on Contemporary Art*, de Lucy Lippard, que eu havia comprado para dar de presente, em Los Angeles, um dia antes do meu encontro com Hoagland. Abrindo o livro de Lippard aleatoriamente, na página 144, fui surpreendido por uma foto que aparecia no canto superior esquerdo: uma face persistentemente familiar, um modelo para escultura de Isamu Noguchi feito em 1947, 29 anos antes da missão Viking, intitulado *The Sculpture to be Seen from Mars*.

Se a informação da NASA havia evocado a realidade da vida em outros mundos, a descoberta do trabalho de Noguchi, que teria tido o mesmo tamanho da face marciana, se tivesse sido concluído, evocou em mim, com a mesma chocante precisão, a transmissão de informação pelo princípio da difusão ressonante, um processo que eu descrevi como *radiogênese*: transmissão universal de informação através da, ou como, luz ou energia radiante. E é claro, novas questões surgiram. Qual a relação entre conhecimento e recordação? Pode o futuro ser também o nosso passado? Aquilo que está acontecendo agora em nosso planeta pode ser de algum modo uma repetição de um drama que já ocorreu em outros mundos, e se assim for, como podemos evitar o perigo da extinção?

Numa obra poética intitulada *Earth Shaman*, escrita em 1984, tentei analisar essas questões e, ao mesmo tempo, narrar a história da Terra como um organismo consciente, utilizando como componente mítico a descrição hopi da passagem que existe entre os três primeiros mundos e o atual, e a passagem iminente para um quinto mundo. A imagem da Terra que é desenvolvida em *Earth Shaman*, a "terra de cristal", deve muito ao meu encontro com a índia cherokee portadora da linhagem, a notável Dhyani Ywahoo, que conheci na primavera de 1984. Foi ela que, olhando para Lloydine e para mim, disse: "Suas mentes estão muito fechadas; deviam estar trabalhando com cristais." Começamos a fazer isso imediatamente, e nos cristais encontramos um instrumento preciso para a sintonia pessoal e para a coleta de informações. Intuindo que a própria Terra é cristalina em sua natureza, deparei com pesquisas tanto da União Soviética quanto de mapeadores como Elizabeth Hagens e

William Becker, confirmando essa possibilidade. De algum modo, a imagem da Terra como um cristal parecia ser condizente com a idéia de transmissão da informação galáctica através do princípio da difusão ressonante, uma chave para a compreensão da origem e natureza da matriz maia.

No início do ano de 1985, fui contatado por um maia chamado Humbatz Men. Quem lhe havia indicado o meu nome fora Toby Campion, membro de uma organização chamada Grande Fraternidade Universal, cuja atividade está centrada principalmente no México e na América do Sul. Durante uma série de hilariantes chamados noturnos conduzidos em um espanhol simplificado, fiquei sabendo que Humbatz estava operando com 17 dos "calendários" maias. A maioria dos arqueólogos aceita a possibilidade de cerca de meia dúzia desses calendários. Humbatz havia escrito também um pequeno texto chamado *Tzol 'Ek, Mayan Astrology*. Por obra de perseverança e magia, finalmente Humbatz Men apareceu em Boulder, em março de 1985, quando deu uma palestra intitulada "A Astrologia Maia".

A chave para tudo o que Humbatz havia apresentado, e que ele mesmo tinha recebido através de transmissão oral, foi uma observação final. "O nosso sistema solar", declarou Humbatz, "é o sétimo dos sistemas registrados pelos maias." Não há dúvida de que o meu encontro com Humbatz foi o evento mais crucial de minha longa história de investigação sobre os maias. Conversas posteriores com Dhyani Ywahoo, além de um encontro com Harley Swiftdeer, confirmaram-me que Humbatz havia me dado a pista mais importante até agora para a compreensão da natureza do sistema de pensamento dos maias. Realmente, a informação maia vinha de longe. Mas como, exatamente, e com que finalidade?

Foi numa assembléia intitulada Conselho de Quetzalcoatl, que aconteceu em um instituto neoxamânico, a Fundação Ojai, em abril de 1985, que a presença do fenômeno que agora chamo de Fator Maia confirmou-se para mim. *Grosso modo*, o Fator Maia é aquele fator desprezado quando se considera o significado da história humana, e, em particular, o conhecimento científico como um todo. Ao olharmos mais uma vez para ele, vemos que o Fator Maia é a presença de um padrão galáctico, um instrumento preciso que nos coloca em contato com a comunidade de inteligência galáctica. Verificado ainda mais de perto, microscopicamente até, o Fator Maia é a observação de que estamos vivendo há cerca de 26 anos um momento de grande sincronização galáctica. Ou encaramos isso seriamente agora, ou perderemos a oportunidade.

Meu encontro com Terence McKenna, autor do fascinante *Invisible Landscape*, muito contribuiu para esse entendimento do Fator Maia, pois também ele, trabalhando com o I Ching, tinha sido conduzido até os maias. Em particular, os seus fractais calendários tinham-no levado à conclusão de que estamos envolvidos em um ciclo "final" de tempo, cujos 67 anos de duração vão de Hiroxima, em 1945, até a data de sincronização maia de 2012 d.C., o fechamento do assim chamado Grande Ciclo, que começou em 3113 a.C. Aproximadamente no verão de 1985, eu estava certo de que o código que estava por trás do Grande Ciclo era uma chave que revelaria o significado de nossa própria história — e de nosso dilema atual. Assim foi que me debrucei com renovada energia sobre o Fator Maia.

Como preparação para a minha mais recente viagem ao México, comecei a trabalhar intensamente com os hieróglifos maias. Particularmente, dediquei-me aos vinte Signos Sagrados, os glifos-chave do Calendário Sagrado. O contato com os estudos analógicos da simbologia antiga dos egípcios em R.A. Schwaller de Lubicz, me havia proporcionado um ponto de partida para os meus renovados estudos dos glifos maias. Deixar-me absorver nesses glifos, fazendo desenhos e vários arranjos com eles, foi algo profundamente revelador. Descobri que estava adquirindo informação através deles. Isso me demonstrava que o Fator Maia não era nada morto, ou pertencente ao passado, mas um sistema vivo.

Em dezembro de 1985, Lloydine e eu estávamos no Yucatán, no imenso sítio de Coba, na sua maior parte ainda não escavado. O mais setentrional dos centros de civilização maia pré-830 d.C., e também um dos maiores. Coba possui uma presença que é o próprio epítome do enigma maia. Invadida pela floresta, suas pirâmides altamente escalonadas e suas praças fornecem o esteio para um vasto sistema de estradas retas e planas chamadas *sacbeob*, marcadas e caracterizadas por grandes esculturas hieroglíficas, algumas contendo datas — ou são números harmônicos? — referentes a eventos localizados em pontos inconcebíveis do passado remoto, ou em algum outro sistema.

Coba foi o ponto inicial e final de uma peregrinação de um mês que terminou em 10 de janeiro de 1986. Nesse período, passamos pela Cidade do México, na ocasião seriamente atingida pelo terremoto, Teotihuacan e pelas montanhas vulcânicas dos lagos Patzcuaro e Chapala. Retornando ao Yucatán, partimos com nossos amigos do Grupo Cristaux, Francis Huxley, Adele Getty, Colleen Kelly e Robert Ott, para uma excursão que incluía visitas a Uxmal e Chichén Itzá, bem como às fantásticas cavernas de Loltun e Balankanche, finalmente voltando para a costa do Caribe e Coba.

As visitas a Uxmal e Chichén Itzá foram úteis para definir o que tenho chamado de a última ou a segunda revelação de Kukulkan-Quetzalcoatl. Chegando ao Yucatán por volta de 987 d.C., com 40 anos de idade, Kukulkan revitalizou os centros de Uxmal e Chichén Itzá e fundou a cidade de Maiapan, antes de partir em 999 d.C. Cerca de um ano antes, eu tivera a oportunidade de ouvir o curandeiro Iakota, Gerald Red Elk, falar sobre a relação — e de fato a identificação — entre Cristo e Quetzalcoatl. Meditando sobre o antigo sítio de Chichén Itzá, o harmonioso Templo de Kukulkan e as numerosas representações simbólicas associadas a Kukulkan, ocorreu-me que Kukulkan-Quetzalcoatl, que em 999 d.C. profetizou a chegada de Cortés e a vinda da cristandade para o México, foi ele mesmo uma encarnação do Cristo.

À luz de minha incipiente compreensão dos maias como navegadores planetários e mapeadores do campo psíquico da Terra, do sistema solar e da galáxia, tais pensamentos ou insinuações, como a identidade entre Kukulkan e Cristo, pareciam cada vez menos chocantes. Ao descobrir o filósofo maia, Domingo Parédez, cujo livro, *Mayan Parapsychology*, li com avidez, minha visão dos maias como seres altamente evoluídos psíquica, intelectual e espiritualmente, foi bastante estimulada. Porém, permanecia a questão: de onde teriam vindo? Ou, pelo menos, de onde vinha sua informação, e como, exatamente, ela era aqui transmitida?

Enquanto nossa excursão seguia pelo mar das Caraíbas, tive outras intuições referentes ao Fator Maia. Foi novamente em Coba, no alto da grande pirâmide, o Nohoch Mul, que o significado do "culto solar" dos maias (bem como dos egípcios e dos incas) começou a fazer mais sentido para mim. De fato, o Sol não é apenas literalmente a fonte e o sustentáculo da vida, mas é também o mediador da informação que chega até ela de outros sistemas estelares através da energia radiante.

A assim chamada adoração do sol, tal como é atribuída aos antigos maias, é, na realidade, o reconhecimento de que um saber mais elevado está sendo literalmente transmitido através do Sol, ou, mais precisamente, através dos ciclos de atividades binárias das manchas solares. O Tzolkin, ou Calendário Sagrado, é um meio de rastrear essa informação utilizando os ciclos das manchas solares. O Tzolkin é também a matriz da informação comunicada por pelo menos dois sistemas estelares, que criam um campo de comunicação binária através das manchas solares. Quanto às fontes de informação, parece claro que as Plêiades são uma delas; e é muito provável que Arcturus seja a outra.

Nosso último fim de tarde no Yucatán passamos em uma rústica hospedaria de teto de colmo chamada Chac Mool. As ondas do mar, em gestos contínuos, arrebentavam sobre a praia intemporal. À noite, as estrelas espargiam seu pálio de infinitas recordações no céu enegrecido. Contemplando a geometria de padrões estelares se interpenetrando, senti um bem-estar incrível brotar em todo o meu ser. Ao som do vento, ao som das ondas, à vista do deslumbrante esplendor das estrelas, um conhecimento profundo e maravilhoso espalhou-se por todas as células do meu corpo. Os maias estavam voltando, mas não como poderíamos tê-los imaginado. Essencialmente, seu ser, como o nosso, transcende a forma física. E, precisamente por essa razão, seu retorno pode ocorrer dentro de nós, através de nós, agora.

Acordamos para saudar o alvorecer em Chac Mool. Nu entre as ondas do mar, olhei para cima. O céu, flamejante de nuvens cor-de-rosa, anunciava o novo dia. Despedimo-nos dos amigos e dos conhecidos e fomos para Cancun, depois para o aeroporto, e finalmente para o falecido mundo industrial. Desta vez eu retornava mais autêntico do que nunca, e ao mesmo tempo como se fosse outro. O Fator Maia tinha sido recuperado. Talvez o ciclo mundial ainda marcasse o seu encontro com o destino da galáxia.

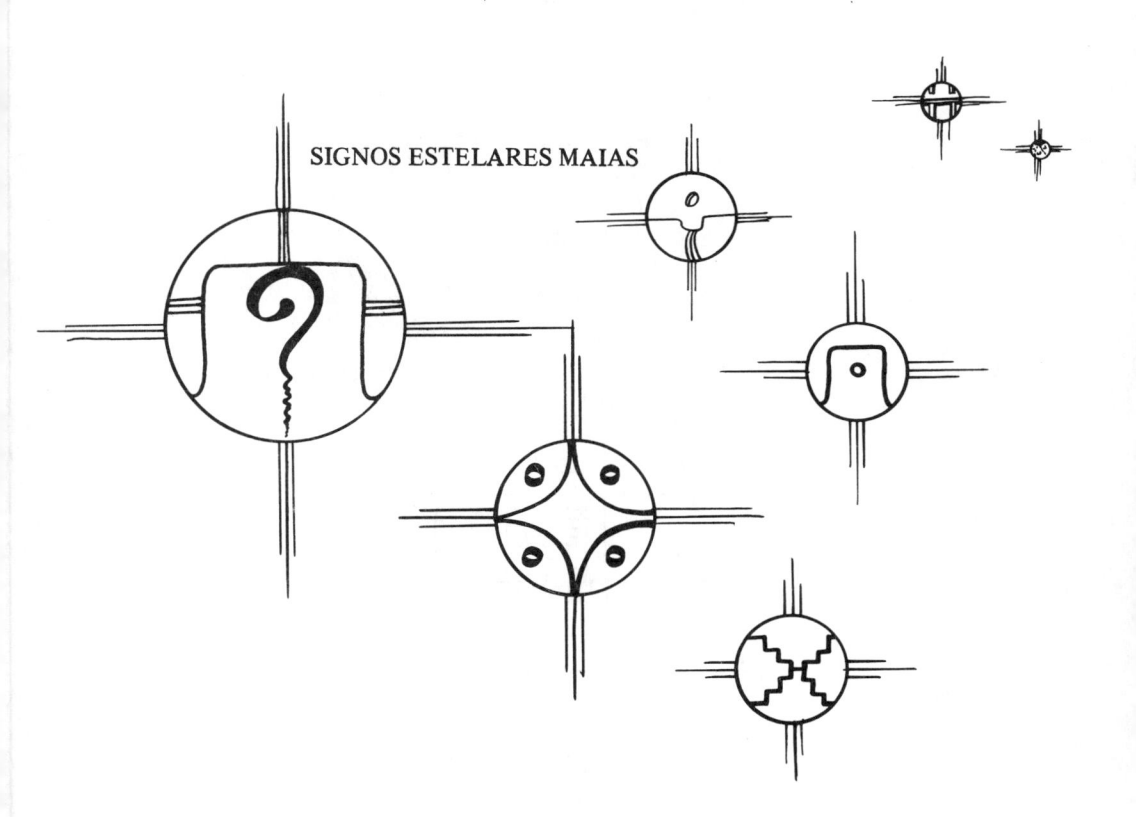

SIGNOS ESTELARES MAIAS

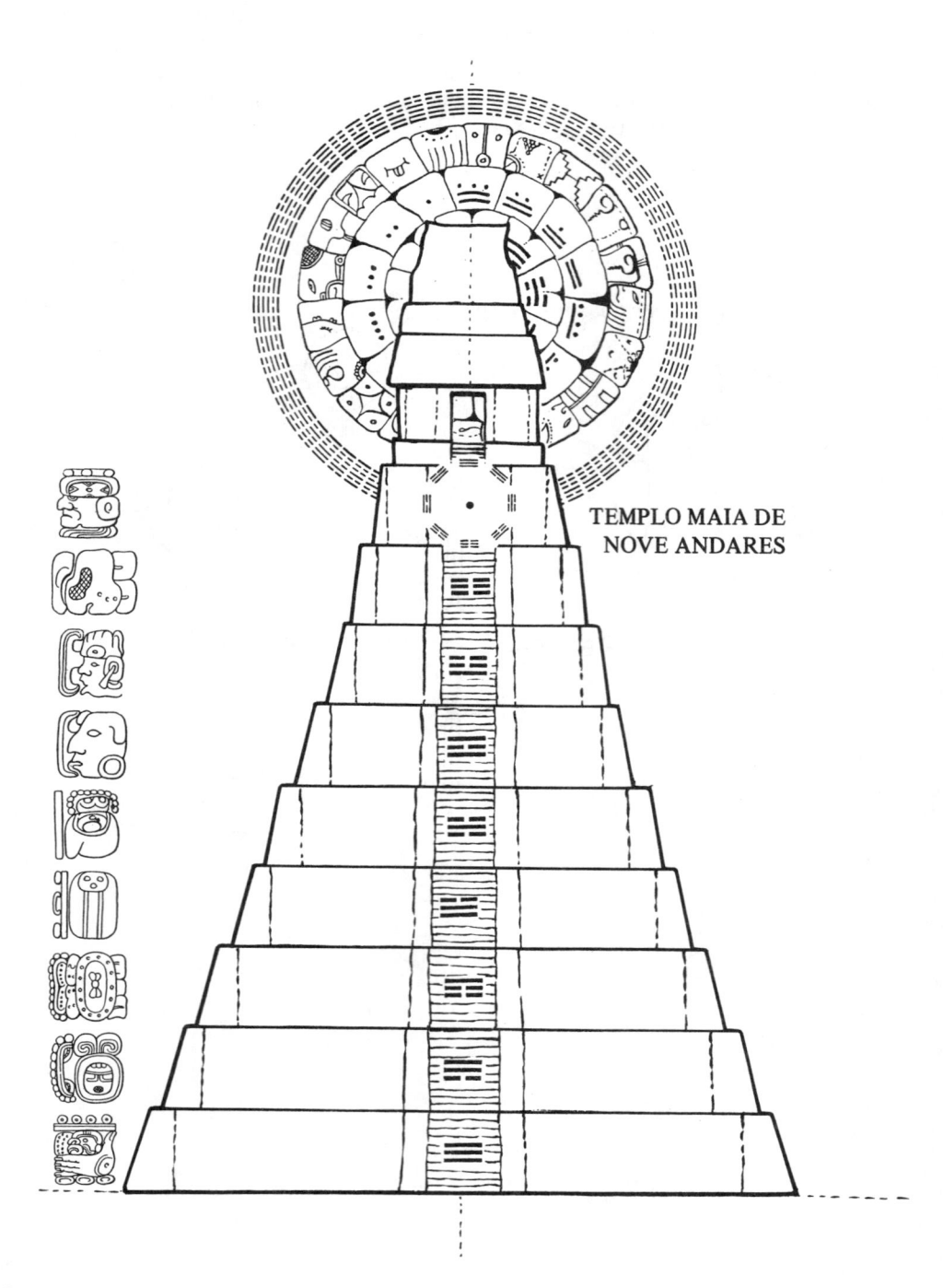

TEMPLO MAIA DE
NOVE ANDARES

OS MAIAS:
ADIVINHOS DA HARMONIA

Felizmente, o caminho pessoal que me levou até o Fator Maia floresceu em virtude de interesses semeados pelo estudo da história das artes, resultando finalmente em maravilhosas reflexões e inspirações surpreendentes de natureza galáctica. De fato, o conhecimento que temos dos maias deve-se ao fato de nossa imaginação ter sido impressionada pelos objetos de arte e pelos textos arqueológicos deixados por essa civilização. Embora recentemente a *National Geographic Society* tenha trazido os maias a público através de páginas coloridas mostrando ruínas misteriosas e trabalhos em pedra nas florestas da América Central, é preciso ter em mente que as informações atuais disponíveis sobre esse povo datam de pouco mais de 140 anos.

Quando a equipe artística e arqueológica de John Stephens e Frederick Catherwood publicou livros primorosamente ilustrados que documentavam suas viagens pelo Yucatán e pela América Central, na década de 1840, o resultado foi nada menos que sensacional. Aquilo significava a descoberta virtual de uma civilização "perdida", com todo o romance e fantasia que essa imagem pode evocar. Escritores-exploradores do século XIX, como Charles Brasseur de Beaubourg, Lord Kingsborough e Auguste Le Plongeon, enquanto traziam à luz algumas questões de interesse arqueológico, também se apressaram em relacionar os maias com os antigos egípcios e com os atlantes. Outros escritores como James Churchward e Lewis Spence aproveitaram ao máximo a aura atlante-lemuriana, que eles atribuíam às ruínas e às escrituras hieroglíficas dos maias.

Ao mesmo tempo, no final do século XIX, arqueólogos e pensadores mais "científicos", como Alfred P. Maudslay, Ernest Willem Förstemann e Herbert J. Spinden, tinham-se debruçado sobre o sistema matemático e astronômico dos maias, que, é claro, para a mente científica era o aspecto mais fascinante dessa civilização. Por volta de 1927, foi concluída a chamada correlação Goodman-Martinez Hernandez-Thompson entre as cronologias maia e cristã. Isso significava que o "começo" do "Grande Ciclo" maia tinha sido localizado entre 6 e 13 de agosto de 3113 a.C. no calendário cristão. Na cronologia maia a data é escrita: 13.0.0.0.0. Essa mesma data, 13.0.0.0.0, se repetirá novamente em 21 de dezembro de 2012 d.C.

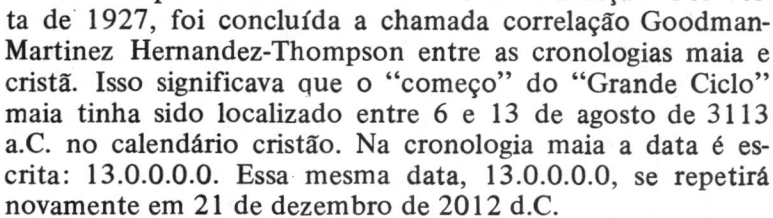

Isso quer dizer que, entre a primeira data 13.0.0.0.0 e a segunda, 13 ciclos de pouco menos de 400 anos cada um se passaram. Esses grandes ciclos de 394 anos são chamados de *baktuns* pelos maias. Uma vez que o coeficiente 13 na data 13.0.0.0.0 diz respeito ao término de um Grande Ciclo de treze baktuns, o primeiro baktun do novo ciclo é na verdade o Baktun 0, o segundo ciclo, Baktun 1, e assim por diante. Portanto, a data correspondente a 2993 a.C. seria escrita: 0.1.0.0.0. O que se chama de civilização maia *clássica* ocorre em sua maior parte no décimo ciclo, Baktun 9, 435-830 d.C., e portanto, quando escritas em nosso sistema de notação, a maioria das datas decifradas aparecem assim: 9.13.10.0 (702 d.C.). Depois falaremos mais sobre isso.

Foi em 1935 que Sylvanus Griswold Morley, talvez o mais sensível dos arqueólogos científicos, em seu estudo um tanto árido, *Guidebook to the Ruins of Quirigua*, sintetizou aquela que é ainda a mais esclarecida das opiniões dominantes sobre os maias:

> Quando se somam as realizações materiais dos antigos maias na arquitetura, escultura, cerâmica, artes lapidárias, trabalhos em plumas, tecelagem em algodão e tintura às suas realizações intelectuais — invenção da matemática posicional, com o concomitante desenvolvimento do zero, construção de uma elaborada cronologia com um ponto de partida fixo, uso de uma contagem de tempo tão precisa quanto o nosso próprio calendário gregoriano, conhecimentos de astronomia superiores aos dos egípcios e babilônicos —, e todo esse conjunto é julgado à luz de suas limitações culturais que em média aproximavam-se às do começo do neolítico no Velho Mundo, podemos aclamá-los, sem medo de errar, o povo aborígine mais brilhante deste planeta.

Por mais favorável que possa ser essa avaliação, permanece a conjectura de que, apesar de seu brilhantismo, os maias eram *neolíticos* e *aborígines*. O que o uso desses termos realmente significa? Neolítico — última fase da Idade da Pedra — e aborígine — do começo do tempo, antes da civilização — são medidas do estalão do progresso. Ao utilizá-los, a mente é condenada a pensar que por mais brilhantes que tenham sido esses povos, pertencem irremediavelmente ao passado, são uma anomalia e, portanto, de pouca utilidade no presente.

Entretanto, freqüentemente se pergunta: se os maias eram aborígines, neolíticos, praticamente desconheciam a metalurgia e o uso da roda, o que eles estavam fazendo com um sistema matemático tão sofisticado? Por que eram intelectualmente tão bem-dotados? Quando se considera que os maias clássicos floresceram entre 435 d.C. e 830 d.C., o período da "Idade das Trevas" na Europa, na verdade eles não estavam tão distantes, pelo menos no tempo. Pelos padrões gerais, as últimas fases da Idade da Pedra ocorreram em outras partes do mundo de 6.000 a 12.000 anos atrás. Algo está errado — serão os maias ou o estalão com que eles estão sendo medidos?

Desde que Morley escreveu a sua apurada avaliação arqueológica, em 1935, algumas descobertas espetaculares têm sido feitas, tais como os murais de Bonampak, em 1946, e o túmulo da pirâmide de Palenque, escavado em 1952. No geral, tem ocorrido um

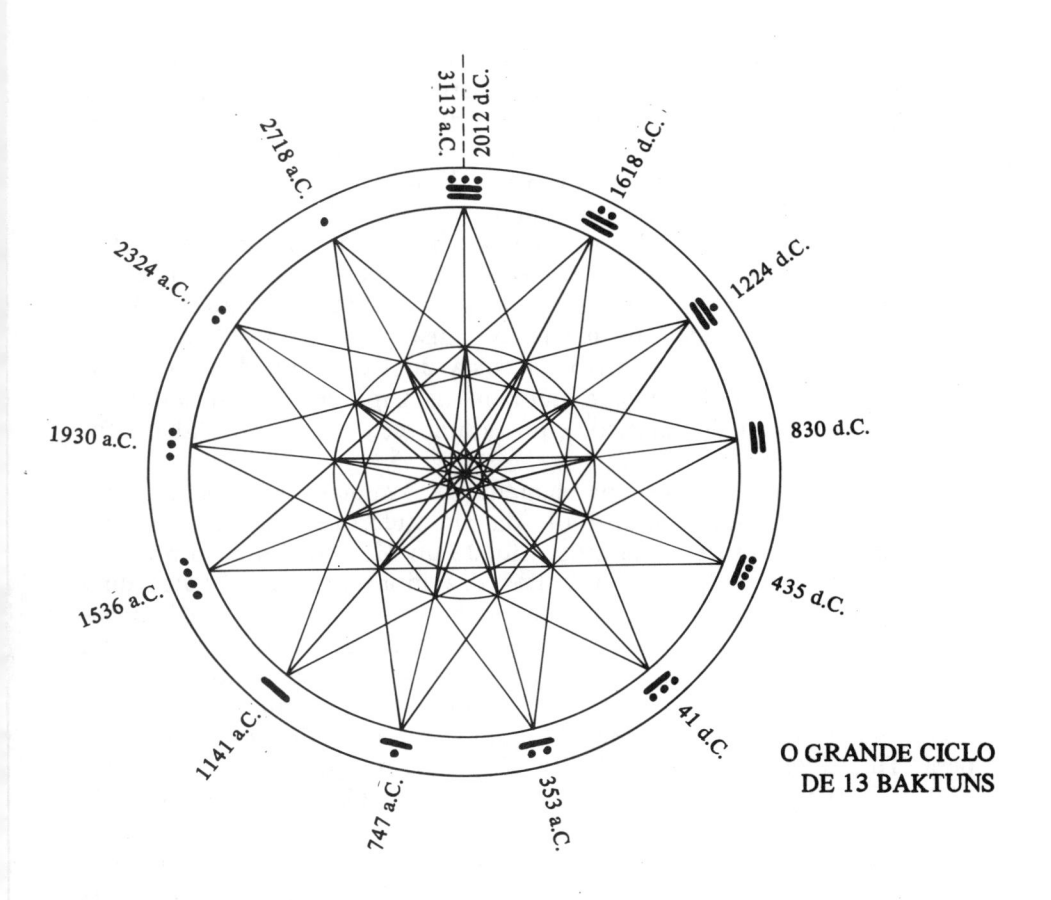

O GRANDE CICLO
DE 13 BAKTUNS

aprimoramento gradual da arqueologia maia, inclusive com o surgimento da arqueoastronomia como uma nova disciplina. Além disso, o uso do computador tem propiciado avanços na decifração dos hieróglifos, embora, na maior parte, apenas na identificação de nome de líderes "dinásticos", tais como Pacal Votan de Palenque.

Porém, apesar desses "avanços" da arqueologia, a verdadeira história dos maias permanece ignorada. Em sítios como Quiriguá e Copan, os hieróglifos gravados em pedra com espantosa precisão e elegância excitam a mente com sua impressionante quantidade e um desconcertante senso de ordem. Serão eles assim tão impenetráveis? Em nossas reflexões, são apresentados vários outros fatos referentes aos maias clássicos. Embora existam representações do que parecem ser prisioneiros, no final do período clássico, em todas as suas esculturas praticamente não há cenas de guerra. E quando os maias começaram a construir, em pedra, seus centros astronômico-cerimoniais no final do oitavo baktun (200-400 d.C.), o sistema matemático e de hieróglifos já estava todo formado, perfeito em cada detalhe. Há pouca evidência de estágios formativos, de tentativas e erros; é um sistema completo de notações e cálculos astronômicos acompanhados de um código hieroglífico altamente desenvolvido.

A isso acrescente a interrupção abrupta de construções, e, particularmente, de registros de datas por volta de 830 d.C., e você encontrará aí o mistério maia por completo. Vamos resumir, então, o que geralmente se sabe a respeito dos maias.

Há mais de dois mil anos, na América Central, um povo chamado maia começou a deixar pistas e indicações de sua presença. Na região que os arqueólogos denominam Mesoamérica — México e América Central — precedeu os maias um misterioso grupo chamado de olmecas, cujas origens ao longo da costa do Golfo do México datam de pelo menos 4.000 anos; e também os zapotecas das montanhas de Oaxaca, no sul do México, cujo grande centro, Monte Alban, foi fundado por volta de 600 a.C.

Simultaneamente ao aparecimento dos maias na América Central, floresceu a grande metrópole da pirâmide, Teotihuacan, no México central, ao nordeste da atual Cidade do México. Embora possuíssem em comum com seus vizinhos das montanhas mexicanas uma base agrícola e traços culturais semelhantes, como o Calendário Sagrado de 260 dias e o jogo de bola, os maias, em seus domínios na selva, permaneciam um povo artística e intelectualmente distinto.

Surgindo por volta de 300 d.C. num sítio chamado Uaxactun, no coração da região conhecida como Peten, e daí se espalhando para Tikal, Palenque, Copan e Quiriguá, foi aproximadamente em 500 d.C. que ocorreu o grande impulso da civilização maia. Nos 300 anos que se seguiram, a duração do Baktun 9, os maias construíram suas harmoniosas pirâmides escalonadas e deixaram um grande número de indicadores de pedra, as estelas, onde as datas — e outras informações relacionadas — eram registradas a cada cinco, dez ou vinte anos. Então, com a transição do Baktun 9 para o Baktun 10, em 830 d.C., veio o declínio abrupto ou o desaparecimento dos maias clássicos.

No final do século X d.C., quando mais uma vez a cortina se abriu para os maias, ou antes para os seus descendentes, o que se viu foi uma cena completamente diferente. O lugar agora era o norte do Yucatán. Houve uma mistura com os seus vizinhos mexicanos, os toltecas. A revelação religiosa de Quetzalcoatl/Kukulkan 1 Reed — 947 a 999 d.C. — é o fator cultural de ligação. Embora ocorram grandes realizações arquitetônicas, tais como as encontradas em Uxmal e Chichén Itzá, não há mais grandes monumentos talhados em pedra registrando datas e dados astronômicos intermináveis. Antes, desenvolveu-se uma versão amplificada do sistema cronológico e a maior parte da escrita é praticada em manuscritos chamados códices, dos quais apenas três ainda existem. A guerra e o sacrifício humano estão na ordem do dia, e uma aliança política inédita, a Liga de Maiapan, substituiu o período praticamente autônomo e apolítico dos maias clássicos.

Com a queda de Maiapan, em 1441, devido às guerras intestinas, chega ao fim a última fase dos maias. Quando os espanhóis finalmente chegam com força total ao Yucatán, em 1527, conforme havia sido previsto pelo profeta maia do século XII, Ah Xupan, os descendentes dos maias encontram-se desunidos. Em 1697, as crueldades da nova ordem cristã, juntamente com a varíola e outras moléstias, puseram fim aos maias como entidade cultural ou política. Apesar dos terríveis obstáculos do destino, os maias têm persistido, ao menos culturalmente, em manter sua identidade até os nossos dias. E, aqui e ali, feiticeiros, guardiães das tradições mais antigas, conseguiram preservar o conhecimento, o código, os caminhos da verdade que levam diretamente às estrelas.

MAPA DO TERRITÓRIO MAIA

Quando olhamos para a história e analisamos aquilo que foi deixado pelos maias, um fato torna-se muito claro: não só os espanhóis desconheciam a separação no tempo ocorrida entre o nono batkun maia clássico e os maias posteriores da Liga de Maiapan, mas também os textos e manuscritos tardios — *Popol Vuh*, *The Book of Chilam Balam* e *The Annals of the Cakchiquels* — praticamente não nos dão qualquer informação sobre os seus antepassados, os maias clássicos. Não só os cristãos deturparam ou interpretaram mal o que lhes foi dito pelos maias, mas estes mesmos parecem ter confundido intencionalmente os seus textos. Por quê?

Quando, há 150 anos atrás, Stephens e Catherwood, na floresta, foram ter com os centros clássicos dos maias, eles, sem dúvida, haviam se deparado com uma "civilização perdida", mas perdida apenas para as suas mentes. Quando tudo já está dito e feito, o que a arqueologia descreveu dos maias clássicos são os contornos visíveis da mente materialista científica. O que realmente existe nas terras baixas das florestas de Peten é muito diferente daquilo que é descrito pela arqueologia. Como uma constelação estelar gravada sobre as selvas da América Central, o padrão que une os vários centros da era clássica espreita através do labirinto do tempo. Templos-pirâmides e praças polvilhados de monumentos de pedra, intricadamente talhados com elaborados hieróglifos e dados astronômicos, representam uma operação de registro científico tão precisa quanto qualquer outra conhecida pela humanidade.

Realmente, se considerados como um todo, os centros maias clássicos do Baktun 9 aparecem como um verdadeiro cartão de visitas cósmico. "Ei, você da Terra", os monumentos parecem gritar para nós, "aqueles que nos construíram estiveram aqui como humanos, iguais a vocês, ô terráqueos. Vocês não conseguem entender o que aqui deixamos? Se vocês pudessem abrir seus olhos sem preconceitos, veriam a dádiva que os aguarda."

É evidente que, para os maias clássicos, mais importante do que o território e as guerras era a necessidade de estabelecer os ciclos do planeta Terra por meio de um sistema matemático singular. O objetivo desse elaborado registro parece ter sido a correlação dos ciclos terrestres e de outros ciclos planetários dentro do nosso sistema solar com a matriz harmônica de um programa mestre. Essa matriz, abrangendo os harmônicos cíclicos dos planetas do nosso sistema solar, era *galáctica*, uma vez que representava uma visão maior e mais abrangente do que a que poderia ser obtida de dentro do nosso próprio sistema. Não comparável com qualquer outro padrão, esta perspectiva implica que os maias clássicos possuíam uma missão distinta. Qualquer um que tenha uma missão, também terá uma mensagem — um fato que parece óbvio, mas que freqüentemente escapa à mente dos arqueólogos materialistas.

A civilização maia clássica foi ímpar na sua realização e o seu fim proposital deveu-se à missão que deveria cumprir. Essa missão,

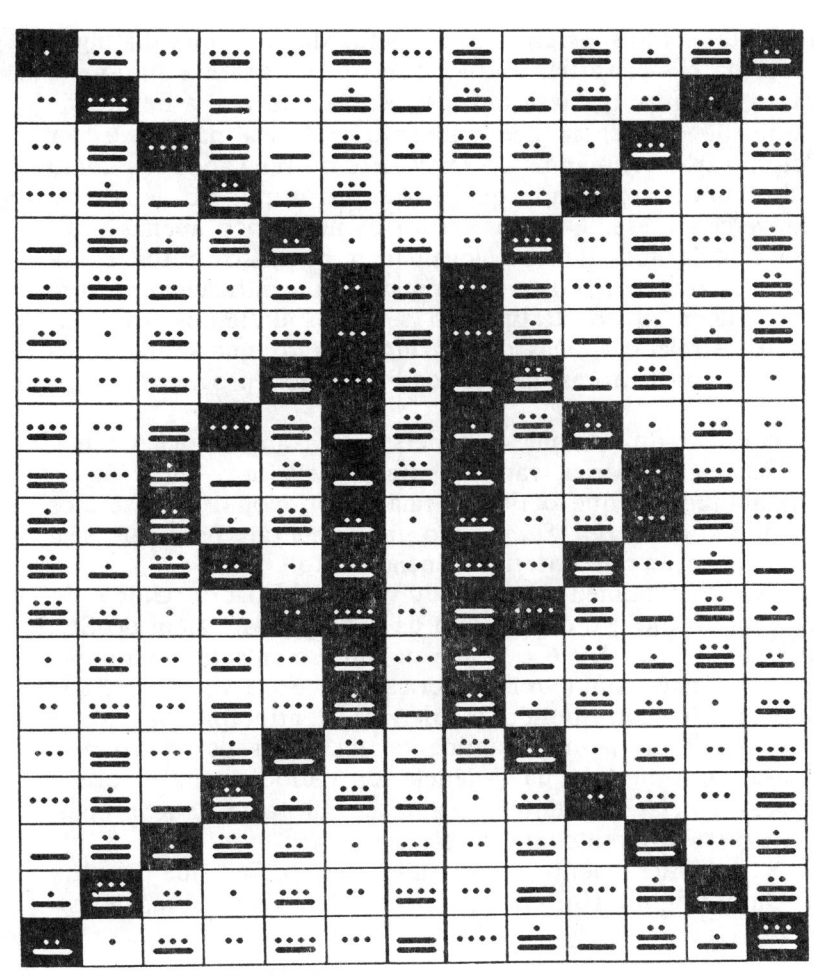

ao que parece, era colocar a Terra e o sistema solar em sincronicidade com uma comunidade galáctica mais ampla. Este é o significado das datas e dos hieróglifos que as acompanha. Uma vez atingido o objetivo, pois esta é a causa e o significado da intensa atividade do Baktun 9, os maias partiram — mas não todos.

Alguns ficaram para trás como guardiães, supervisores, falando a linguagem do *Zuvuya*, a linguagem-código críptica dos significados dos diferentes ciclos de tempo. A chave e o código deixados pelos maias clássicos — ou devemos dizer galácticos — descrevendo os seus propósitos e a sua ciência estão embutidos no aparentemente simples sistema de treze números e vinte símbolos chamados Tzolkin. De fato, no Tzolkin, a matriz harmônica, está tudo aquilo de que precisamos para conhecer o Fator Maia. Mas como tudo isso foi feito? Como os maias chegaram aqui? Qual o significado da sincronização galáctica e qual o sentido que tudo isso tem para nós, agora?

53

Em resposta a essas perguntas, podemos dizer: o que distingue a ciência maia da ciência atual é que aquela é um sistema que opera dentro de uma estrutura galáctica. Uma ciência que opera dentro de uma estrutura de referência genuinamente galáctica não pode ser separada daquilo que chamamos de mito, arte ou religião. Pois, como uma visão de mundo abrangente que é, essa estrutura, em vez de separar, promove a síntese. Quanto a isso, os maias não apenas desafiam a nossa ciência, mas também jogam com os nossos mitos, e, como veremos, eles revestem nossa história de um significado e de um objetivo que coloca nosso destino no seio dos desígnios invisíveis do firmamento estrelado — mas de um modo ainda não sonhado pelos desajeitados construtores de nossos modernos programas espaciais.

Tendo considerado os maias da perspectiva arqueológica e materialista da ciência moderna, vamos agora apreciá-los a partir da visão galáctica abrangente que o Fator Maia proporciona. Dois termos maias, *Hunab Ku* e *Kuxan Suum*, são fundamentais para que seja possível uma concepção que sintetize ciência e mito.

Hunab Ku é geralmente traduzido como "Doador Único do Movimento e do Ritmo"; é o princípio da vida que está além do Sol. Sob este aspecto, Hunab Ku é o nome do núcleo galáctico, não apenas como nome, mas como uma descrição de objetivo e atividade também. Movimento corresponde a energia, o princípio da vida e a consciência que tudo permeia, iminente em todos os fenômenos. Ritmo refere-se ao princípio da cadência, da periodicidade e forma, sendo responsável pelas diferentes qualidades limitantes que a energia assume através de diferentes transformações.

Kuxan Suum, literalmente "a Estrada para o Céu que Conduz ao Cordão Umbilical do Universo", define os fios ou fibras invisí-

HUNAB KU:
DOADOR ÚNICO DO
MOVIMENTO E DO RITMO

54

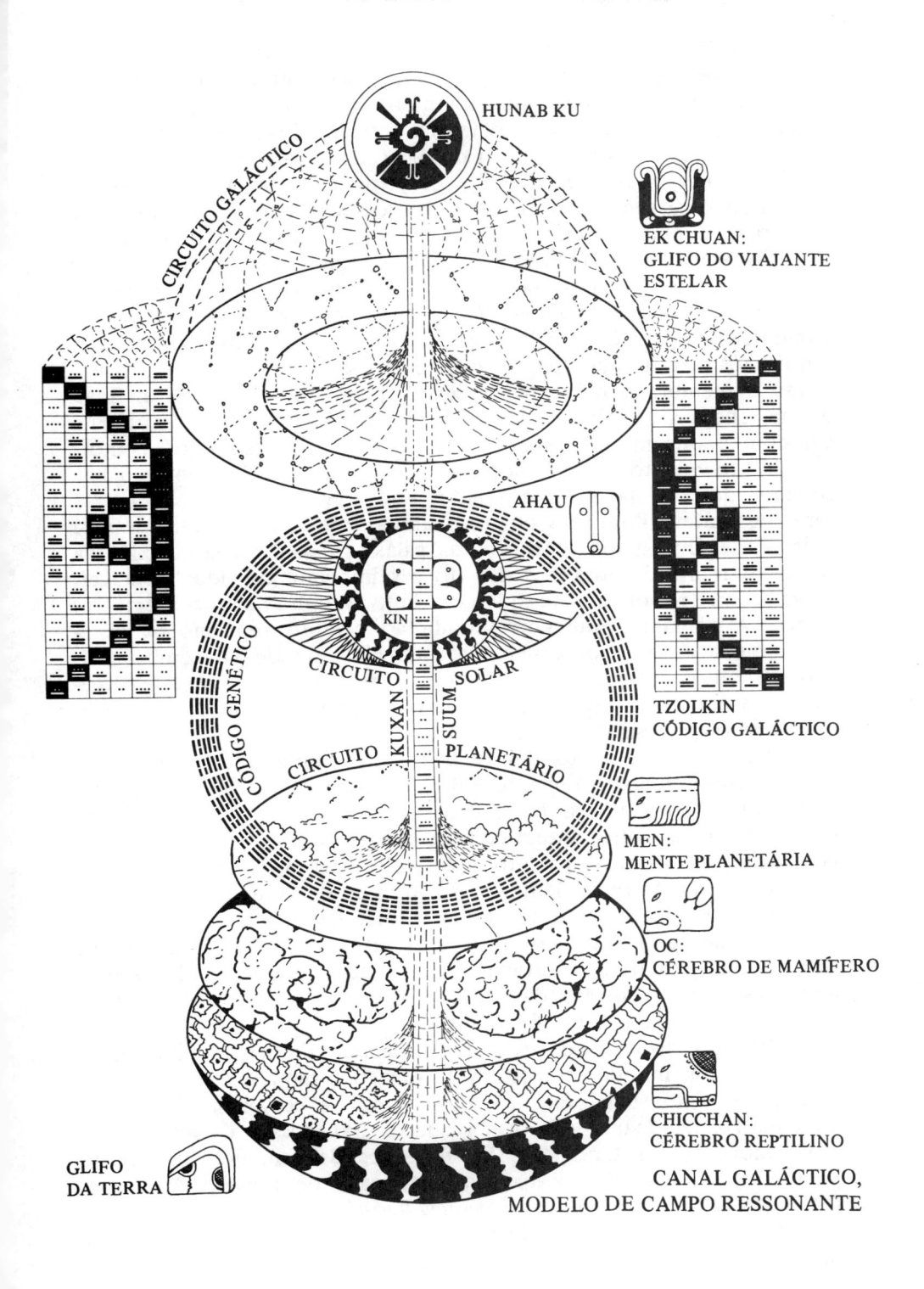

HUNAB KU

EK CHUAN:
GLIFO DO VIAJANTE
ESTELAR

CIRCUITO GALÁCTICO

AHAU

KIN

CIRCUITO SOLAR

CÓDIGO GENÉTICO

CIRCUITO KUXAN SUUM PLANETÁRIO

TZOLKIN
CÓDIGO GALÁCTICO

MEN:
MENTE PLANETÁRIA

OC:
CÉREBRO DE MAMÍFERO

CHICCHAN:
CÉREBRO REPTILINO

GLIFO
DA TERRA

CANAL GALÁCTICO,
MODELO DE CAMPO RESSONANTE

veis de vida galáctica, que conectam tanto o indivíduo como o planeta, através do Sol, com o núcleo galáctico, Hunab Ku. Esses fios ou fibras são os mesmos fios luminosos que saem do plexo solar, descritos pelo vidente Don Juan, na série de livros de Carlos Castañeda sobre a sabedoria yaki. Conforme os textos maias, *Popol Vuh* e *The Annals of the Cakchiquels*, os yakis foram a primeira das tribos maias a se separarem do resto dos clãs, procurando entrar neste mundo. Seu objetivo era manter pelo menos alguns dos ensinamentos originais dos maias relativamente puros e num local distante.

Seja como for, as fibras, ou Kuxan Suum, definem um caminho ressonante, como um *walkie-talkie*, fornecendo um canal contínuo de comunicação, uma linha vital cósmica. Através do Kuxan Suum, cada um de nós possui uma conexão que se estende do plexo solar, atravessando a membrana refletora do campo planetário até o Sol e, finalmente, chega ao núcleo galáctico. Será que essa linha vital tem algo a ver com a origem dos maias neste planeta? E se assim for, como?

Tanto quanto um telescópio e um *walkie-talkie*, o caminho ressonante descrito pelo Kuxan Suum pode ser entendido como uma série de lentes vibratórias ou ressonantes. Em uma extremidade está a lente de Hunab Ku, o centro da galáxia, o núcleo da galáxia. Na outra extremidade está a lente do ser humano individual. Na verdade, como ressonador cósmico, o indivíduo humano contém três lentes. A primeira, que corresponde ao cérebro reptilino ou sistema nervoso autônomo; a segunda, que corresponde ao cérebro mamífero, ou neocórtex; e a terceira, correspondente à mente superior, conectando o indivíduo ao corpo do planeta. É esta última lente que na verdade sai do plexo solar.

Com o alinhamento dessas três lentes, uma quarta entra em foco, correspondendo à mente solar, à consciência do Sol e do sistema solar. Uma quinta lente é fornecida pelo próprio Sol. Finalmente, há duas lentes intermediárias entre o Sol e o núcleo galáctico, Hunab Ku. Uma é para focalizar informações de um sistema estelar ao outro; na outra lente, mais próxima de Hunab Ku, está gravado o núcleo comum de informação galáctica, a matriz harmônica. Dessa forma, a informação que passa através do Kuxan Suum, as fibras vitais galácticas, é articulada, e, dependendo de qual das oito lentes está sendo focalizada, diferentes níveis ou estágios de ser e conhecimento podem ser enfatizados.

Olhando através do telescópio galáctico de lentes vibratórias, em vez de um mundo atomístico de espaço e tempo, distância e separação, o Fator Maia focaliza um mundo de coerência e unidade, uma matriz ressonante dentro da qual a transmissão de informação é virtualmente "instantânea". Se fôssemos dar um nome moderno para esse processo de focalização galáctica e de transmissão de informação, seria *princípio da ressonância harmônica*.

Mas — o que é ressonância? Todos falam sobre ela — eletricistas, físicos, músicos e curandeiros. Mas o que é na verdade a ressonância? *Ressonância* significa a qualidade de *soar novamente*. Ressonar é reverberar. Reverberação significa dar e receber, é a definição da comunicação que é sempre simultânea e acontece pelo menos entre dois agentes. Qualquer comunicação implica uma troca de informação. As pessoas falam sobre a "era da informação", mas o que é informação? Da perspectiva dos harmônicos ressonantes, informação é a forma-veículo de qualidades de energia que fluem entre dois agentes ou dois grupos. Como um soar novamente, a ressonância é informação.

A essência da informação, portanto, não é seu conteúdo, mas a sua ressonância. Por isso que sentir as coisas é importante. Sentir a ressonância da informação que chega faz criar conjuntamente um campo ressonante. Se tentamos conceituar a experiência antes de termos ressonado com ela, o campo é desativado, ou mesmo interrompido. Se o campo é interrompido, significa que o Kuxan Suum está obscurecido no plexo solar — isto é, nós paramos de sentir as coisas e nossa ressonância foi amortecida!

Quando as pessoas falam de ressonância, também falam de freqüências e de tons. Freqüência diz respeito à velocidade da vibração. Como todos sabem, existem velocidades de vibração mais altas e mais baixas, embora toda vibração seja pulsação de ondas. Uma freqüência mantida para um único ciclo de onda, também conhecido como pulsação, torna-se um tom. Portanto, um tom é qualquer freqüência continuada, cujo nível determina qual dos nossos órgãos do sentido pode ser afetado. Em outras palavras, o tato tem os seus tons; o perfume é um tom do campo do olfato; mesmo a "mente" experimenta seus tons sensoriais de alta freqüência.

Compreendendo todos os campos do sentido, a harmonia é a sincronização de dois ou mais tons. A habilidade em sincronizar tons e sintetizar campos do sentido é tanto uma arte quanto uma ciência. A prática dessa ciência propicia oportunidades impensáveis para uma perspectiva materialista, a qual, por exemplo, nos faz pensar que voar é o deslocamento de um corpo físico entre dois pontos através do ar. Mas o que é voar para os campos do sentido de um passageiro num avião? Uma vibração grosseira de motores a jato, o cheiro do combustível e a refeição de microonda. E se voar for a capacidade de identificar a consciência com a ressonância e deixar-se levar pelas freqüências de diferentes níveis de realidade?

Sem dúvida que a harmonia é uma ciência. Aqueles que praticam essa ciência são os verdadeiros artistas, os profetas da harmonia, pois são eles que transmitem — não como doutrina, mas como realidade mesma — o princípio da ressonância harmônica. Aplicado galacticamente, esse princípio descreve a totalidade do universo como um campo operado por lentes ou placas ressonantes. Por meio de uma afinação ou "toque" adequados dessas lentes, podem soar harmônicos que penetram em níveis mais altos ou mais baixos de atividade tonal. Fazendo soar tons e harmônicos, como quem tange as cordas de uma harpa e observa o efeito das vibrações que ondulam a superfície da água, transmite-se informação entre diferentes níveis ou oitavas.

Se essa visão de mundo soa pitagórica — a música das esferas —, na verdade ela é! Porém, a diferença entre os pitagóricos e os maias é a seguinte: os maias demonstraram que isso não é meramente uma filosofia, mas o fundamento de toda uma civilização. Uma civilização baseada no princípio da ressonância harmônica obviamente é diferente em natureza e propósito da nossa, que se baseia na aquisição de bens materiais e na defesa do território.

Para entender os maias e o fundamento de sua ciência como uma alternativa para a nossa atual desordem, devemos nos aprofundar na descrição dessa civilização. Por exemplo, o que uma civilização fundada no princípio da ressonância harmônica teria como metas ou objetivos? Poderia ser outra coisa que não colocar o sistema Terra em ressonância com o Sol como um membro em evolução de uma família galáctica maior? Isso tem algo a ver com as metas da civilização atual? Quem pode dizer quais são as metas de nossa civilização? Essas metas têm alguma relação com o planeta, ou ainda com o sistema solar?

Precisamente por estar baseada no princípio da ressonância harmônica, uma civilização como a maia pode ser descrita como *galacticamente informada*. Isto é, pelo princípio da ressonância harmônica, há uma onda de informação nos dois sentidos que se propaga para e do ser individual até a mente coletiva ou planetária, e da mente planetária, através do Sol, para o núcleo galáctico.

Se os maias são "agentes galácticos", ser galacticamente informado descreve um processo apenas de disseminação de informação, ou também descreve um processo daquilo que chamaríamos hoje de "viagem espacial"? Ou, ainda, não podia ser que da perspectiva da ressonância harmônica e do fluxo bidirecional de informação galáctica não haja qualquer diferença entre disseminação de informação e viagem espacial?

Acho que nesse ponto há uma importante distinção a ser considerada. Diferentemente da ciência ocidental, que se baseia na investigação da matéria — daí materialismo científico — a ciência maia se baseia na mente como fundamento do universo. O universo é mente, e as diversas propriedades da mente podem ser descritas através de relações de números inteiros. Para a ciência maia, o que chamamos de *matéria* representa diferentes tons aglutinados como um espectro de freqüência harmônico, perceptível ao tato. Como todas as outras experiências ressonantes, a matéria pode ser representada por relações de números inteiros. Como todo matemático sabe, o número em si mesmo é uma estrutura puramente mental.

Um outro corolário da perspectiva maia é a universalidade da consciência. Visto que o universo é de natureza mental antes que material, ou ainda, uma vez que a noção do material é derivada do mental, na verdade há apenas a consciência — energia inteligente —, seja ela um pedaço de quartzo, uma formiga, um ser humano ou algo além. Tudo é vivo. Não há nada desprovido de sentimento. O campo da realidade está saturado de intenção.

Nessa concepção, a forma das coisas é a configuração da consciência numa *junção específica de freqüências ressonantes*. Uma junção de freqüências ressonantes pode ser definida como a sincronização de dois ou mais espectros tonais que unem necessidade momentânea com objetivo universal. O ambiente pode precisar de "formigas" para executar uma tarefa, para arejar a Terra; a formiga, então, é o espectro tonal que une a necessidade momentânea com o propósito universal de arejar a Terra. De forma semelhante, num certo momento de sua evolução, a Terra pode precisar de uma inteligência sincronizada para colocá-la numa relação mais consciente com o Sol e com a galáxia como um todo. Ou, mais precisamente, ao mesmo tempo, o Sol pode precisar de um corpo planetário para assentar a informação recebida do núcleo galáctico e/ou de sistemas estelares mais evoluídos. O Fator Maia corresponde exatamente a essa situação: a sincronização de informação galáctica com as necessidades mútuas da Terra e do Sol. Como formigas galácticas, os maias e sua civilização seriam os sincronizadores da necessidade momentânea — representada pela inteligência planetária ou solar — com o objetivo universal, ou seja, a participação consciente na comunidade galáctica.

Consideremos uma seqüência de acontecimentos. Vamos supor que a galáxia é um imenso organismo que possui ordem e consciência de uma magnitude tal que transcenda os limites da imaginação humana. Como um corpo gigantesco, ela consiste num complexo de sistemas estelares, coordenados pelo núcleo galáctico, Hunab Ku. Circulando energia e informação em sentido horário e anti-horário, o denso e pulsante coração galáctico emite uma série contínua de sinais, que chamamos de radioemissão. Na realidade, essas emissões de rádio correspondem a uma matriz de ressonância — um vasto campo galáctico de energia inteligente, cuja pulsação primária intermitente fornece a base para as funções de onda universais: função *transmissora* ou informacional; função *radioativa* ou eletromagnética; função *atrativa* ou gravitacional; e função *receptiva* ou psicoativa.

O único objetivo da emissão contínua de ondas-informação a partir de Hunab Ku, o núcleo galáctico e estação cósmica de rádio, é a coordenação superior dos organismos membros, os sistemas estelares. Por coordenação superior entenda-se, antes de tudo, a capacidade da inteligência local, através da focalização das lentes de Kuxan Suum, em chegar ao limiar da percepção do todo, e com ele se alinhar. Inteligência local significa a mente ou campo de consciência planetário, que constitui o campo auto-refletor de um planeta (ou planetas) de um dado sistema estelar. Então, uma vez percebido e realizado o alinhamento com o todo, a meta é estender o processo aos sistemas membros nos quais o limiar de percepção do todo ainda não foi atingido. É assim que, lentamente, evolui a comunidade de inteligência galáctica.

A percepção do todo implica comunicação direta e consciente, via estrela local, com o núcleo galáctico. Isso também implica uma ativação contínua da linha vital galáctica, Kuxan Suum. A realização consciente da harmonia é a capacidade de manter uma comunicação direta e de promover, continuamente, uma ampla percepção do todo. O fim do processo pode ser nada mais do que a passagem de toda a galáxia para um estado inconcebível de sincronização harmônica.

No processo que estamos descrevendo, alguns sistemas locais obtêm alinhamento com o todo antes dos outros. Digamos que as inteligências que atingem esse estado são chamadas de maias – os profetas da harmonia. A adivinhação é um conhecimento direto pela mente. Adivinho ou profeta da harmonia, um maia seria, então, aquele que conhece diretamente as freqüências harmônicas de um nível ou estado de ser, e, de certa forma, é capaz de sintonizar e mesmo assumir as qualidades desse plano.

Devido à obtenção de tal conhecimento, um dos poderes dos maias seria o da *transdução ressonante*. Em virtude do conhecimento direto dos harmônicos de onda e das mudanças de freqüência, a transdução ressonante é a capacidade de aplicar esse conhecimento e passar diretamente de um estado de ser para outro – e, conseqüentemente, de um sistema estelar para outro. É claro, o imperativo de alinhar-se com o todo e tornar-se um maia é estender tal realização para outros sistemas estelares locais. Desse modo, a matriz galáctica começa a ser tecida em uma teia de inteligências auto-refletoras.

Além do mais, para que todos os sistemas possam atingir o mesmo nível de coordenação harmônica, o conhecimento ou informação teria de ser sistematizado em códigos o mais simples possível, de modo a serem utilizados em comum. Sistematizar e transmitir esse código é também responsabilidade dos maias. O código, conforme veremos, é referido como o *módulo harmônico*, ou Tzolkin, a matriz matemática mais simples possível para acomodar o máximo de transformações, transmissões e transduções harmônicas – uma verdadeira tabela periódica de freqüências galácticas.

Viajantes intrépidos do Kuxan Suum, peregrinos galácticos à procura de sistemas estelares em que o potencial para a percepção de um alinhamento com o todo está começando a amadurecer, os maias, profetas da harmonia, são incansáveis em sua busca. Uma vez que um sistema é examinado, monitorado e descobre-se que ele apresenta potencial para a realização harmônica, os maias aprontam-se para os preparativos finais. É claro que à medida que cresce o número dos sistemas locais que atingem a sincronização harmônica, também eleva-se o nível de coordenação cooperativa para os sistemas menos evoluídos. E por mais que os maias operem com um código uniforme de informação galáctica, o módulo harmônico, cumprindo a exigência de propagar a harmonia, eles também operariam com um código de honra galáctico. Por quê?

Como se sabe, coagir ou forçar alguém a realizar algo não é um método inteligente. E se o que se faz é uma harmonização superior, então deve-se ensinar ou mostrar à inteligência local como chegar às suas próprias conclusões. Em outras palavras, o código de honra galáctico é manifestar e demonstrar a harmonia por todos os meios possíveis. Sempre utilizando as normas da harmonia, mas ao mesmo tempo respeitando a inteligência local, a ordem principal do código seria não promover qualquer idéia de dualidade ou separação. Em relação a isso, há uma frase maia que diz: *"In lake'ch"*: *Eu sou um outro você.*

Hábeis na transdução ressonante — o meio de transmissão, comunicação e passagem de uma condição à outra, por harmônicos de onda — devido a uma hábil utilização do Kuxan Suum, os maias agiriam como mediadores entre Hunab Ku, o núcleo galáctico, e a inteligência em evolução de um sistema estelar local. Mas enquanto pode ser fácil imaginar a informação sendo transmitida através do Kuxan Suum, como ondas propagando-se através de um *walkie-talkie* improvisado de latas de conserva, o que dizer da viagem espacial? De acordo com o Fator Maia, a viagem espacial é informação — informação transmitida pelo princípio da ressonância harmônica. Nós somos informação. O universo é informação. A informação, como o número, é basicamente uma propriedade ressonante da mente.

Informação é energia estruturada conforme o receptor ao qual ela se destina. A limitação ou aspecto formal da informação não oculta o fato de que o continente está in-formado por uma qualidade de energia. Ouvimos música, "ondas sonoras que se propagam no espaço", e em algum lugar dentro de nós experimentamos uma carga emocional. Ocorreu uma transdução — a transformação do som, que é um tipo de informação, em energia emocional, um outro tipo de informação.

Toda energia possui propriedades de onda transdutiva. Toda propriedade de onda é suscetível de ser transmitida de modo ressonante como harmônicos de freqüência. Uma oitava é um ciclo coerente, e em todas as oitavas pode-se fazer soar qualquer tom para produzir harmônicos em outras oitavas. A isso se acrescente que qualquer propriedade de onda pode ser transduzida de uma forma para outra através de um meio específico, como um cristal de quartzo; é quando você tem os princípios básicos da ressonância harmônica.

Só agora começamos a perceber que o DNA, o código genético — o código da vida — possui uma infra-estrutura com características de onda. Isso implica que entre as células do corpo há um sistema universal de comunicação que opera a velocidades que variam entre a do som e a da luz. Sabemos também que o código do DNA corresponde a uma fórmula de números inteiros que representa uma progressão binária de expoente seis — 2, 4, 8, 16, 32, 64 — produzindo 64 palavras-código ou códons constituídas de seis partes.

Uma ciência baseada no princípio dos harmônicos ressonantes poderia traduzir a matemática de número inteiro desses códons em estruturas de onda de diferentes freqüências e transmitir essa informação através do Kuxan Suum como transdução ressonante. Viajando a toda velocidade através do éter galáctico, os maias puderam transmitir-se a si próprios como informação em código de DNA de um sistema estelar a outro.

Porém, respeitando a perspectiva de todo o sistema, a transmissão de informação genética, ou de outra natureza, de um sistema mais evoluído para outro menos evoluído deve passar por uma hierarquia de comando apropriada. Basicamente, a série de comando vai de Hunab Ku/núcleo galáctico até a estrela, e dessa para a inteligência refletora — a mente ou consciência planetária. Uma vez que uma consciência planetária específica se tenha alinhado com o todo — isto é, através de sua estrela-mãe até o núcleo galáctico —, então, operando mudanças no código universal — o módulo harmônico — pode-se estabelecer comunicação com outro sistema estelar.

É importante ter em mente que a informação comunicada de um sistema a outro passa através da estrela do sistema receptor. É a estrela que serve como mediadora para o Kuxan Suum entre Hunab Ku, o núcleo galáctico e o planeta que evolui como inteligência refletora. Como ocorreria a transmissão de informação ao se utilizar o Sol como mediador?

Supondo que tivesse sido feita uma inspeção, e que, monitorando o sistema local, verificou-se que este evoluíra o suficiente para encontrar-se no limiar de um alinhamento com o todo, então, a informação-código adequada seria preparada. Uma sonda inteligente transmitida como um código de sincronização seria irradiada através da estrela local, ou seja, o nosso Sol, que os maias chamam de *Kin*. Já que Kin, nosso Sol, possui um ciclo de pouco menos de 23 anos, divididos em duas pulsações que dão em média 11,3 anos cada uma, a sonda inteligente primeiro iria sincronizar-se com esse ciclo solar. Incidentalmente, essa pulsação cíclica de 11,3 anos produz um fenômeno conhecido como *heliopausa*: uma flutuação na bolha quase imperceptível que forma o *heliocosmo* — a totalidade dos campos gravitacional e eletromagnético do Sol, abrangendo as órbitas dos planetas de todo o sistema solar.

Desde que o campo de informação do Sol estivesse sincronizado com o fluxo de informação dos sistemas mais evoluídos, poderia ocorrer transdução de informação: a impregnação genética do campo planetário selecionado. Como uma radiação sutil, afinada com o ciclo solar, a onda de informação genética codificada para as freqüências e qualidades específicas do planeta escolhido instantaneamente se manifestaria. Os maias, navegantes galácticos e profetas da harmonia, teriam então penetrado em outro sistema. Como seria isso? Como realmente ocorreria?

O começo do mais coerente dos textos maias ainda existentes, o *Popol Vuh: O Livro da Comunidade ou das Coisas Comuns*, embora escrito depois da conquista espanhola, contém algumas pistas interessantes.

> Aqui apresentaremos a revelação, o depoimento e a narração de tudo o que estava oculto, a revelação... e, ao mesmo tempo, o depoimento, a narração conjunta da Avó e do Avô... daremos conhecimento porque agora o Popol Vuh... não pode mais ser visto, o que era visto claramente vindo do outro lado do mar... O livro original, escrito há muito tempo, existiu, mas está oculto aos olhares do pesquisador e do pensador.
>
> Maravilhosas eram as descrições e o relato de como todo o céu e toda a Terra foram formados, de como foram formados e divididos em quatro partes; de como foram distribuídos e de como foi dividido o céu; de como a corda foi utilizada para medir, tendo sido estendida no céu e sobre a Terra, nos quatro ângulos, nos quatro cantos, conforme foi dito pelo Criador e Formador, Mãe e Pai da vida; de todas as coisas criadas, ele que dá alento e pensamento, ela que gera as crianças, ele que vela pela felicidade do povo, pela felicidade da raça humana, o sábio, que medita sobre a bondade de tudo o que existe no céu, na Terra, nos lagos e no mar.

Analogamente, um outro texto, *The Annals of the Cakchiquels*, está escrito:

> ... do outro lado do mar viemos para Tulan... De quatro regiões vieram os povos para Tulan. No oriente, há uma Tulan; outra, em Xibalbay; outra, no ocidente, de onde viemos, e outra onde está Deus; portanto, havia quatro Tulans... E partindo chegamos aos portões de Tulan. Apenas um morcego guardava os portões de Tulan... então, nossas mães e nossos pais ordenaram que nos apresentássemos, nós, os treze clãs das sete tribos, os treze clãs de guerreiros...

Várias coisas chamam nossa atenção nessa descrição críptica. Primeiramente, há descrições de um vir a ser, uma passagem de um lugar qualquer referido como "o outro lado do mar". Esse "outro lado do mar" é um oceano mesmo, ou é uma metáfora do mar galáctico? Depois vem a descrição mandálica, seja das quatro Tulans, seja da divisão quaternária do céu e da Terra. O que isso representa na verdade? A corda para medida, através da qual o centro determina a relação dos quatro cantos ou quatro direções, também será uma referência ao Kuxan Suum?

Há também a referência aos treze clãs de guerreiros e às sete tribos. Estes são números-chave da matriz maia. Treze, representando o movimento presente em todas as coisas, repetido vinte vezes, é igual a 260, o número harmônico do Tzolkin ou matriz galáctica. Sete é o número do centro místico. Seis menos sete é um, o número da unidade. Seis mais sete é igual a treze, a harmônica celestial do movimento e da totalidade. Sete mais treze é vinte, o fator que combinado com treze cria o módulo harmônico. Os números localizados nos quatro cantos do Tzolkin, ou matriz harmônica, são, primeiro, o um, depois, no fim, o treze, e o sete nos dois cantos intermediários.

Nessas descrições das origens, estamos realmente lidando com a linguagem-código do Zuvuya, descrevendo a passagem para a Terra via Kuxan Suum? Será a mandala de quatro partes, ou Tulan quádrupla, a descrição de um padrão harmônico primário, pelo qual se podia transmitir informação genética ou de qualquer outra natureza? Os treze clãs e as sete tribos representam linguagens-código para recordar a matriz galáctica? Representam a Avó e o Avô, que em outros textos maias e mexicanos aparecem como habitantes do décimo terceiro céu, ou céu superior, a benévola inteligência dominante do sistema de onde os maias, ou pelo menos o fluxo maia de informação, vieram?

Se o Kuxan Suum, como um *walkie-talkie* galáctico ressonante, podia ser o agente transmissor da informação necessária para transportar os maias de um sistema exterior ao nosso até a Terra — como batedores para uma sincronização de alta freqüência —, isso nos faz lembrar o *sipapu* dos hopis. Descrito como um túnel ou passagem que liga diferentes mundos, o sipapu é o fio ou linha vital que une não só o núcleo galáctico, os sistemas estelares e os vários planetas, mas também as diferentes eras. Assim, quando termina uma era e a outra está prestes a começar, o sipapu é a passagem que mostra o caminho.

Seguindo essa rota hipotética de transmissão ressonante entre os sistemas estelares galácticos, veríamos o fluxo de informação maia fixando-se nesse planeta talvez há uns 3.000 anos, se não antes. Aplicando-se em seu propósito de reunir informação sobre a Terra em relação ao Sol, à Lua e ao resto do sistema solar, os maias observaram, adotaram, interagiram e assimilaram. Sempre mantendo comunicação com o seu quartel-general, quando chegou a hora de deixar o cartão de visitas — a brilhante e elevada estatura da civilização maia —, eles o fizeram com precisão, arte e total segurança. Uma vez que ainda estavam em contato com o núcleo galáctico, Hunab Ku, através do Kuxan Suum, o sistema matemático "chegou" já completamente desenvolvido. Depois de adaptá-lo ao novo sistema planetário, os vinte hieróglifos-chave teriam sido modificados como tais. Depois de concluída a missão, a correlação dos ciclos planetários do nosso sistema solar dentro da estrutura galáctica da matriz harmônica, os principais agentes teriam retornado ao seu lugar de origem via sistema de lentes inter-

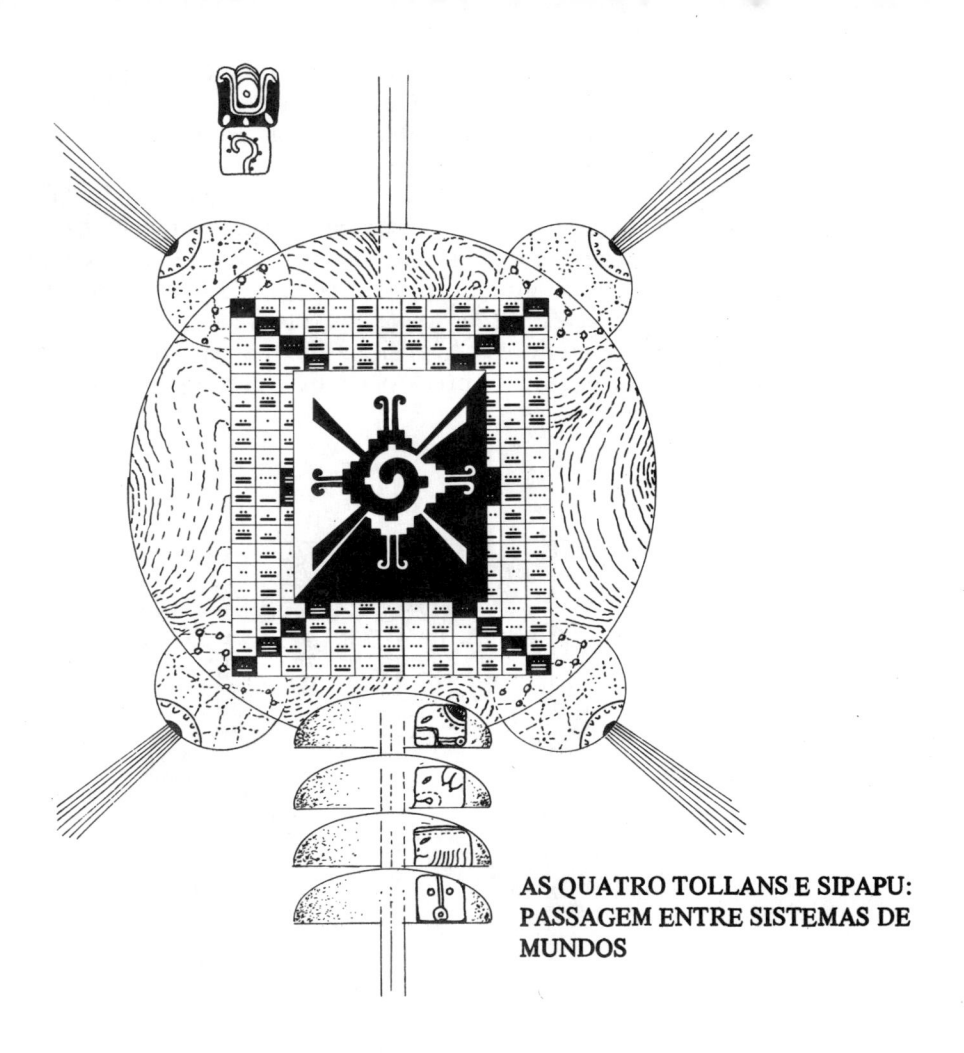

AS QUATRO TOLLANS E SIPAPU:
PASSAGEM ENTRE SISTEMAS DE
MUNDOS

mediárias do Kuxan Suum. Assim pode ser explicado o "mistério" dos maias.

Há um estilo de escultura que os maias deixaram em Quiriguá, e também em Palenque, que exibe figuras humanas ou aparentemente humanas, com os pés formando um ângulo agudo como se estivessem flutuando, subindo e descendo, entrando em êxtase ou saindo dele. A mais famosa dessas figuras é aquela que está na tampa do túmulo de Pacal Votan, em Palenque, onde parece que a árvore da vida emerge do abdômen ou do plexo solar da figura principal. Seria a árvore da vida na verdade o Kuxan Suum? Bem mais interessantes são as duas figuras de Quiriguá, que, sem dúvida, foi o centro intelectual mais brilhante dos maias. Curioso também é que, sendo o mais ilustre dos centros maias, Quiriguá atingiu o ponto máximo de sua realização artística e intelectual nos estágios finais do Baktun 9 — de 790 a 830 d.C.

Uma figura no imponente altar de pedra do "Zoomorfo O", em Quiriguá, possui uma cabeça grotesca, um extraordinário capacete e no mais uma forma humana. Em sua mão direita, ela segura uma espécie de cabo. Atrás do corpo há um grande envoltório orgânico, que consiste em três discos ovais ou circulares, onde estão incisas formas circulares menores. A posição das pernas, braço e cabeça, virados para o lado, dá a impressão de que essa figura em particular está flutuando.

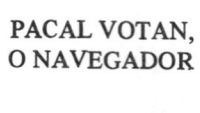

PACAL VOTAN,
O NAVEGADOR

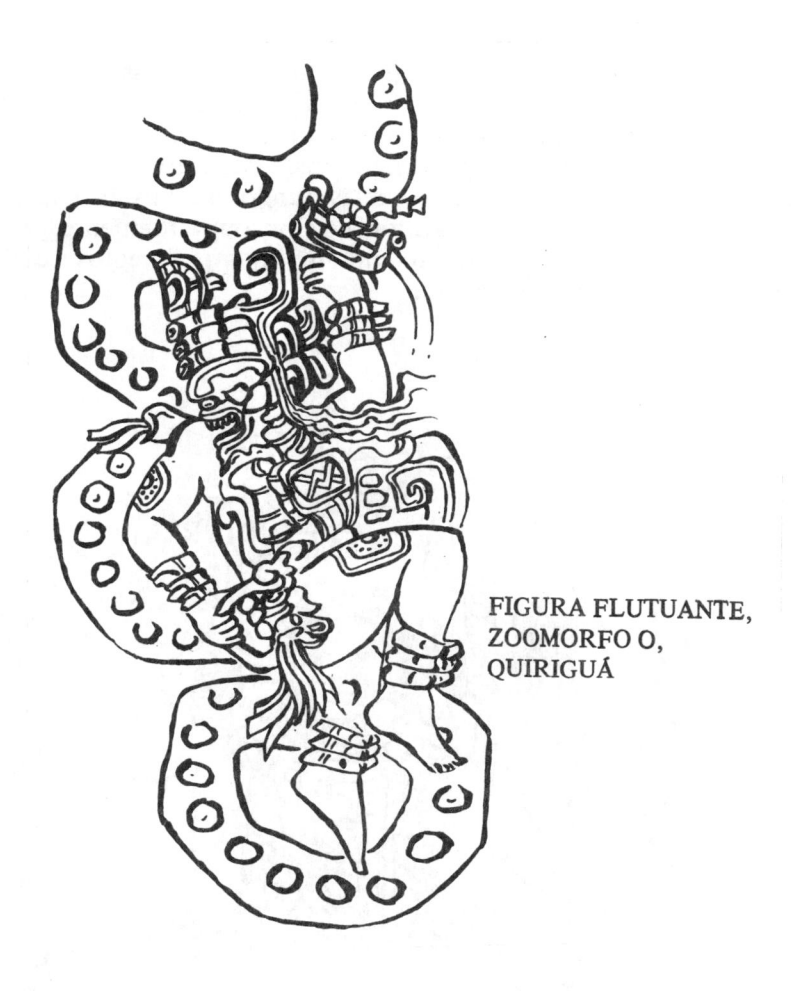

FIGURA FLUTUANTE,
ZOOMORFO O,
QUIRIGUÁ

Numa outra escultura de Quiriguá, no igualmente monumental altar de pedra do "Zoomorfo P", apenas os pés e as pernas parecem ser humanos. O resto do corpo, cuja posição leva a crer que esteja sentado, desaparece num labirinto de estranhas estruturas orgânicas. Em frente ao altar do "Zoomorfo P" há uma escultura de uma figura contemplativa sentada, com um cetro na mão. Todas as figuras de Quiriguá estão acompanhadas por uma profusão de hieróglifos. A figura de Palenque é adornada em seu túmulo por desenhos dos Nove Senhores do Tempo ou do Mundo Subterrâneo. O que está acontecendo? Esses desenhos ou formas estariam se manifestando ou voltando ao campo vibratório do Kuxan Suum?

Conquanto, pelos padrões atuais, tudo isso possa parecer especulação — hipótese fantástica —, pisamos em solo firme ao tratar com a matriz harmônica, o módulo harmônico 13x20, comumente chamado de Tzolkin. Focalizando nossa atenção nessa evidência coerente e singular, penetraremos mais fundo no mistério galáctico dos maias, os profetas da harmonia. Concomitantemente, através da nossa compreensão do Tzolkin, nós mesmos poderemos adivinhar o objetivo dos maias neste planeta.

FIGURA SENTADA,
ZOOMORFO P, QUIRIGUÁ

3

OS MESTRES GALÁCTICOS
E OS NÚMEROS DO DESTINO

Quando nos confrontamos pela primeira vez com os maias, sentimos toda a sua riqueza, porém, não entendemos os seus deuses, os seus mitos e as suas crenças. Enquanto os mitos e as histórias estão lá, escondidos nos textos, espreitando por entre as folhagens da mata, piscando para nós no meio das flores reluzentes que brotam das pedras fendidas, o que chama mesmo a nossa atenção são os números. Como vimos, a insistência com os números ocorre na narrativa dos tempos de "origem". Os números também falam quando lemos os textos truncados dos profetas do Chilam Balam, que, em transe, expressam tudo em números: o **1**, o **13**, o **7**, o **9**, o **4**. São os números entidades vivas? São eles etéricos e intangíveis, ocupando dimensões da mente de cuja existência os materialistas nem sequer suspeitam?

Esfregando nossos olhos e clareando nossas idéias, é difícil acreditar que toda essa história possa ser contada com números. Treze números e vinte símbolos, para ser exato. E mesmo os vinte símbolos — será que não passam de números, disfarçados em formas crípticas chamadas hieróglifos? E o que é mais, como poderia a história toda — a ciência, o mito, a medida galáctica e a estratégia divina — estar contida numa matriz medindo 13x20 unidades?

Denominado Tzolkin pelos arqueólogos — literalmente, a contagem dos dias, ou melhor, a contagem de *kin* (Sol, dia, unidade harmônica primária) —, o nome original da matriz 13x20 não é conhecido. Também identificado como o Calendário Sagrado, o Tzolkin surge como uma daquelas bizarras anomalias numerológicas. Mas por acaso Leibnitz, Hegel ou Jung, no primeiro contato que tiveram com o I Ching, viram-no de outra forma? Sabemos que o Tzolkin, que eu chamo de Módulo Harmônico, é a mesma tabela de permutação chamada de Buk Xok. Todavia, ao examiná-la, por mais divertida que seja, sua profundidade nos desconcerta. Ora, vamos, dizemos nós, o que se pretende com os números maias? Como pode esse arranjo de treze números em vinte séries expressar a ressonância universal?

Evidentemente, o Tzolkin é apenas um código. E também o alfabeto que utilizamos para escrever. Entretanto, como sabemos, o alfabeto codifica uma língua, e a pessoa que escreve essa língua com o alfabeto — as 26 letras — pode manipular um enorme poder e comunicar ao menos alguns traços do conhecimento e da sabedoria do universo. Do mesmo modo, o conhecimento da linguagem-código do Tzolkin, o módulo harmônico maia, pode abrir canais de entendimento e comunicação com poder igual, se não maior, àquele que nos é acessível através do alfabeto. Pois o número, como o símbolo, é uma condensação de harmônicos e níveis de significado. E cada número individualmente é um campo ressonante para si mesmo. É por essa razão que bastam treze números para descrever todo o complexo que chamamos de ser galáctico — treze números, cada um podendo ocupar vinte posições, para um total de 260 permutações.

Para explicar e avaliar os cálculos da matriz maia de 13x20, bem como a riqueza de suas reais aplicações simbólicas, é bom procurar entender mais profundamente a força mágica dos "números" na cultura maia. Esses números, em particular o 13, o 7, o 4 e o 9, além do 20, permeiam de tal forma o pensamento maia, que é importante compreender que cada um deles representa várias qualidades, e a soma das qualidades, como a soma dos números, representa o que chamamos de "mundo", ou antes, "o universo".

Hoje pensamos que os números representam *quantidades*: 7 maçãs ou 13 laranjas. Mas a quantificação é apenas uma função do número. Para pensar o número como qualidade harmônica, é útil a analogia da música. Pode-se dizer que cada tom musical representa um número ou vice-versa. *C* pode ser representado por 1; *D*, por 2, e assim por diante. Na extensão de uma oitava pode haver um número fixo de tons — 7, para ser exato — dó, ré, mi, fá, sol, lá e si — o oitavo tom sendo o *C* agudo, ou dó.

Cada tom de uma oitava tem os seus harmônicos tanto nas oitavas mais altas como nas mais baixas. As possibilidades de seqüências de tons, de variações de semitons, a riqueza e o timbre dos tons, a execução de amplitudes de oitavas e as sincronizações harmônicas de dois ou mais tons são praticamente infinitas. Mas, para começar, abordamos apenas uma pequena série de tons. Esta analogia demonstra que o número, representando qualidades mentais sensoriais tanto quanto simbólicas, é vital, possui múltiplos harmônicos de profundidade e significado, e é capaz de expressar todo o espectro de possibilidades universais. A analogia também mostra que uma série limitada de números pode cumprir todos esses fins.

Para o Fator Maia, o mais importante é a função qualitativa harmônica do número. Assim, enquanto para nós a medida do tempo é a contagem de uma seqüência de unidades quantitativas, sejam elas dias ou minutos, anos ou horas, para os maias o que chamamos tempo é uma função do princípio da ressonância harmônica. Logo, os dias na verdade são tons, denominados *kin*, representados por números correspondentes; seqüências de dias (kin) produzem ciclos harmônicos, chamados vinal, tun, katun, baktun e

1	8	2	9	3	10	4	11	5	12	6	13	7
2	9	3	10	4	11	5	12	6	13	7	1	8
3	10	4	11	5	12	6	13	7	1	8	2	9
4	11	5	12	6	13	7	1	8	2	9	3	10
5	12	6	13	7	1	8	2	9	3	10	4	11
6	13	7	1	8	2	9	3	10	4	11	5	12
7	1	8	2	9	3	10	4	11	5	12	6	13
8	2	9	3	10	4	11	5	12	6	13	7	1
9	3	10	4	11	5	12	6	13	7	1	8	2
10	4	11	5	12	6	13	7	1	8	2	9	3
11	5	12	6	13	7	1	8	2	9	3	10	4
12	6	13	7	1	8	2	9	3	10	4	11	5
13	7	1	8	2	9	3	10	4	11	5	12	6
1	8	2	9	3	10	4	11	5	12	6	13	7
2	9	3	10	4	11	5	12	6	13	7	1	8
3	10	4	11	5	12	6	13	7	1	8	2	9
4	11	5	12	6	13	7	1	8	2	9	3	10
5	12	6	13	7	1	8	2	9	3	10	4	11
6	13	7	1	8	2	9	3	10	4	11	5	12
7	1	8	2	9	3	10	4	11	5	12	6	13

TZOLKIN E A TABELA DE PERMUTAÇÃO BUK XOK

assim por diante; e seqüências de ciclos harmônicos tomados como agregados maiores descrevem as freqüências harmônicas ou calibrações de uma ordem orgânica mais ampla, ou seja, o padrão harmônico do planeta Terra em relação ao Sol e à galáxia.

Continuando com a analogia musical, um dia, além de representar um tom ou número específico, possui também os seus harmônicos. Quando propriamente sintonizada, a qualidade de um dia pode levar a experiências em outras oitavas, em outras dimensões do ser. Embora essa visão apresente alguma analogia com a astrologia, o significado é um pouco diferente, pois os números estão relacionados com os harmônicos galácticos em vez de, ou além de, com os ciclos planetários. Em razão desta perspectiva, não existe o que os eruditos consideram obsessão maia pelo tempo. Em vez disso, as seqüências numéricas que adornam tão intricadamente os monumentos dos maias clássicos originalmente pretendiam descrever calibrações de um harmônico galáctico, à medida que corresponde a ciclos solares e terrestres de tempo. Logo voltaremos às implicações contidas nesta afirmação.

Para os maias, portanto, o significado dos números não reside necessariamente na relação seqüencial (por exemplo, dez é maior que nove) nem em quantidades que qualquer soma numérica possa representar, mas nas qualidades derivadas das justaposições, permutações e harmônicos de uma dada série de números. Em outras palavras, o significado dos números como representantes de ordens harmônicas não é linear ou progressivamente quantitativo, mas sim *radialmente recíproco*. Mas o que queremos dizer quando falamos que o significado dos números é radialmente recíproco?

Radial é um termo que descreve um campo de radiância dinâmico, de qualidades radiantes como uma "pirotécnica chuva de estrelas" no dia quatro de julho. A idéia é que cada um dos treze números é radial, expressando suas qualidades em todas as direções simultaneamente; cada um está contido e penetra em todos os outros. O recíproco significa que cada número regenera e é referido por todos os outros, dentro de um circuito auto-suficiente. O circuito descreve um fluxo de energia cuja origem e fim são uma só coisa.

Sendo um circuito gigante, a galáxia pode ser representada por um conjunto de fluxos de energia, cujos pulsos radiais podem ser descritos, cada um deles, por um número de uma série de números primários. Como qualquer circuito, cada um dos fluxos pulsantes

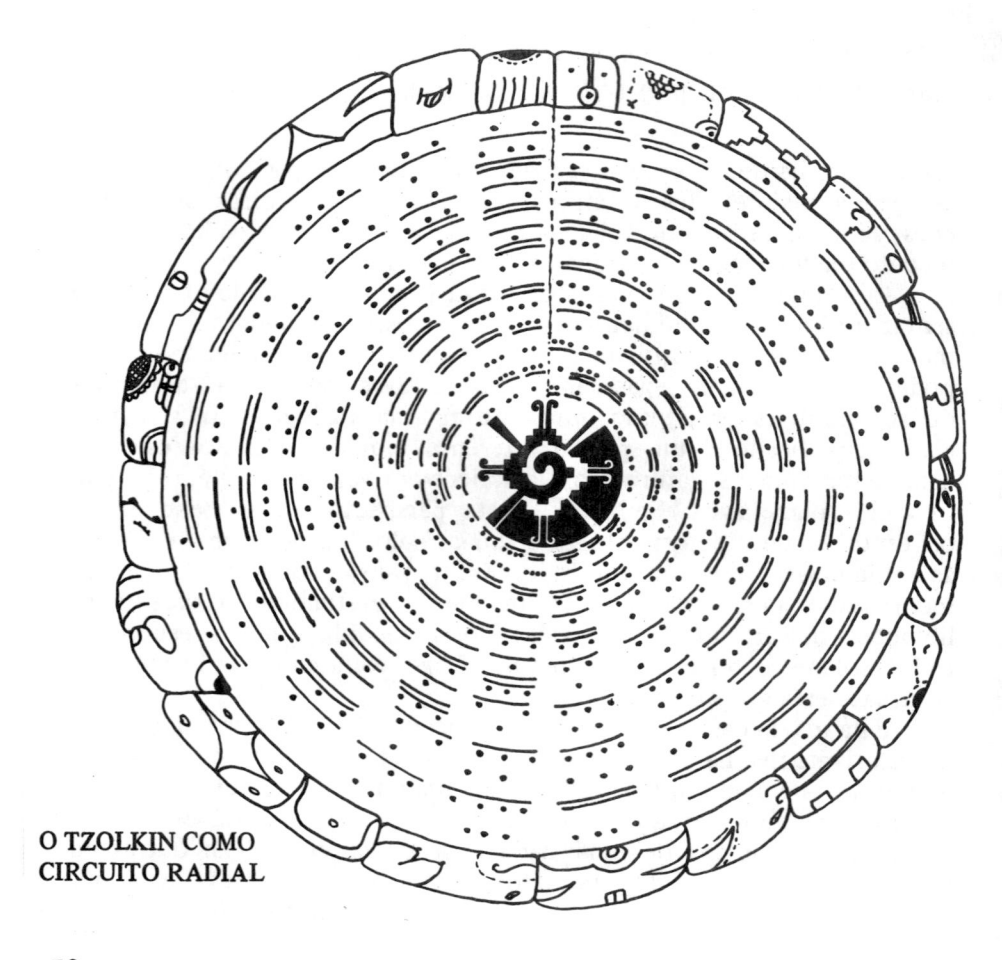

O TZOLKIN COMO
CIRCUITO RADIAL

de energia possui um fim e uma origem comuns: o núcleo galácti-co, *Hunab Ku*. Esse circuito, conforme o descrevemos aqui, é deno-minado *Zuvuya*, pelos maias — a corrente através da qual tudo sai e retorna, simultaneamente, para a fonte.

Voltemos, então, para Hunab Ku, o inefável e reluzente nú-cleo galáctico. Pode-se descrevê-lo como possuindo um movimen-to simultâneo de spin e contra-spin que se propaga para o exterior a partir de um ponto central de energia indescritível, que pulsa nu-ma velocidade definida. Digamos que as correntes energéticas de con-traponto possam ser descritas por uma série de números que vão em direções mutuamente opostas. Consideremos ainda que uma corren-te pulsa em freqüências representadas pela série *1* a *13* e a outra pulsa pela série representada por *13* a *1*. Isto é, a primeira vai da pulsa-ção mais simples para a mais complexa, e a outra da mais complexa para a mais simples. Se combinarmos as pulsações das correntes de spin e de contra-spin, obteremos a seguinte seqüência:

```
    Spin       1   2   3   4   5   6   7   8   9  10  11  12  13  (= 91)
Contra-Spin   13  12  11  10   9   8   7   6   5   4   3   2   1   (= 91)
   Somas      14  14  14  14  14  14  14  14  14  14  14  14  14
```

Todo o ciclo spin/contra-spin pode ser descrito pelos números que representam as diferenças entre os números adjacentes dos dois ciclos, isto é, a *diferença* entre *1* e *13, 2* e *12, 3* e *11* etc. A seqüên-cia das *diferenças* entre as duas séries é descrita pelos seguintes números:

```
Diferenças  12  10   8   6   4   2   0   2   4   6   8  10  12  (= 84)
```

Vemos também que a soma dos números *1+2+3+4+5+6+7+8. . .+13* é igual a *91*, que é também *13x7*, enquanto que os números na série representada pelas diferenças dos dois ciclos é igual a *84*, ou *7x12*, a diferença entre *84* e *91* sendo novamente *7*. Como número par, *12* po-de ser fatorado *(3x4)*, e *84* também é *3x28*, ao passo que *28* é repre-sentado por *4x7*.

Neste exemplo, é interessante notar que o *7*, o número do meio em cada série, representa uma diferença de zero. Estando no centro de uma série de *13* números, o *7* representa a plenitude ou poten-cialidade mística. Somando as duas séries de treze números confor-me estão combinadas uma com a outra — *1+13, 2+12, 3+11* etc. —, sempre se tem como resultado *14*, ou *7x2*. O número total de nú-meros na série spin/contra-spin é *13x2*, ou *26*.

Num exemplo elementar como esse, vemos que os números po-dem irradiar-se do núcleo galáctico em pelo menos duas direções simultaneamente. Vemos também que a relação entre o ciclo de nú-meros em cada raio de energia cria uma série simples de relações re-cíprocas. Também é evidente que o *7* apresenta uma relação pecu-liar com o *zero*, com as somas de toda a série *(91)*, com as somas dos números emparelhados das séries *(14)* e com a soma das dife-renças entre as séries *(84)*. Se dois números-chave tivessem de sur-gir dessa manipulação, seriam o *13* e o *7*.

Isso tudo demonstra o significado de um número radialmente recíproco. O que parecia ser apenas duas séries de números emparelhados produz, na verdade, uma seqüência mágica de permutações e de possibilidades. Tendo em mente que os números representam diferentes tons ressonantes, pulsações de ondas, ou qualidades de energia radiante correspondentes a diferentes esferas sensoriais e mentais, podemos, assim, começar a estimar o "significado" dos números entre os maias. Como agentes dinâmicos dos diversos níveis de ressonância, os números são entidades mágicas, seres harmônicos que saltam de uma oitava para outra, mudam de identidade, mudam de dimensão e viajam para trás com a mesma facilidade com que marcham progressivamente para frente. (Para maiores detalhes sobre o código numérico maia radialmente recíproco, ver *Apêndice A. Números Radiais e Direcionais.*)

O fato de os maias conferirem uma expressão direcional a cada um dos números, seguindo um padrão Leste-Norte-Oeste-Sul repetido cinco vezes, contribui para a riqueza do significado e do simbolismo de cada um dos *13* números. O resultado fatorado das *20* posições direcionais e dos *13* números, obviamente, é o Tzolkin de *260* unidades.

Se continuamos a supor que essa matriz permutacional de 260 unidades é a matriz primária tecida e recolhida pelo núcleo galáctico, Hunab Ku, podemos, então, admitir também que de um modo ou de outro essa matriz pulsante — a constante galáctica — penetrará e sustentará todos os aspectos da atividade galáctica, cobrindo a totalidade de seus sistemas estelares. Lembre-se de que os números e as posições direcionais descrevem toda a extensão das relações harmônicas tonais, com todos os seus harmônicos ressonantes e as suas possibilidades de transformação. Em resumo, o Tzolkin é um teclado ou tabela de freqüências periódicas universalmente aplicável.

Da mesma forma como a matriz galáctica primária — Tzolkin — é radial e simultânea em seu núcleo, não importa quão dissipada ou distante desse núcleo ela possa parecer, sua atividade, não obstante, mantém a integridade radial e simultânea por toda a parte. Assim, enquanto os raios galácticos são descritos por números que se movem para trás e para frente, um em relação com o outro, aquilo que chamamos de tempo, por exemplo, na verdade é o movimento simultâneo do e para o núcleo galáctico. De fato, à medida que nos sintonizamos com o movimento do "tempo" indo apenas em uma direção, o que percebemos da galáxia e do universo é somente metade do quadro.

Para completar essa consideração geral sobre a natureza qualitativa do número no esquema maia, não devemos perder de vista a função *harmônica* do número. Essa função, que é referida matematicamente como *princípio fractal* descreve a capacidade de um número de permanecer proporcionalmente constante. Logo, *2* está para *10* assim como *20* está para *100* e *200* está para *1.000*. Em-

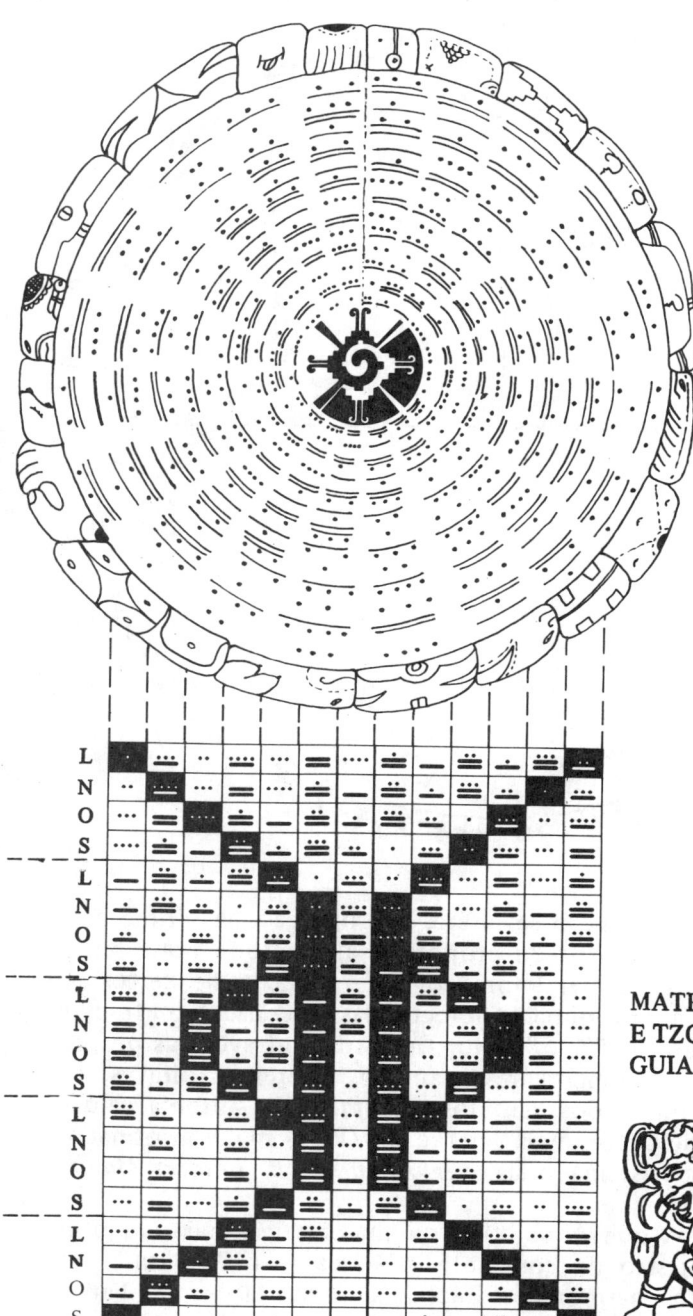

MATRIZ RADIAL E TZOLKIN COM GUIA DIRECIONAL

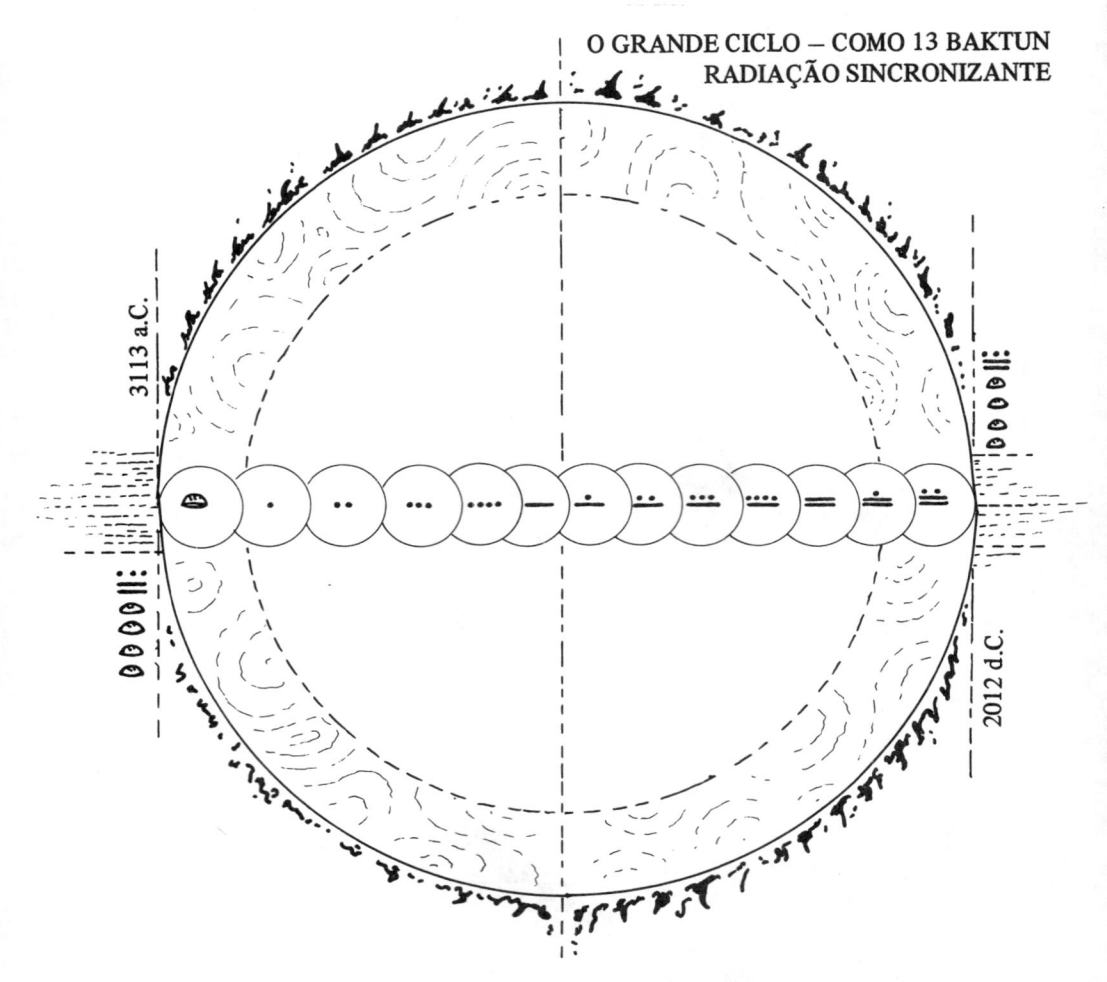

bora a quantidade do número se altere, a proporção na série é constante. Além disso, é a partir da proporção que o todo pode ser reconstruído. No código maia, impressiona a repetição de certos números que se referem a proporções holográficas específicas, ou fractais, incluindo *26, 260* etc. e *52, 520* etc. De fato, é através das propriedades fractais que os números ressonam em diferentes oitavas, trazendo à esfera mental e dos sentidos, por meio da sintonia celular, amplitudes informacionais mais elevadas. (Para mais informações sobre os fractais no sistema maia, ver *Apêndice B. Fatores Maias e Fractais.*)

Portanto, vemos que o objetivo da matemática maia era o entendimento e o registro da constante galáctica – o Tzolkin – em seu spin de infinitos harmônicos fractais e permutações de harmônicos. Entre os maias, a relação dos números com o calendário é apenas secundária. Aquilo que encontramos registrado nos grandes monumentos de pedra e em certos *códices*, ou manuscritos pintados, na verdade demonstra a capacidade dessa civilização em estabelecer relação entre o harmônico galáctico e os ciclos anuais da Terra, da Lua e dos outros planetas do sistema solar.

É por essa razão que em lugares como Copan, Quiriguá e Tikal, os maias erigiam "marcadores de tempo" a cada cinco, dez e vinte anos. Não eram os anos que estavam sendo comemorados tanto quanto os números harmônicos ocorrendo em *equivalentes fatorais* de cinco, dez ou vinte anos. Logo, cinco "anos" em realidade é uma calibração de 1.800 *kin*. 1.800 kin, um *holtun*, são cinco anos solares, 1.825 (5x365), menos 25 dias. Igualmente dez "anos" são 3.600 kin, e vinte "anos", 7.200 kin. É interessante notar que cada um desses números — *1.800, 3.600, 7.200* — possui *9* como fator-base (*18=9x2; 36=9x4; 72=9x8*). Como veremos, *9* é o número-chave associado aos cômputos que se correlacionam com aquilo que chamamos de tempo.

Essas calibrações harmônicas — *1.800 kin, 3.600 kin, 7.200 kin* etc. — correspondem a medidas de um padrão galáctico ou radiação sincrônica. Imaginemos uma radiação emanando do núcleo galáctico. Como a luz de um farol, quanto maior a distância, mais largo o feixe. Suponha que um pequeno barco, lá longe no mar, atravesse essa radiação. Embora tanto o barco quanto o feixe de luz estejam em movimento, haverá um intervalo de tempo em que o barco é banhado pela radiação. Assim ocorre com a espaçonave Terra ao passar pelo feixe de radiação sincrônica. Na perspectiva dos harmônicos maias, esse feixe mede 5.200 *tun* de diâmetro, que vem a ser aproximadamente 5.125 anos terrestres. Como isso acontece?

A entrada nesse feixe de radiação corresponde à data de "início" maia: 13 de agosto de 3113 a.C. Com uma duração de 5.200 tun, o padrão harmônico galáctico pertence à série fractal baseada em 52, enquanto o próprio 52 está baseado em 26 (x2) e em 13x4. Uma vez que o 26 é o fractal básico de 260, o número do Tzolkin, o feixe de radiação está impregnado e saturado pela constante galáctica. E já que ele está calibrado em 5.200 tun, sendo que um tun de 360 kin, ou o equivalente de 360 dias, é um ano solar de 365 dias menos cinco dias, todo o padrão de 5.200 tun na realidade é o equivalente a 5.125 anos de duração. Mais uma vez, estamos supondo que o registro do tempo não era a intenção principal dos maias clássicos, mas, sim, o registro das calibrações harmônicas da radiação sincrônica de 5.200 tun.

Naturalmente que a maioria dos estudiosos fica perplexa com o que parece ser a utilização de "calendários" com ciclos de 260 e 360 unidades, os quais não correspondem de modo algum a qualquer ciclo planetário orgânico ou astronômico perceptível. A razão de um tal espanto reside no fato de que os ciclos de 260 e 360 unidades não estão originalmente relacionados com o calendário ou com os ciclos de medida de tempo, mas com os índices fractais do harmônico galáctico. Como fractal, *260* na verdade é um harmônico de

26 ou *2x13*, e *360* é um harmônico de *36* ou *2x18, 4x9*. Assim, podemos ver nos números 260 e 360 os fatores-chave dos maias, *4, 9* e *13*.

O "calendário" de 260 unidades é a *constante galáctica*. O "calendário" de 360 unidades é o *calibrador harmônico*. 260 é constante porque representa o ciclo contínuo de permutações geradas pelos 13 números e pelas 20 posições direcionais, caracterizando o mínimo possível de alterações para acomodar o máximo possível de possibilidades galácticas, das freqüências de onda aos arquétipos. Tanto 260 quanto 360 são somatórios baseados na menor unidade, um kin. Por ser um múltiplo de 9 — sua representação como o número de graus de um círculo e sua aproximação dos 365 dias de um ano solar —, 360 kin, ou um tun, é o calibrador harmônico. (Para mais detalhes sobre as progressões harmônicas dos "calendários" de 260 e 360 unidades, ver *Apêndice C, Os Harmônicos do Calendário*.)

Equipados com um sistema numérico simples, embora bastante flexível, o objetivo dos maias, ao virem para o nosso planeta, era garantir que o padrão harmônico galáctico, ainda não perceptível em nosso estágio evolucionário, fosse apresentado e registrado. É evidente que os maias podem não ter sido os primeiros mestres galácticos, fora do sistema solar, a comunicar informações para o nosso planeta. Os fatos indicam que vários outros ao menos semearam a Terra na época em que entramos no atual feixe de radiação galáctica, em 3113 a.C. Mas, devido ao lugar que ocupam na história da civilização, a importância dos maias, bem como a sua singularidade, está no fato de terem sido a mais recente leva de mestres galácticos, e também por terem trazido até nós a matriz de informação galáctica em toda a sua integridade.

Os maias clássicos mostraram com grande destreza e naturalidade como os nossos ciclos anuais se correlacionam com o padrão harmônico galáctico. Se não nos considerarmos superiores a eles, isso pode ser facilmente compreendido. Porém, se os colocarmos na Idade da Pedra, ou como representantes de um estágio menos avançado de nossa própria civilização, lutando para criar um calendário solar agrícola, então dificilmente se poderá entender essa questão.

Para que esse assunto fique mais claro, vamos enriquecer um pouco mais o roteiro que desenvolvemos no capítulo anterior.

Em Monte Alban, nas montanhas de Oaxaca, sul do México, encontramos um fenômeno curioso. Entre as ruínas mais antigas, que os arqueólogos remontam a um período entre 500 e 600 a.C., ergue-se um espantoso conjunto de figuras esculpidas. São figuras aparentemente humanas, com cabeça de animal e representações glíficas alinhadas verticalmente no centro de seus corpos, acompanhadas daquilo que é considerado o exemplo mais antigo do sistema de notação de barra e ponto, associado aos "textos" matemáticos da civilização maia mais recente. Nesse sistema notacional, um ponto é igual à unidade, uma barra equivale a cinco unidades e uma concha estilizada é igual a zero. Com esses três símbolos notacionais os maias realizaram verdadeiros milagres matemáticos.

Ao considerarmos o Grande Ciclo atual, de 3113 a.C. a 2012 d.C., vemos que o seu ponto médio, 6.10.0.0.0, localizado no sétimo dos treze baktun que formam o Grande Ciclo, corresponde à data 550 a.C. Isso representa a época aproximada das esculturas dos Dançarinos de Monte Alban. Transpondo as calibrações maias do ponto inicial, 13 de agosto de 3113 a.C., a assim chamada contagem longa, utiliza-se um algarismo na posição cinco, por exemplo, 6.10.0.0.0. O primeiro número, 6, registra o número de baktun desde a data inicial; a segunda posição registra o atual período katun; a terceira, o tun; a quarta, o vinal; e a quinta, o kin.

Em termos de número de kin ou dias transcorridos desde o início do Grande Ciclo, a data 6.10.0.0.0 é igual a 936.000 kin. Como todas as datas maias, o fator-chave no número 936.000 — *harmônico 936* — é 9. Simbolizando periodicidade e totalidade, 9 é também o número dos míticos Senhores do Tempo, o número que representa os próprios mestres galácticos maias originais. A data do ponto médio, 6.10.0.0.0, momento em que foram feitas as esculturas de Monte Alban, diz respeito à vinda dos "Nove Senhores do Tempo" e à chegada da medida galáctica ao planeta.

Se a primeira leva galáctica, representada pelos "Nove Senhores do Tempo", chegou por volta de 550 a.C., ou se a data média do Grande Ciclo foi escolhida para comemorar uma chegada anterior, permanece uma questão em aberto. É o suficiente dizer que as esculturas de Monte Alban comemoram a primeira leva dos maias galácticos na Mesoamérica.

Se olharmos para o cenário cultural mesoamericano por volta de 550 a.C., encontraremos o apogeu daqueles que são considerados a primeira civilização avançada desta parte do mundo, os *olmecas*. O nome olmeca significa literalmente "o povo da borracha", pois foram eles que supostamente inventaram o jogo ritual de bola e o uso da bola de borracha. Tendo começado a sua marcha rumo à civilização em torno de 1500 a.C., os olmecas são caracterizados por vigorosas esculturas de pedra e de jade que mostram jaguares ou criaturas de rosto felino cobertos por capacetes. Supõe-se que a base religiosa dos olmecas desenvolveu-se a partir de uma cultura xamânica neolítica tardia centralizada no *nagual* ou espírito do jaguar. Em seus ritos, esse povo ingeria um cogumelo alucinógeno, a psilocibina, chamada pelos nativos de *teonanacatl*, a carne dos deuses.

Vamos admitir que após sua materialização na Mesoamérica, comemorada pelas reminiscências da Tulan quádrupla, alguns maias infiltraram-se nas ordens sacerdotais do jaguar, entre os olmecas. O nome que os maias davam ao sumo sacerdote em época posterior era *Balam*, que significa jaguar ou sacerdote jaguar. Através dessas infiltrações, os maias foram capazes de introduzir o sistema de notação de barra-e-ponto, além do "Calendário Sagrado": as permutações intermináveis dos treze números e das vinte posições direcionais, adotadas para uso neste planeta como signos hieroglíficos sagrados.

Enquanto importantes emissários galácticos maias foram incorporados à cultura dos olmecas, sendo lembrados como os Nove Senhores do Tempo, outros instalaram seus treze clãs guerreiros e as sete tribos nas montanhas da Guatemala e nas selvas de Peten, localizadas nas atuais Honduras e Guatemala. Enquanto isso, seguindo a semeadura do harmônico galáctico, representado pelo Calendário Sagrado de 260 dias e comemorado pela fundação de Monte Alban, surgiu um grande centro no México, Teotihuacan.

DANÇARINOS DE MONTE ALBAN,
6.10.0.0.0 OU 550 a.C.

Surgindo por volta do século três a.C. como um importante centro ritual e civil, Teotihuacan iria transformar-se no maior e mais extenso centro cerimonial de toda a Mesoamérica. Na verdade, Teotihuacan — "Lugar Onde os Deuses Tocaram a Terra" — como todos os outros centros importantes dessa região, foi construído como uma recordação da Tollan ou Tulan primitiva, local de origem e passagem para este mundo. Dominada pela Pirâmide do Sol, cuja base apresenta quase que exatamente as mesmas medidas da Grande Pirâmide de Gisé, no Egito, Teotihuacan atingiu um esplendor sem igual como cidade da abundância e da glória artística. A visão artística intensamente espiritualizada de Teotihuacan veio a ser comemorada com o nome *tolteca*, que significa mestres construtores, artistas e videntes.

Teotihuacan também tornou-se o primeiro grande centro da religião de Quetzalcoatl, a serpente emplumada. Como herói da cultura primordial, Quetzalcoatl está associado ao céu, às estrelas, à água, à abundância e ao cultivo de todas as artes e ciências da civilização. Representando a união do Céu e da Terra, as imagens da serpente emplumada, bem como do jaguar emplumado, estão espalhadas em toda parte em Teotihuacan — nos utensílios de cerâmica, murais e nas grandes figuras esculpidas na fortaleza de Quetzalcoatl. E aqui encontramos novamente o simbolismo do *13*: doze templos de plataformas baixas cercando um décimo terceiro, que representa o próprio Quetzalcoatl.

Por volta dos séculos três e quatro d.C., já próximo do fim do oitavo baktun, a influência de Teotihuacan começou a estender-se por toda a Mesoamérica. A representação dos videntes toltecas e das imagens de Quetzalcoatl tornaram-se sinônimos. E nas selvas de Peten, os videntes toltecas de Quetzalcoatl entraram em contato com as tribos maias. Foi em Tikal que ocorreu o enlace entre Teotihuacan e os maias, que, inspirados pelo lastro espiritual de Quetzalcoatl, por eles chamado de *Kukulkan*, deram início ao progresso de sua civilização. Com mais dinamismo que em Teotihuacan, os sacerdotes de Tikal começaram a construir templos-pirâmide. Mas enquanto as pirâmides de Teotihuacan eram de cinco níveis, as de Tikal tendiam a apresentar nove — para comemorar os mestres galácticos originais, os Nove Senhores do Tempo. E então terminou o oitavo baktun e começou o nono. Iniciando em 435 d.C., a data 9.0.0.0.0 representava o *harmônico 1296* (1.296.000 kin ou dias decorridos desde 3113 a.C.). Em todos os centros maias já se sabia: era a hora de se preparar para a segunda leva galáctica. No baktun 9, o décimo ciclo, ocorreria a fase de máxima sincronização, período crítico em que se registraria as correlações harmônicas da radiação galáctica com o ciclo anual da Terra, do Sol, da Lua e dos outros planetas do sistema solar.

Assim foi que os maias, espiritualmente revigorados pela influência da religião de Kukulkan e lembrando-se de sua missão galáctica, começaram a construir e registrar com extraordinário fervor. A atividade manifestou-se não apenas em Tikal, mas em Copan, Quiriguá e Palenque, bem como em numerosos outros centros. Tudo tinha de ser preparado. Pois, no momento exato — isto é, no momento certo da calibração harmônica — teria início a segunda leva galáctica.

É claro que isso não constituía nenhum mistério. Na seqüência dos fractais harmônicos, o grande número-síntese maia, conforme registrado no Códice de Dresden e redescoberto por Ernst Förstemann, é *13 66 560*, um número fenomenal, divisível ou capaz de ser fatorado por todos os números-chave correspondentes a todos os ciclos harmônicos. (Ver *Apêndice D. 13 66 56 e os Números Harmônicos dos Maias.*)

Sendo o número de kin decorridos desde 3113 a.C., 13 66 560 corresponde a uma data no ano de 631 d.C. Enquanto 1.366.560 kin, 631 d.C. também é o equivalente de 3.796 tun ou ciclos de 360 dias completados desde a data inicial, ao passo que 683 d.C. corresponde a 3.796 anos solares transcorridos da mesma data inicial. É interessante que ambas as datas — 631 d.C. e 683 d.C. — possuem números harmônicos correspondentes de 3.796, o primeiro como tun, o último como anos solares. Também é bastante significativo que o espaço de 52 anos entre essas datas corresponda à idade terrena de Pacal Votan.

Se fosse ocorrer uma fase galáctica significativa, conforme os harmônicos maias, seria no período de 52 anos entre 631 d.C. e 683 d.C., ou entre os harmônicos 13 66 560 e 13 85 540. Na verdade, estas são as datas precisas da encarnação avatárica conhecida como Pacal Votan de Palenque. Seu "túmulo", singular em toda a Mesoamérica, e o único comparável àquele da Grande Pirâmide de Gisé, data de 683 a.C. e se encontra no Templo das Inscrições (um templo de nove andares), em Palenque. Na Câmara em que o túmulo está situado, podem ser vistas algumas esculturas representando os Nove Senhores do Tempo.

Descoberto apenas em 1952, o túmulo de Pacal Votan tornou-se recentemente uma das maravilhas dos misteriosos maias. A escultura lavrada sobre a tampa da tumba, que mencionamos no final do último capítulo, tem sido interpretada ou como um astronauta em uma cápsula espacial, ou como a representação de um rei dinástico sendo levado, no momento da sua morte, "para baixo", em direção das mandíbulas do monstro da Terra.

Porém, eis aqui a lenda de Pacal Votan, mestre galáctico, que declarou ser ele mesmo uma serpente, um iniciado, aquele que possui o conhecimento. Por decreto daqueles que estavam acima dele, Pacal deixou sua "terra natal", a misteriosa Valum Chivim, e dirigiu-se para o Yucatán, terra dos maias neste planeta. Partindo de Valum Chivim e atravessando a "Morada das Treze Serpentes", Pacal Votan chegou em Valum Votan, no rio Usuamacinta, não muito distante de Palenque, que supostamente teria fundado. Por fazer várias

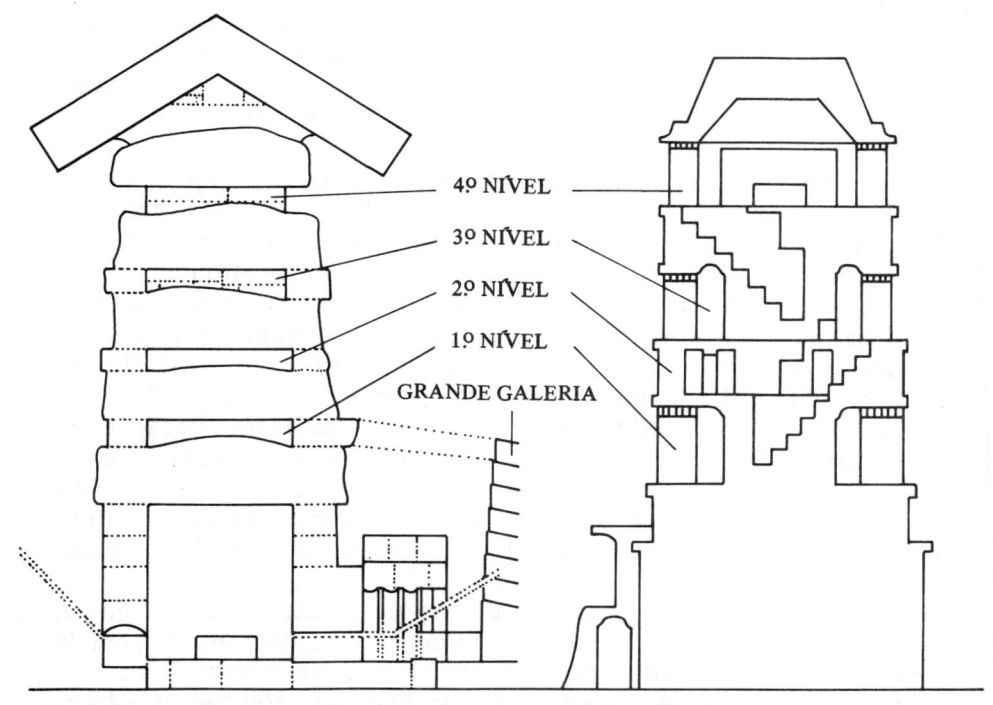

CORTE TRANSVERSAL DA CÂMARA DO REI, EM GISÉ, E
TORRE DOS VENTOS, EM PALENQUE

visitas de volta à sua "terra natal", Pacal Votan descobriu uma torre, que veio a ser destruída devido a uma confusão de línguas entre seus construtores. Por meio de uma passagem subterrânea existente na torre, entretanto, Votan pôde alcançar a "Rocha do Céu."

O que fazer com essa história? Valum Chivim é uma referência a uma das bases estelares dos maias, talvez nas Plêiades, talvez em Arcturus. Essas bases, é claro, vinham monitorando a missão maia desde que a primeira leva de mestres galácticos, os Nove Senhores do Tempo, semeara o planeta Terra. E como mestre galáctico, Pacal Votan, designado pelos seus superiores para supervisionar o começo da fase final do projeto maia na Terra, também seria conhecido como *Agente Galáctico 13 66 56*, correspondendo à data harmônica equivalente (631 d.C.) de sua encarnação e manifestação neste planeta. Numerologicamente, 13 66 56, como todos os fatores de 9, também dão como resultado 9 (1+3+6+6+5+6=27=2+7=9).

A viagem de Pacal Votan através da "Morada das Treze Serpentes" diz respeito à passagem intergaláctica por meio do Kuxan Suum. Como fibra vital galáctica, seria natural representar o Kuxan Suum por uma serpente. *13*, número do movimento, é também o número do mais elevado e exaltado dos céus ou níveis do ser além do nosso sistema solar, aquele que mais próximo se encontra da informação central — o eixo galáctico, Hunab Ku. Esculturas de criaturas-serpentes em transformação, semelhantes àquelas de Quiriguá, adornam o Templo das Inscrições, em Palenque, registro plástico do transporte de Pacal Votan, Agente Galáctico 13 66 56, através de Kuxan Suum.

A chegada a Valum Votan, próximo à atual Palenque, indicaria o lugar de nascimento e/ou manifestação de Pacal Votan, em 631 d.C., harmônico 13 66 56 0. O momento de sua chegada também coincidiria com a expectativa em relação ao próximo avatar de Kukulkan, cujo papel Pacal Votan iria assumir. Nessa função, seria natural que fundasse uma cidade — correspondente à mítica Tollan — chamada *Xibalanqué*, ou, na forma moderna, Palenque. No Popol Vuh, Xibalanqué corresponderia à mítica *Xibalbá*, a região do mundo subterrâneo, ou mundo da manifestação e da provação heróica da mortalidade. Isto estaria relacionado com a assunção de uma forma humana "mortal" pelo Agente Galáctico 13 66 56, e deveria ser assinalado e comemorado pelo "túmulo" subterrâneo do Templo das Inscrições, um templo de nove andares.

Mantendo os seus poderes depois da fundação de Palenque, Pacal Votan comunicava-se com Valum Chivim, ou mesmo para lá viajava via Kuxan Suum. Em Palenque há uma outra estrutura singular na arquitetura maia, a assim chamada Torre dos Ventos, ou Observatório. Localizada em frente da Pirâmide das Inscrições, essa torre relaciona-se com aquela encontrada na lenda por Pacal Votan. Uma vez que seu túmulo é o único que pode ser comparado com o da Grande Pirâmide do Egito, é muito significativo que, do ponto de vista arquitetônico, essa Torre apresente uma semelhança formal com a Câmara do Rei, na Grande Pirâmide. As duas possuem quatro níveis que se erguem sobre uma base elevada. Em ambos os casos a torre representa a aspiração que envolve a mortalidade, enquanto a confusão a ela associada é a incapacidade de compreender a nossa imortalidade inerente.

Finalmente, a referência à passagem subterrânea que conduz à rocha do céu significa o próprio túmulo localizado dentro do Templo das Inscrições. Concluindo o ciclo de 52 anos da manifestação terrestre de Pacal Votan, em 683 d.C., *harmônico 13 85 54*, o túmulo é único em sua aparência. Do templo situado no topo da pirâmide, que mede 52 pés de altura, descendo 26 degraus, e mais 22 depois de uma curva abrupta, chega-se à câmara. Os 26 degraus concernem ao número 26 (13x2), o fractal da constante galáctica, 260. Os 22 degraus estão relacionados com o número que representa a soma de 13 — as treze serpentes ou o *Oxlahuntiku*, as treze divindades do céu superior — e 9 — os Nove Senhores do Tempo, o *Bolontiku*, as nove divindades ou mestres galácticos originais, que precederam Votan em sua missão no planeta Terra. O número total de degraus, 48, é o equivalente a 6 oitavas (8x6).

Na realidade, o simbolismo dos Nove Senhores dentro da cripta, bem como a "árvore da vida" que adorna a tampa do sarcófago, nos dá a pista: Pacal Votan, Agente Galáctico 13 66 56, embora de aparência mortal, havia, na verdade, "retornado" à sua origem estelar, Valum Chivim. Lá ele pôde relatar que os maias terrestres estavam prontos para receber números selecionados de seu kin galáctico e concluir com determinação a atividade harmônica referente ao planeta Terra, em sua passagem pelo feixe de radiação galáctica sincronizante de 5.200 tun, que teve início em 13 de agosto de 3113 a.C. Interessante é que um "tubo acústico" sobe da cripta até o templo, no topo da Pirâmide das Inscrições.

Evidente manifestação de Kukulkan/Quetzalcoatl, a vinda de Pacal Votan em 631 d.C. era indicada pelo término do 36º grande ciclo de Vênus a partir da data inicial, 3113 a.C. O grande ciclo venusiano representa a conjunção de 104 anos solares de 365 dias com 146 ciclos de 260 dias, no calendário sagrado, e 65 ciclos venusianos de 584 dias. O número total de dias ou kin nesse ciclo é *37.960*. O fractal *3796* representa o número de tun decorrido entre 3113 a.C. e 631 d.C., e o número de anos solares entre 3113 a.C. e 683 d.C. O ciclo de 52 anos — 631 a 683 d.C. —, representando a duração da vida de Votan no planeta, corresponde, logicamente, à "revolução do calendário": a conjunção dos 52 anos solares com os 73 ciclos do calendário sagrado. O próximo avatar de Quetzalcoatl, Quetzalcoatl 1 Junco, também viveu 52 anos, de 947 d.C. a 999 d.C.

Em consideração à harmonia dos números que encerram a missão do mestre galáctico Pacal Votan, agente 13 66 56, podemos estimar que seu "túmulo" é inigualável, comparando-se apenas ao de Quéops, na Grande Pirâmide do Egito. E se esta, cuja construção começou supostamente em 2623 a.C., está situada próxima de uma das extremidades do espectro harmônico que assinala o atual ciclo de civilização, então o que dizer do aparecimento de Pacal Votan, comemorado por sua pirâmide-túmulo, aproximando-se do outro extremo do ciclo? Será por demais despropositado pensar em uma ligação entre esses dois monumentos "funerários"?

Com a morte de Pacal Votan em 683 d.C., e com o término da construção do Templo das Inscrições em 692 d.C., veio a segunda leva dos maias galácticos e o começo de um ciclo de sete katun — 692 a 830 d.C. (140 tun) ou sete gerações de uma fantástica e inigualável atividade harmônica: arquitetura, arte e acima de tudo a observância do registro preciso das calibrações harmônicas. Esse processo espalhou-se de Palenque a Tikal, e também ao sul, especialmente Copan e finalmente Quiriguá. Por volta de 810 d.C., 9.19.0.0.0, com a inauguração do Grande Templo de Quiriguá, a tarefa estava concluída.

PACAL VOTAN,
O AGENTE GALÁCTICO

As esculturas "zoomórficas" do período mais recente de Quiriguá, culminando no grande "Zoomorfo P" (com dez metros de largura), comemoram o retorno dos maias ao seu lar nas estrelas. Na realidade, esses "zoomorfos" são representações de casulos galácticos, unidades de transformação com formas etéricas e de serpentes bicéfalas, que facilitam a mudança de uma configuração galáctica para outra. É por isso que uma forma humana, geralmente sentada, meditando, é vista saindo das mandíbulas de um desses "monstros".

Se pudéssemos voltar no tempo até Quiriguá, em 810 d.C., veríamos um ajuntamento de pessoas no pátio defronte ao templo, chamado de Estrutura 1. Os últimos dos mestres galácticos, sete talvez, cada um acompanhado de um grande cristal de quartzo, estavam sentados na praça gramada, em profunda meditação, quando de repente foram cercados por uma intensa vibração — uma ressonância que era ao mesmo tempo som e visão. Luminosos casulos galácticos materializaram-se diante de seus olhos. Primeiro, esses casulos pairaram sobre os mestres galácticos, para depois envolvê-los lentamente. A vibração tornou-se mais intensa, misturando-se com a sinfonia incessante da selva onipresente. A princípio imperceptível, e logo como uma cena onírica, os casulos vibratórios foram se desvanecendo até que desapareceram. Uma admiração muda dominou o pequeno grupo, que então se dispersou com ar de solene propósito e dedicação.

Na época em que o décimo ciclo, o Baktun 9, chegou ao fim, em 830 d.C., os mestres galácticos já tinham ido embora. A ordem dada era para recolher e levar o *Livro das Sete Gerações*, uma obra secreta. A época das trevas estava se aproximando. As cidades foram logo abandonadas. Uma onda de invasores chegaria, e depois deles viriam outros, e finalmente mais outros, até que a pestilência e a praga arruinariam a terra. O que os padrões harmônicos indicavam era um período de crescente *estupidez*. Na perspectiva da ressonância harmônica, estupidez é a incapacidade de perceber com todo o corpo as freqüências harmônicas. Isso significa o advento do materialismo, um sistema que se apóia no medo acentuado da morte.

Apesar dessa era futura de trevas, em que os Nove Senhores do Tempo seriam perversamente identificados com os temíveis poderes da noite, e a memória dos mestres galácticos vista como um sonho pueril, os números do destino permaneceriam — os treze números e os vinte signos. Esses números persistiriam como uma pista, uma indicação de que uma terceira fase do projeto maia seria completada. Em algum lugar naqueles tempos remotos, quando os exércitos se enfrentavam com valentia, o prodígio maia irrompia mais uma vez, revelando o mistério e mostrando o caminho que indica o retorno aos padrões estelares.

BAKTUN 10, 830 d.C.: A PARTIDA E A PROFECIA

4

O TEAR DOS MAIAS:
O MÓDULO HARMÔNICO REVELADO

Deixemos de lado por enquanto a partida dos mestres galácticos e olhemos para aquilo que eles deixaram. Eles construíram uma série de monumentos onde registraram de uma forma muito precisa as correlações entre o padrão harmônico galáctico e o calendário solar terrestre. O ciclo atual de 5.125 anos — 3113 a.C. a 2012 d.C. — é uma calibração exata do fractal galáctico, com um diâmetro de 5.200 tun. Este ciclo de 5.200 tun (ou 1.872.000 kin ou 260 katun ou 13 baktun) age literalmente como uma lente focalizando um feixe de radiação, por meio do qual a informação de fontes galácticas é sincronizada para a Terra, através do Sol.

É evidente que, ao partirem, os mestres galácticos deixaram ensinamentos e instruções suficientemente claros, e que foram difundidos pelas tradições proféticas dos maias tardios. Escritos na linguagem do Zuvuya, esses ensinamentos, que descrevem os ciclos de katun, são pouco esclarecedores, se tomados sem um preparo anterior. De fato, causaram grande confusão entre os que tentaram entender os mistérios dos maias clássicos. Mas os mestres galácticos não pretenderam de modo algum ser lembrados. Seu objetivo, porém, era deixar um legado, o Tzolkin, que iria ajudar na recuperação da informação galáctica. A razão de se resgatar essa informação é uma só: auxiliar no alinhamento com o todo, o que conduz à ação consciente com a comunidade de inteligência galáctica.

É claro que para a nossa concepção progressista a idéia de que os maias não apenas eram mais inteligentes do que nós, mas de que aqui estavam no cumprimento de uma missão, cujo objetivo era nos ajudar a entrar em coordenação com um projeto galáctico maior, pode parecer ridícula ou mesmo apavorante. Conspirações e grandes planos assustam o nosso ego. É mais fácil rejeitá-los como projeções paranóicas de filósofos de botequim, ou fantasias de ficção científica, do que admiti-los no foro de uma discussão intelectual adequada.

E, no entanto, há uma voz que insiste em dizer: "Por que não?" Afinal de contas, o universo é imenso, e quem pode dizer que temos em nosso poder os segredos de todos os mistérios? E na história da civilização, como a conhecemos, se existe algum mistério que nos persegue até agora, esse mistério é o dos maias. Como disse o maior estudioso desse povo, J. Eric S. Thompson, em sua monumental obra *Maya Hieroglyphic Writing*: "Surpreende a maestria com que eles dominavam números formidáveis relacionados com vários períodos de tempo. Certamente nenhum outro povo que ocupasse um nível comparável de cultura material chegou a abrigar conceitos numéricos tão amplos, e ao mesmo tempo um vocabulário adequado para manipulá-los" (p. 53). A razão para o espanto ou desaparece ou é intensificada quando consideramos o inadmissível: os maias e o seu "sistema" eram de origem galáctica.

Deixando um pouco de lado as origens extraterrestres dos maias, quero também lembrar o leitor que há um duplo propósito em apresentar o Fator Maia. Primeiro, abrir os nossos olhos para a possibilidade da missão galáctica dos maias e suas implicações no momento histórico atual; e, segundo, apresentar, da maneira mais simples e prática possível, o Módulo Harmônico Maia, ou Tzolkin. Enquanto arqueólogos e astrônomos, historiadores da arte e matemáticos estudam cuidadosamente o significado das pedras esculpidas e das cidades-templos dos maias clássicos, a chave de tudo isso, a matriz 13x20 do Módulo Harmônico, está aí ao nosso alcance, para ser facilmente utilizada.

Como já sugeri no capítulo anterior, o Tzolkin, ou Módulo Harmônico, mostra uma forte semelhança, por analogia, com o I Ching. Como este último, o Tzolkin a princípio parece ser uma relíquia arcaica em linguagem codificada, de origem muito mais antiga. Todavia, mesmo antes de o I Ching deixar as mãos dos filólogos e arqueólogos, filósofos e psicólogos percebiam que ele, mais do que arcaico, era intemporal e, portanto, útil para nós, nos dias de hoje. Além de seu renovado uso popular como oráculo, a intemporalidade e o caráter oportuno do I Ching têm sido verificados por correlações com o código genético (Schönberger, 1973) e por correspondências de grande alcance histórico matemático em meu livro, *Earth Ascending* (1984).

O I Ching baseia-se num conjunto de permutações matemáticas binárias, que também fundamentam o que eu chamo de progressão "pura" dos harmônicos numéricos maias — 2, 4, 8, 16, 32, 64. Conforme nos é apresentado atualmente, o I Ching consiste de combinações de oito símbolos (trigramas) de três linhas, contínuas ou descontínuas, formando todas as combinações possíveis umas com as outras. Duplicando os trigramas, as permutações produzem mais 64 possibilidades simbólicas complexas de seis linhas cada (hexagramas). Por comparação, o Tzolkin baseia-se em permutações de treze números e vinte símbolos ou Signos Sagrados, que resultam na possibilidade de 260 permutações. No mínimo, cada uma das 260 permutações é uma combinação de um dos treze números, um dos vinte signos e uma das quatro direções posicionais.

Finalmente, como o I Ching, o Tzolkin é um sistema para revelar informação relacionada com um objetivo maior e mais profundo. Enquanto o I Ching está sincronizado com o *código genético*, o Tzolkin está sincronizado com o *código galáctico*. Ao mesmo tempo em que o código genético governa a informação concernente à

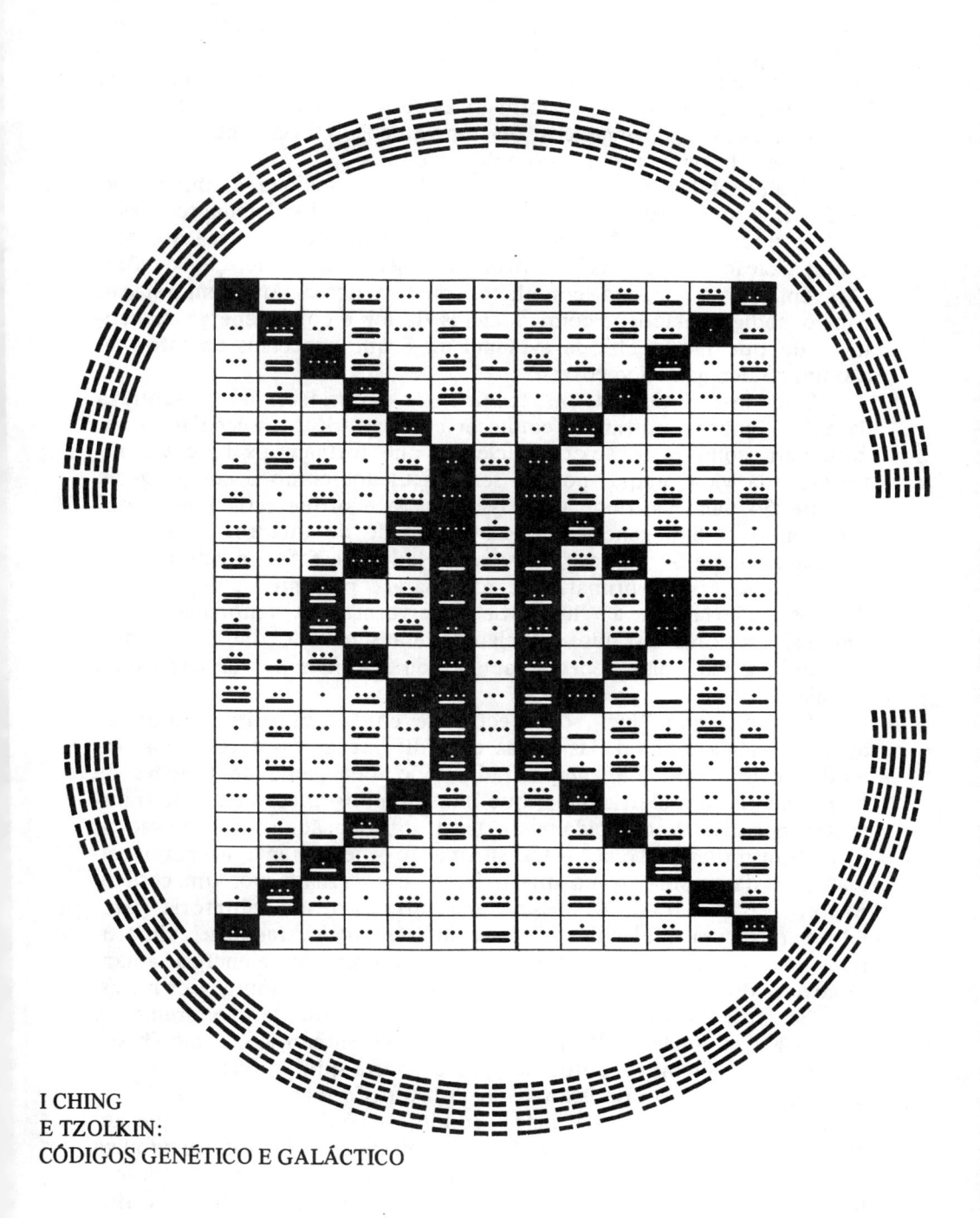

I CHING
E TZOLKIN:
CÓDIGOS GENÉTICO E GALÁCTICO

operação de todos os níveis do *ciclo de vida*, inclusive das plantas e das formas animais, o código galáctico governa a informação que afeta as operações do *ciclo de luz*. Este define os espectros de freqüência ressonante da energia radiante, incluindo eletricidade, calor, luz e ondas de rádio, que informam as funções autogeradoras de todos os fenômenos, orgânicos ou inorgânicos. Obviamente, os dois códigos se interpenetram e se complementam.

Quando falamos de um código galáctico análogo a um código genético, o que realmente queremos dizer com isso? Quanto a esse último, podemos apontar manifestações óbvias de sua atuação, seja a organização de colônias de plânctons, seja a diferenciação de funções em um organismo complexo como o nosso. Mas, em relação com o código galáctico, com os ciclos de luz e com a energia radiante — de que modo eles se evidenciam, e que processos de informação um código galáctico governa?

Sem nos determos em tecnicismos, consideremos a natureza da vida. Embora possamos conhecer a constituição molecular necessária para compor os ácidos nucléicos que formam os blocos construtores da vida, e que podem ser articulados como o código genético de 64 palavras, onde tudo isso estaria e o que seria sem a luz? Ou seja, o código genético descreve metade do quadro. A luz — a energia radiante — fornece a outra metade. De fato, se nos perguntarem o que é mais primário, o que aparece primeiro, a luz ou a vida, responderíamos: a "luz". Se observarmos os fenômenos mais simples, as flores abrindo e fechando em seu ciclo diário, veremos que toda a vida não depende apenas da luz, mas na verdade aspira por ela.

Sabemos que "luz", o espectro de energia radiante, compreende uma escala que vai das ondas de rádio até os raios cósmicos. De modo mais simples, a energia radiante é uma gama de funções de onda, incluindo a eletricidade, que transmite informação além de transmutar energia. A capacidade de levar informação — transmissão — e de transmutar energia — transformação — é inerente à energia radiante e, da mesma forma que o DNA, é governada por um código. Recorde-se que o DNA possui uma infra-estrutura vibratória paralela à estrutura molecular. É essa infra-estrutura radiante, vibratória — o corpo de luz —, que corresponde ao espectro de energia radiante governado pelo código do Tzolkin, o Módulo Harmônico dos maias.

Se procurarmos a "fonte" de energia radiante, voltaremos a Hunab Ku, o núcleo galáctico. Emanando de Hunab Ku, como fluxos de pulsação em movimentos de spin e contra-spin, o código governa o poder de autotransmissão e de autotransformação da energia radiante. Conforme descrito pelo Tzolkin, o código galáctico que governa a energia radiante é a fonte primária que informa e vitaliza o DNA, o código da vida, representado por sua contraparte simbólica, o I Ching. Em outras palavras, o Tzolkin está para o I Ching assim como a luz está para a vida.

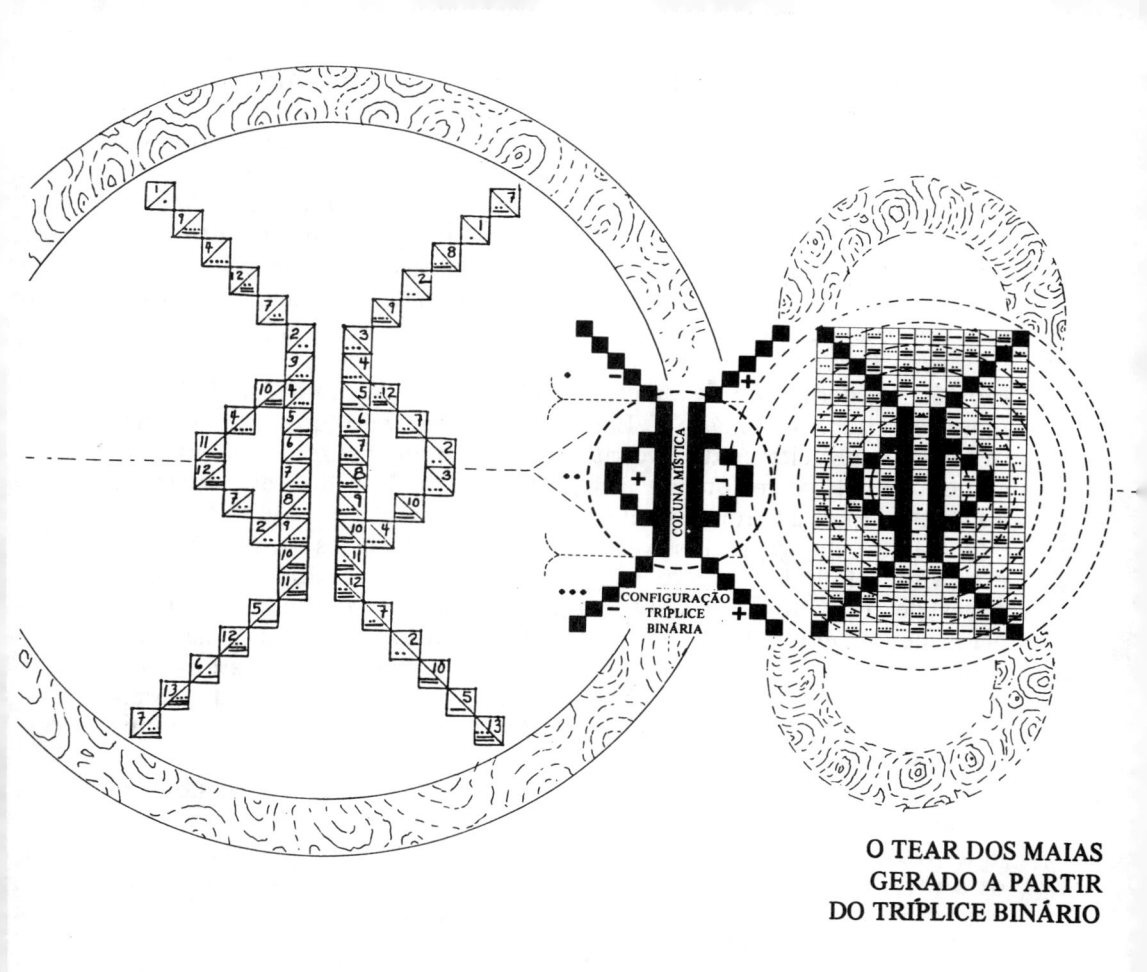

**O TEAR DOS MAIAS
GERADO A PARTIR
DO TRÍPLICE BINÁRIO**

Eu penso que essa discussão de códigos genético e galáctico pode exigir algo de fé bem como de imaginação. Tendo em mente que a identificação dos 64 códons do DNA com o I Ching ocorreu recentemente, voltemos a considerar o Tzolkin como um gabarito ou metáfora simbólica, e vejamos o que podemos descobrir.

Como um gabarito do código que governa a atividade de todo o espectro da energia radiante, em seus termos mais simples, os componentes finitos do Tzolkin se reduzem a um conjunto de constantes facilmente memorizáveis. Essas constantes, um sistema coerente de símbolos e números, possuem um único, embora amplo, objetivo: ajudar-nos na recuperação da informação galáctica e na realização de uma condição de alinhamento galáctico.

Assim é a essência do Tzolkin, a *constante galáctica*: treze números, vinte símbolos e quatro posições direcionais em rotação, sempre retornando a si mesmo, repetindo, pulsando sem parar. O Tzolkin, ou Módulo Harmônico, se apresenta como uma metáfora perfeita da autogeração e auto-renovação do circuito galáctico.

Enquanto as combinações dos treze números e vinte posições ou símbolos produzem as 260 unidades que compreendem toda a matriz, as 52 (13x4) possibilidades de posições *direcionais* são refletidas no padrão que a unifica. Se você olhar cuidadosamente para esse padrão, verá que ele ocupa 26 unidades no lado direito da sétima coluna, ou coluna mística, e 26 unidades no lado esquerdo, para um total de 52 unidades.

Em *Earth Ascending*, considerando sua simetria estritamente geométrica, denomino esse padrão unificador de 52 unidades de "configuração tríplice binária". Embora reconhecendo que essa descrição não é perfeitamente evocativa, também me refiro a esse padrão como "estrutura ressonante primária comum a todos os processos e sistemas. Ela é a forma visível do código cósmico".

Tendo em vista a sua função de entrelaçar os treze números e os vinte símbolos, parece adequado chamar esse padrão de 52 unidades de Tear dos Maias. O tear é um instrumento feito para tecer pelo menos dois "fios" diferentes. Conquanto a palavra maia aqui equivalha aos maias que nos deixaram o Tzolkin como guia e instrumento, maia também alude àquele termo da filosofia hindu geralmente definido como mundo da ilusão, a realidade *aparente* do mundo fenomênico.

O que é tecido pelo Tear dos Maias é a matriz de possibilidades que corresponde à nossa experiência do mundo. Essa matriz é uma textura de 260 componentes ou símbolos que passa a prover os sentidos e a mente das chaves informacionais necessárias para que nos relacionemos com o mundo maior que nos envolve. Enquanto os 260 símbolos descrevem o mundo maior como um complexo cíclico de símbolos, eles também definem nossa capacidade interior de perceber esse mundo como sendo da mesma natureza do mundo que ordinariamente percebemos.

Mas afinal o que são os fios tecidos pelo Tear dos Maias? Os fios verticais são representados pelos treze números; os horizontais, pelos vinte símbolos. Mas o que estes representam? Como eu já havia sugerido, os treze "números" representam padrões primários de energia radiante, que poderíamos chamar de *radiopulsos*. Os vinte símbolos representam o ciclo de possibilidades de transformação ou evolução que cada um desses radiopulsos pode sofrer nos espectros de freqüência. A combinação de qualquer um dos treze números com as vinte posições direcionais cria um símbolo ou padrão de pulsação radiante que contém um tipo específico de informação. Os 260 pulsos simbólicos tecidos pelo Tear dos Maias criam a totalidade do campo ressonante que experimentamos como realidade.

Mas falemos um pouco sobre símbolos. O que é um símbolo? Um símbolo é uma estrutura ressonante, a reverberação de uma qualidade específica da energia radiante que assume uma forma para os nossos sentidos. Obviamente, nossas faculdades sensoriais possuem a capacidade de perceber uma forma; isto é, os órgãos do sentido funcionam como receptores reverberantes. Como se fossem diferentes estações de radar, os sentidos recebem continuamente o influxo de formas de onda ressonantes que abrangem o nosso universo. É função da mente fazer com que os símbolos ou estruturas ressonantes acusadas por nossas faculdades sensoriais "tenham sentido". Além do mais, nossos condicionamentos influem nas "interpretações" da mente.

Platão e Jung chamaram as estruturas ressonantes de "arquétipos", modelos constantes que existem num campo de consciência que transcende o tempo e o indivíduo. De acordo com o Fator Maia, esses modelos constantes são o pano tecido pelo Tear, enquanto este é o instrumento mágico auto-subsistente criado do pano que ele tece. Criado por si mesmo e criando a si mesmo, o Tear dos Maias tece os símbolos de toda a tapeçaria que experimentamos através da mente e dos sentidos como sendo a mente e os sentidos. Não apenas como uma metáfora, mas em verdade, o mundo é uma trama de símbolos, e é por meio dos símbolos que tecemos a nossa compreensão do mundo.

Quando entendermos que os símbolos são na realidade estruturas ressonantes, campos-padrões vibratórios, e que nós mesmos somos ressonantes ao nosso próprio núcleo, então veremos que os símbolos não são uma coisa etérea ou fantástica, mas vitais para a nossa atuação como seres integrais. Adormecidos e inconscientes da potência dos símbolos, nossos sonhos tornam-se pesadelos, e vivemos como reféns de um mundo que na verdade é o eclipse do conhecimento simbólico. Como sabemos, não vivemos apenas de pão. Embora possamos achar que a espiritualidade é um conceito vago e a transcendência uma aspiração remota, é a nossa própria crença na separação entre ciência, espiritualidade e arte que nos impede de ter uma plena compreensão dos símbolos e do conhecimento simbólico.

Estruturas ressonantes que são, os símbolos literalmente criam, informam e trabalham com o nosso *corpo de luz*. Este *corpo de luz* é o banco de código galáctico, eletrorressonante, que informa o banco de código genético. Ele é a substância da imaginação, da inspiração, de todo entendimento real — e mais! Embora o fundamento do nosso corpo de luz corresponda à infra-estrutura vibratória do DNA ele só pode ser ativado mediante a utilização consciente dos símbolos. E também não deve ser visto como separado do corpo físico. Ao contrário, o corpo de luz ressonante sustenta e interpenetra todas as nossas funções. Não é uma simples expressão poética dizer que assim como a flor não pode viver sem luz e água, nós não podemos viver sem símbolos.

Se os treze números são a luz que estimula a mente e o corpo, então as vinte posições direcionais são a água que os nutre. Na interação dos treze números com os vinte símbolos está o banco de

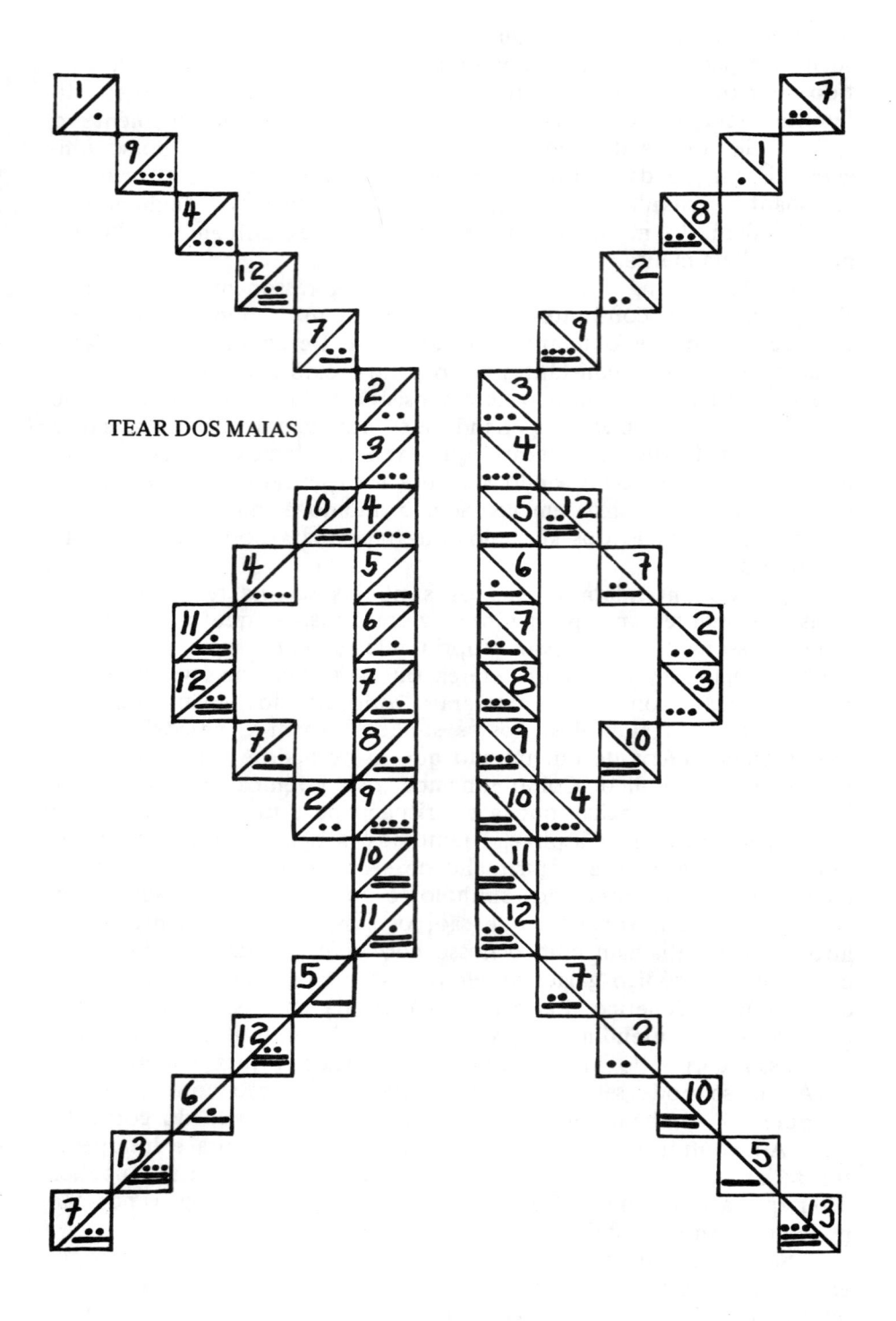

TEAR DOS MAIAS

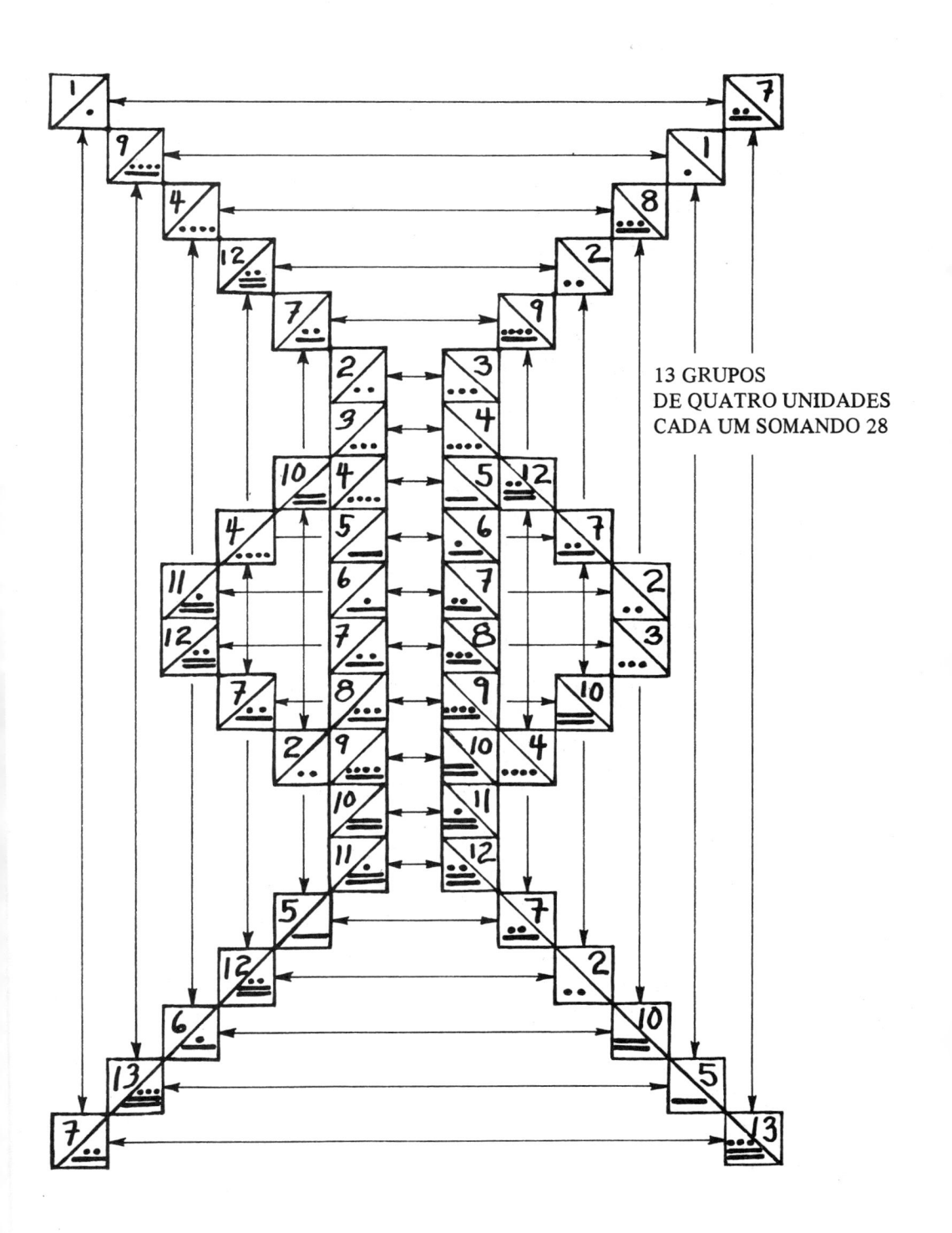

13 GRUPOS
DE QUATRO UNIDADES
CADA UM SOMANDO 28

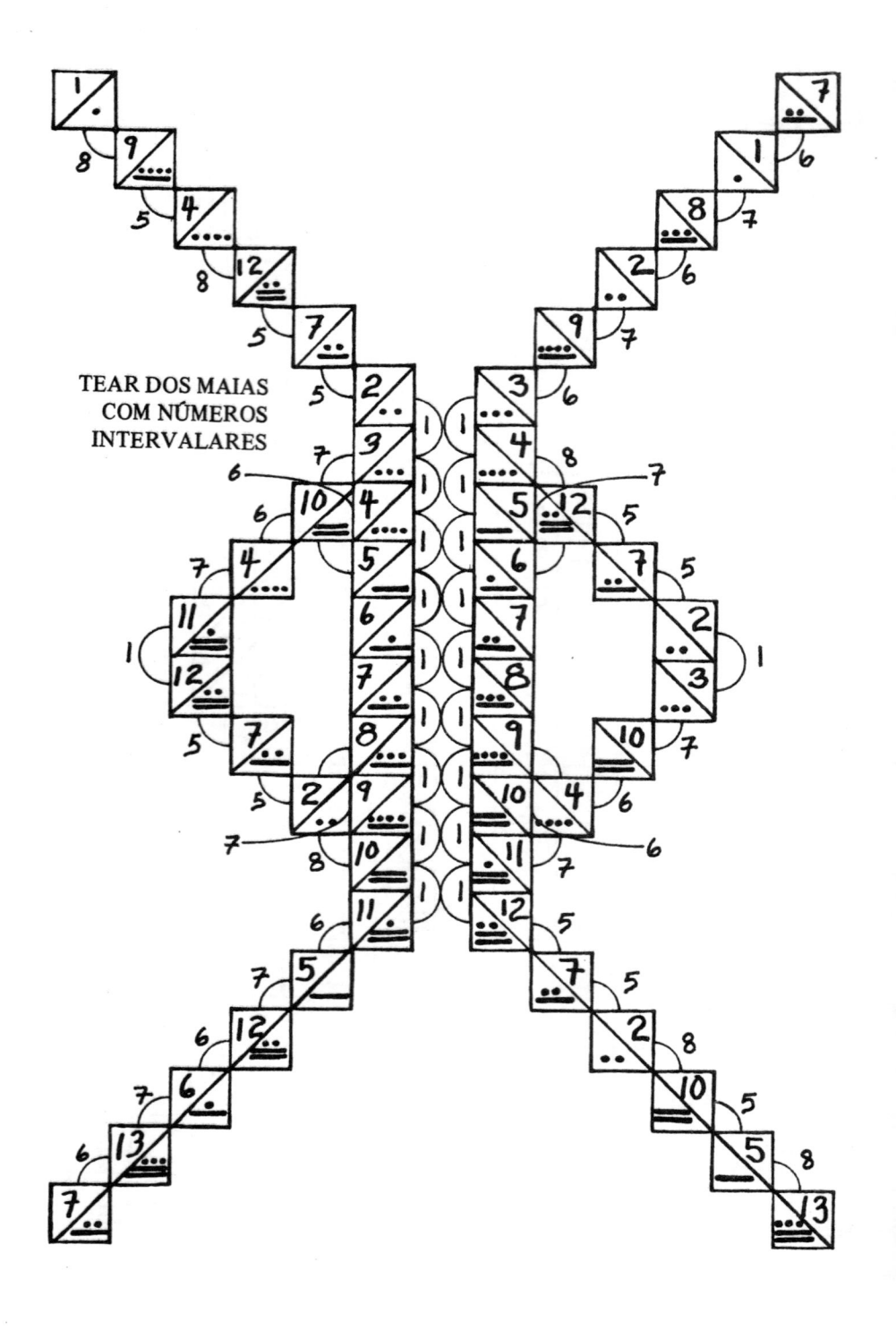

TEAR DOS MAIAS
COM NÚMEROS
INTERVALARES

código galáctico, que informa as estruturas ressonantes de nossa realidade.

Olhemos mais atentamente para o Tear dos Maias, pois a sua estrutura, ao conter o significado dos treze números e dos vinte signos, é o tear de nossa própria existência. É importante enxergar o seu padrão como a estrutura que unifica a matriz de 260 unidades. A tabela de permutação da matriz mostra pura e simplesmente números, embora numa curiosa série de padrões. Sendo a estrutura visual essencial contida na matriz, o Tear de 52 unidades aparece como um corpo. Podemos ainda pensar no padrão de 52 unidades como *uma armação galáctica ressonante*, encerrando e proporcionando oportunidade para a tecedura de um padrão global — a matriz de 260 unidades.

No Capítulo 2 falamos da identidade entre a ressonância e a informação. Em sua capacidade de continência e de estruturação, a armação galáctica ressonante cumpre as exigências mínimas para a definição de informação. A informação contém ou encapsula — portanto, in-forma. Aquilo que é encapsulado é como uma semente ressonante, cheia de potencialidade. O objetivo da informação é prover a oportunidade para o crescimento, a expansão, ou dar mais substância à semente ressonante nela contida.

Sendo assim, qual é a informação encapsulada dentro da armação galáctica ressonante de 52 unidades? Se examinarmos o Tear dos Maias, veremos que ele abrange todas as vinte posições que fornecem a estrutura horizontal do Módulo Harmônico. Verticalmente, a sétima coluna, ou coluna do meio, é desprovida de qualquer das unidades da armação ressonante. Ao mesmo tempo, essa coluna é o eixo que na verdade define os dois lados da armação galáctica ressonante. O sétimo invisível é a coluna mística. Sem ser refletida, tudo reflete.

Quando olhamos cuidadosamente para as unidades individuais da armação, percebemos que aí cada um dos treze números está contido ao menos duas vezes. Notamos também que a armação tem 26 unidades de cada lado — fractal de 260 —, enquanto que o número total 52 é um fractal do diâmetro de 5.200 tun do feixe de radiação galáctica sincrônica. Além disso, o Tear pode ser naturalmente decomposto em seus componentes de treze grupos de quatro unidades cada, começando nos cantos e daí seguindo para dentro. Assim, o primeiro grupo é 1,7,13,7; o segundo, 9,13,5,1; o terceiro, 4,6,10,8; até se chegar ao centro 6,7,8,7. A soma dos quatro números de cada um dos treze grupos é igual a 28, o número de dias de um mês lunar impreciso. 28x13=364, o número de dias de um ano lunar impreciso. 364 pode também ser fatorado como 7x52.

Nas 52 unidades do Tear dos Maias, o 7 aparece oito vezes. De fato, onde o 7 aparece, revela-se um padrão de simetria quase que perfeito. As posições do 1 e do 13, que aparecem duas vezes, também criam um padrão complementar um para o outro. Finalmente, se contarmos os *intervalos* entre as 52 unidades numeradas do Tear, chegaremos a um total de 60. Se começarmos no canto superior esquerdo, por exemplo, os intervalos são entre 1 e 9, 9 e 4, 4 e 12, 12 e 7, 7 e 2, 2 e 3 etc. Se registrarmos as *diferenças* entre os números que criam os intervalos, teremos os números desses intervalos.

Assim, começando no canto superior esquerdo, encontramos os números intervalares: 8,5,8,5,5 etc. Agora, se olharmos com cuidado veremos que os números intervalares do eixo que vai do canto superior esquerdo até o canto inferior direito são 8 ou 5, cuja soma é *13*, enquanto todos os números intervalares situados no eixo que corre do canto superior direito para o canto inferior esquerdo são 6 ou 7, cuja soma mais uma vez é *13*. Finalmente, os números intervalares do eixo vertical do Tear galáctico de 52 unidades são sempre *1*. Se somarmos os números intervalares 1,5,6,7,8, o total será *27*. Ao somarmos todos os 60 números intervalares, o resultado é *270*, cujo fator-chave é *9*. Logo, enquanto *7* é o fator-chave das somas do Tear de 52 unidades, *9* e *13* são os fatores intervalares-chave.

Bem, você pode dizer, e daí? Tudo o que se pretende mostrar aqui é a natureza mágica de um modelo ou sistema que é reciprocamente auto-suficiente. O Tear é o análogo ou o holograma do princípio operante da própria galáxia enquanto sistema global auto-suficiente. Tendo em mente que os números representam qualidades simbólicas que descrevem o potencial da nossa realidade, então podemos ver que tudo é interativo, interdependente, que todos os ciclos se nutrem de si mesmos, que nada pode ser descrito sem que se descreva tudo, que o todo na realidade está contido na parte. O Tear dos Maias e o Módulo Harmônico por ele tecido compreendem um verdadeiro teclado ressonante para sintonizarmos as freqüências galácticas cuja constituição, como onda, existe dentro do nosso próprio ser.

Voltemos, então, ao sistema de símbolos e números que constitui o Módulo Harmônico, começando com os treze números. Conforme vimos no Tear dos Maias, há uma estrutura vertical de treze colunas. A sétima coluna, no centro, cria um padrão de simetria com seis colunas de cada lado. Como observamos, a sétima fica sozinha; sem ser refletida, tudo reflete. Isto é importante ao considerarmos os treze números ou raios. Com exceção do *7*, os outros números podem ser vistos como pares complementares refletindo-se mutuamente.

Assim, como números simétricos refletidos temos: *1* complementando *13; 2 e 12; 3 e 11; 4 e 10; 5 e 9; 6 e 8*. As diferenças entre os dois números resumem-se numa progressão par: 12,10,8,6,4,2. O *7* não tem par, ocupa o centro e reflete a ordem total. É por isso que nos referimos ao *7* como o todo não refletido que reflete o todo em sua simetria.

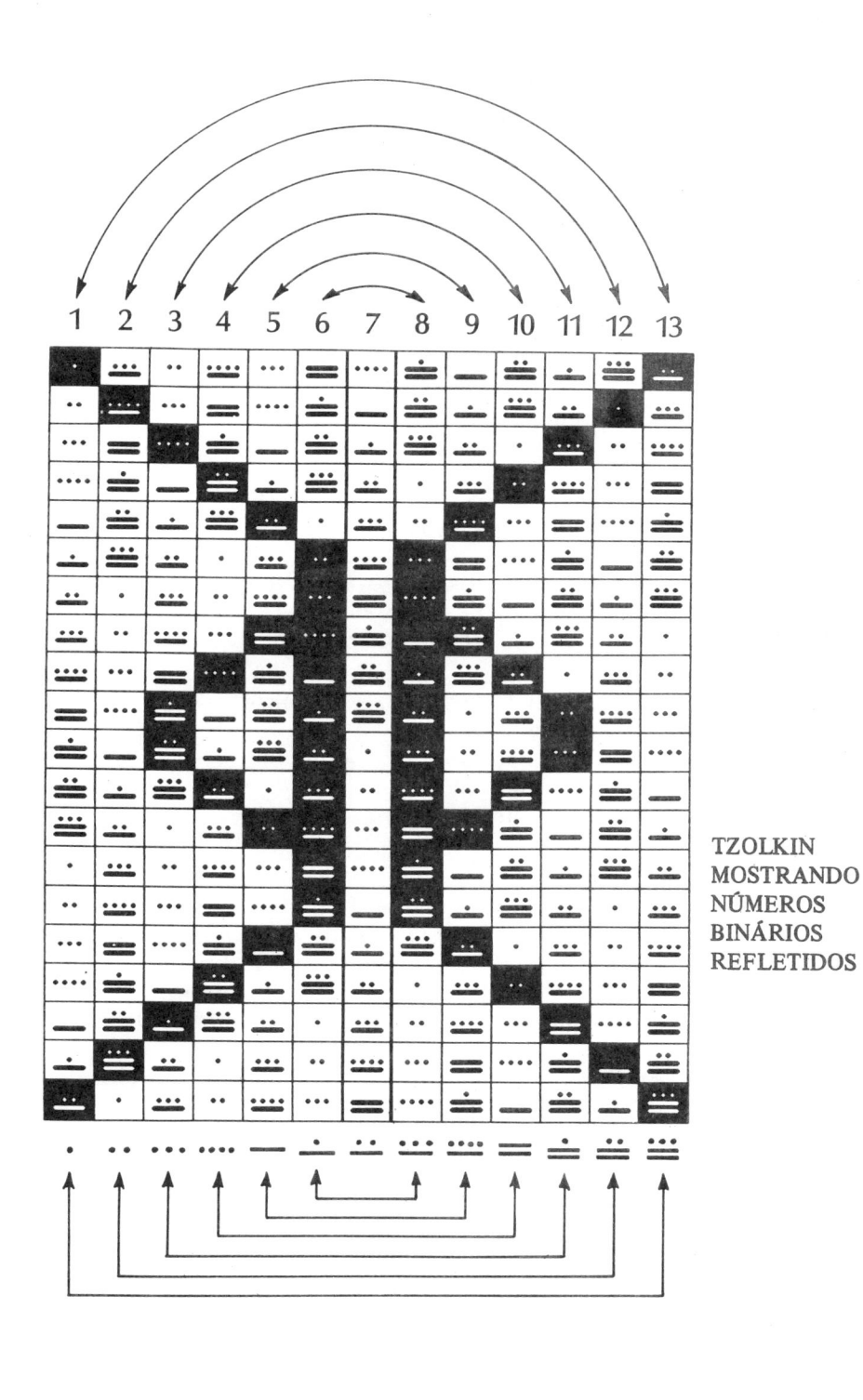

TZOLKIN
MOSTRANDO
NÚMEROS
BINÁRIOS
REFLETIDOS

Se visualizarmos os números como "raios pulsantes", cada um representando uma função radiorressonante específica que simultaneamente pulsa e irradia, teremos, então, as seguintes denominações:

1. Raio Pulsante da *Unidade*

2. Raio Pulsante da *Polaridade*

3. Raio Pulsante do *Ritmo*

4. Raio Pulsante da *Extensão*

5. Raio Pulsante do *Centro*

6. Raio Pulsante do *Equilíbrio Orgânico*

7. Raio Pulsante do *Poder Místico*

8. Raio Pulsante da *Ressonância Harmônica*

9. Raio Pulsante da *Periodicidade Cíclica*

10. Raio Pulsante da *Manifestação*

11. Raio Pulsante da *Estrutura Dissonante*

12. Raio Pulsante da *Estabilidade Complexa*

13. Raio Pulsante do *Movimento Universal*

Uma breve análise das qualidades representadas pelos números revela uma progressão que descreve a natureza formal que existe por trás da aparência das coisas. Se *1* representa o princípio unificador inerente em todas as manifestações, *13* representa a dinâmica do movimento que em tudo está presente, e pelo qual tudo é transformado e, ao mesmo tempo, vitalizado pela força universal de Hunab Ku. Os números de 1 a 9 representam os princípios não-materiais de coesão que governam toda a experiência fenomênica, sendo a ela imanentes. Enquanto 10 representa o princípio da manifestação, baseado na coesão dos nove números precedentes, 11 corresponde à dissonância dinâmica responsável pelo acaso e pela não-estabilidade. Por outro lado, 12 representa o princípio da estabilidade complexa, responsável pela força de organização conservativa existente na natureza.

Se olharmos para os números em sua simetria de reflexão, veremos um jogo íntimo de relações recíprocas, sendo que o número de ordem mais baixo apresenta o princípio constituinte do número de ordem mais alto. Assim, enquanto o 1, princípio da unidade, é equilibrado pelo 13, o raio do movimento universal, o 2, princípio da polaridade, é contrabalançado pelo 12, princípio da estabilidade complexa. A reflexão mostra que qualquer ordem de estabilidade complexa é mantida — ou desagregada — por um equilíbrio sutil de forças polares.

No próximo par de reflexão, o princípio do ritmo, 3, responde pela variabilidade e introduz a possibilidade do acaso que cumpre esse papel em 11, o princípio das estruturas dissonantes. 10, o princípio da manifestação, é complementado por 4, representando o princípio da proporção. Apenas através da operação de proporção como totalidade e ordem é que alguma manifestação pode ocorrer enquanto organismo coeso.

O princípio do centro, governado pelo número 5, possibilita o movimento da ordem do 4, da mesma forma que as estações movimentam-se ao redor de um centro solar comum. A periodicidade cíclica do movimento organizado em volta de um centro comum, o 5, é governado pelo 9. Finalmente, 6, o raio do equilíbrio orgânico, é assim chamado porque representa uma fatoração do princípio polar, 2, com o princípio do ritmo, 3. O produto, 6, representa o princípio do ordenamento hexagonal subjacente ao cristal e às estruturas celulares. Esse equilíbrio orgânico, o 6, é complementado pelo 8, o princípio da ressonância harmônica, que governa os níveis de freqüência divididos em oitavas, pelos quais vibram todas as estruturas orgânicas, inclusive os cristais.

Sem nenhum número reflexivo para complementá-lo, o 7 tem uma relação simétrica singular com o 1 e o 13, o alfa e o ômega, por assim dizer, dos números harmônicos maias. No centro do padrão, o 7 representa a magia pela qual o todo se mantém unido.

São esses, em resumo, os significados dos números em suas relações complementares entre si. É claro que há muitas outras relações que podem ser exploradas intuitivamente ao se jogar com as relações radialmente recíprocas que os números estabelecem uns com os outros. No momento basta dizer que as descrições dão alguma idéia da progressão do ciclo estrutural que forma a base da operação da galáxia — ou de qualquer um de seus membros constituintes — como um todo que se sustenta e se organiza a si próprio.

Os números assumem um significado mais rico quando combinados com os vinte símbolos posicionais que descrevem o arranjo horizontal do Tear dos Maias. Se os treze números são raios pulsantes, os vinte Signos são possibilidades num espectro de freqüência que permitem a existência de estruturas harmônicas primárias. Enquanto em *Earth Ascending*, comparei os vinte símbolos com os vinte aminoácidos que formam o DNA, os dezenove intervalos entre os vinte símbolos podem ser comparados às dezenove voltas dadas pelos filamentos complementares do DNA, a fim de completar um códon, uma das 64 estruturas de seis partes que constitui o

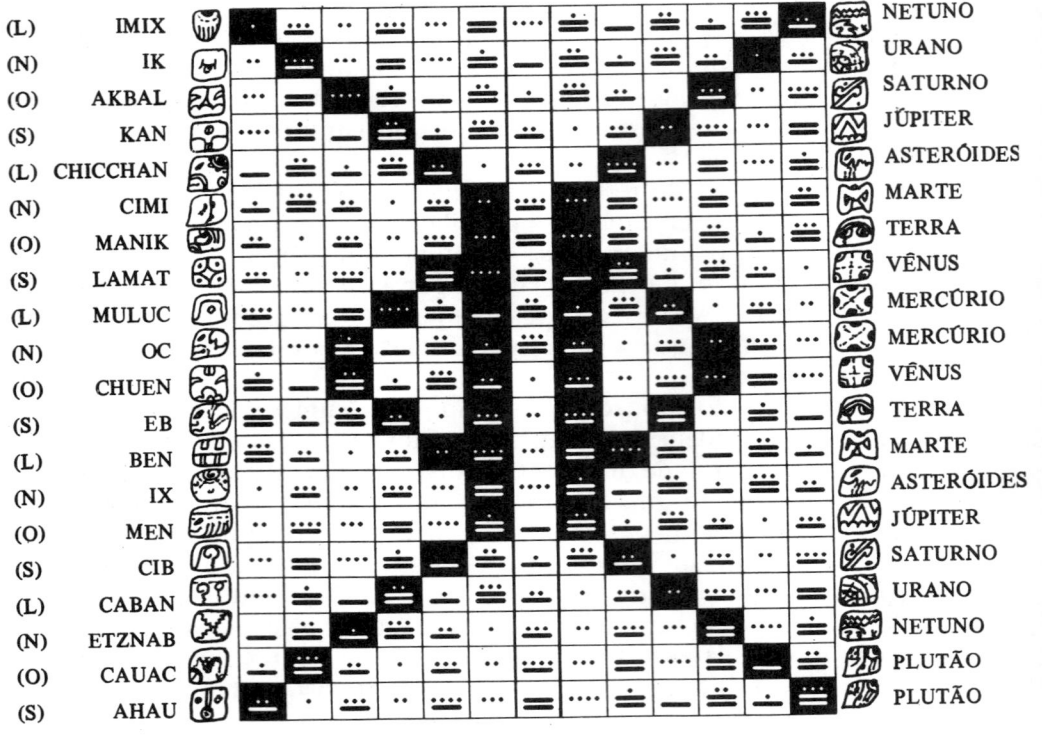

TZOLKIN COM SIGNOS E PLANETAS

código genético. Em nosso planeta, os maias traduziram esses vinte sítios posicionais nos vinte símbolos conhecidos como os vinte Signos Sagrados.

Geralmente se diz que os signos maias são mais ideográficos que hieroglíficos. Um hieróglifo utiliza imagens para descrever palavras ou sons; um ideograma emprega signos, freqüentemente de natureza abstrata, para comunicar idéias, sem usar palavras ou frases em particular.

Como símbolos ideográficos, esses Signos podem ser lidos de diferentes modos. Densos em significado, os Signos exigem uma compreensão *analógica*. O pensamento analógico flutua e salta aleatoriamente para uma conclusão por uma associação de semelhança que une coisas aparentemente dessemelhantes. O pensamento analógico é também aquele que cria forma com base em proporções semelhantes. Como já vimos, o simbolismo dos números maias é baseado em harmônicos fractais, que por sua vez baseiam-se em proporções semelhantes. Os vinte Signos Sagrados, como os treze números, participam do mesmo harmônico fractal.

Quando olhamos para os vinte Signos Sagrados, vemos que são elegantes e comicamente simples. Mais do que ideográficos, eles são icônicos. São simplesmente imagens. Alguns mais abstratos que outros.

104

OS VINTE SIGNOS SAGRADOS EM SUA MATRIZ DIRECIONAL

Alguns parecem faces, outro parece com a mão. Sendo o máximo em simplicidade icônica, os Signos são tão fáceis de ser gravados na memória como quaisquer personagens de histórias em quadrinhos. De fato, os Signos pedem para ser memorizados, pois, em essência, são ativadores da memória. Sejam eles familiares, cômicos ou enigmáticos, os Signos são triviais e não-complicados. É nisso que reside a sua naturalidade.

Os vinte Signos estão associados com direções específicas que, ademais, amplificam o seu significado. As direções correm em sentido anti-horário, de leste a norte, a oeste e a sul. Isso acontece porque essa ordem completa a ordem dos números 1, 2, 3. . . 13, que corre no sentido horário. Lembre-se de que, no Zuvuya dos maias, o tempo — e tudo mais — opera pelo menos em duas direções simultaneamente!

Eis o significado das direções:

LESTE: Morada da Luz e da Geração. Cor: Vermelha
NORTE: Morada da Sabedoria e da Purificação. Cor: Branca
OESTE: Morada da Morte e da Transformação. Cor: Negra
SUL: Morada da Vida e da Expansão. Cor: Amarela

Como os números de 1 a 13, os vinte Signos Sagrados são recíprocos. Eles se fundamentam um no outro, e se relacionam mutuamente quanto ao significado. Por outro lado, obtém-se também um certo significado de sua relação mútua segundo a ordem em que invariavelmente aparecem. Minha apresentação inicial dos Signos Sagrados é baseada numa descrição algo cosmológica conforme o texto profético, *The Book of Chilam Balam*.

Nessa apresentação, os Signos descrevem um processo de desenvolvimento, o próprio caminho da vida. Os primeiros sete Signos representam o ciclo do corpo inferior, ou ser físico, enquanto os outros treze descrevem a evolução do corpo mental superior. Todavia, não se deve pensar que a evolução descrita pelos últimos treze Signos de alguma forma substitui aquela descrita pelos sete primeiros. Tudo é congruente e interpenetrante. O segundo nível dos treze Signos é novamente dividido em dois estágios. O primeiro estágio consiste em sete Signos, de 8 a 14, e o segundo estágio, em seis Signos, de 15 a 20.

Apresentemos, pois, os Signos e suas associações direcionais:

DESENVOLVIMENTO DO SER PRIMÁRIO

 1. IMIX: Fonte da Vida, Dragão, Águas Primordiais, Sangue, Nutrição, Seios, Energia Mãe, Poder da Geração. LESTE

 2. IK: Espírito, Respiração, Vento, Energia Cósmica, Inspiração, Princípio Vital, Sistema Respiratório. NORTE

 3. AKBAL: Casa, Trevas, Noite, Corpo, Lugar de Mistério, Coração e Órgãos Internos. OESTE

4. KAN: Semente, Idéia, Poder Ordenador do Crescimento, Princípio Gerador, Sexo e Reprodução. SUL

 5. CHICCHAN: Serpente, Sistema Nervoso, Cérebro Reptilino, Integração e Realização das Funções Autônomas. LESTE

 6. CIMI: Morte, Revelação, Percepção da Mortalidade do Corpo Físico. NORTE

 7. MANIK: Mão, Domínio, Término, Conhecimento do Poder da Integridade, Percepção da Finitude do Ser Físico. OESTE

DESENVOLVIMENTO DO SER SUPERIOR — *Fase Geradora*

 8. LAMAT: Estrela, Harmonia, A Oitava, Percepção Intuitiva do Padrão da Vida Superior, Amor, Semente Estelar. SUL

 9. MULUC: Gota de Chuva, Semente Cósmica no Limiar da Consciência Desperta, Princípio da Comunicação e da Expansão da Vida Superior. LESTE

 10. OC: Cão, Cérebro, Mamífero, Vida Emocional, Guia e Princípio da Lealdade, Constância que Fortalece a Jornada Espiritual. NORTE

 11. CHUEN: Macaco, Artista, Prestidigitador, Princípio da Co-Criação Inteligente da Vida Superior. OESTE

 12. EB: O Ser Humano como Receptáculo da Mente Superior. SUL

 13. BEN: Peregrino Celeste, Pilares do Céu e da Terra, Aspiração pela União entre o Céu e a Terra, Princípio do Desenvolvimento da Mente Superior, Junco. LESTE

 14. IX: O Feiticeiro, O Jaguar, Energia Felina, O Vidente da Noite, Obtenção de Poderes Mágicos, Nível Superior da Evolução da Consciência Individual. NORTE

DESENVOLVIMENTO DO SER SUPERIOR — *Fase Realizadora*

 15. MEN: Águia, Mente Coletiva Superior, Consciência e Mente Planetária. OESTE

 16. CIB: Força Cósmica, Capacidade de Contato e Comunhão com a Consciência Galáctica. SUL

 17. CABAN: Terra, Força da Terra, Sincronicidade, Poder da Sincronização Inteligente. LESTE

 18. ETZNAB: Sala dos Espelhos, Padrão Ritual do "Tempo Nulo", Êxtase Ritual, Faca Ritual, Espada da Sabedoria e da Purificação. NORTE

19. CAUAC: Tempestade, Nuvem do Trovão e Senhor do Trovão, Transformação que Precede a Realização Plena. OESTE

 20. AHAU: Mente Solar, Senhor Solar, Comando, Percepção do Corpo Solar, Sabedoria, Conhecimento, Capacidade de Focalizar a Totalidade Galáctica, Capacidade de Abranger e Gerar o Círculo Inteiro. SUL

O primeiro Signo, *Imix*, está no *Leste*; o último, *Ahau*, está no *Sul*. Completa-se todo um circuito, um circuito de vida tecido pelo Tear dos Maias. Tudo que é pertinente ao ser aí está, não apenas como progressões da luz, mas como uma escada para ser galgada pelo herói e pela heroína. Os vinte Signos, em sua ordem que ciclicamente se repete, definem um caminho de vida em que o ser físico apronta-se para os níveis mentais superiores. É um caminho global que inclui o ser humano, um caminho e um padrão de ser que é universal, não apenas para a vida neste planeta, mas para a vida em todo o universo. Em sua simplicidade glífica, icônica, os vinte Signos descrevem as aventuras do destino, conforme os navegadores maias as mapearam em suas explorações do campo galáctico.

Devido à sua ordem direcional, todo o circuito dos vinte Signos pode ser visualizado como cinco agrupamentos de rodas radiais, cada uma girando no sentido anti-horário, do leste para o norte, oeste e sul. Cada roda de quatro raios, ou braços, deve ser imaginada espiralando em fase com as outras, interagindo reciprocamente e harmonicamente de modo simultâneo.

Podemos ainda imaginar que cada uma das cinco rodas representa uma direção em si mesma, que também segue o movimento anti-horário quádruplo que caracteriza a ordem dos Signos. Assim, as quatro primeiras rodas representam as direções leste, norte, oeste e sul, enquanto a quinta representa a Estação do Centro. Dessa forma, gera-se um padrão mandálico com o movimento espiral das rodas, cada uma sendo um fractal ou holograma de toda a progressão.

Aqui seguem os agrupamentos dos vinte Signos em cinco rodas ou famílias cíclicas Direcionais/Sazonais:

FAMÍLIA CÍCLICA DO LESTE – *Geração da Luz*
    LESTE: IMIX. A Luz se Ativa em Formas
    NORTE: IK. O Vento Purifica as Formas
    OESTE: AKBAL. As Formas se Envolvem
    SUL: KAN. A Forma Gera a Sua Própria Semente

FAMÍLIA CÍCLICA DO NORTE – *Purificação da Luz*
    LESTE: CHICCHAN. A Forma Assume a Aparência do Ser Específico

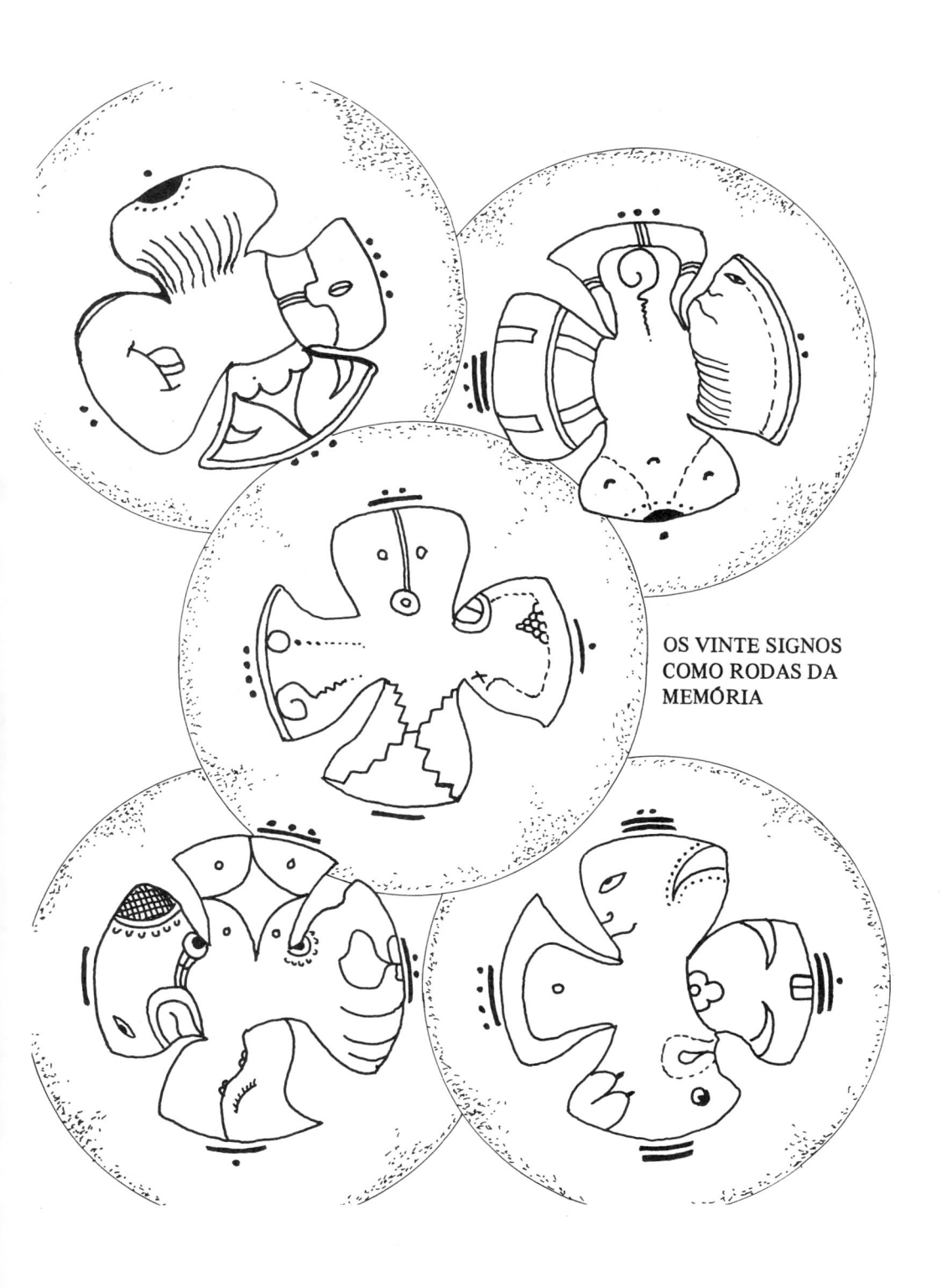

OS VINTE SIGNOS
COMO RODAS DA
MEMÓRIA

NORTE: CIMI. O Ser Específico Conhece e Transcende a Morte
OESTE:MANIK. Todas as Coisas São Transformadas Pela Habilidade
SUL: LAMAT. Surge a Harmonia Unindo Todas as Coisas

FAMÍLIA CÍCLICA DO OESTE – *Transformação da Luz*
LESTE: MULUC. Pelo Portal Cósmico, a Semente Criadora é Semeada
NORTE: OC. Pela Lealdade e Pela Constância, a Semente Criadora é Guiada
OESTE: CHUEN. Pela Arte, a Semente Criadora é Habilitada
SUL: EB. O Poder Criador Penetra, Tornando-se Plenamente Humano

FAMÍLIA CÍCLICA DO SUL – *Expansão da Luz*
LESTE: BEN. Descida dos Peregrinos Celestes
NORTE: IX. Sabedoria Estelar dos Magos
OESTE: MEN. Realização da Mente Planetária
SUL: CIB. União com e Encarnação da Força Cósmica

FAMÍLIA CÍCLICA DO CENTRO – *Restauração da Luz*
LESTE: CABAN. Alinhamento da Força Planetária
NORTE: ETZNAB. Ingresso Ritual na Intemporalidade
OESTE: CAUAC. Transformação da Transformação
SUL: AHAU. Obtenção da Mente de Luz

Representando o poder dos degraus da escada galáctica de luz, os Signos constituem uma ordenação da viagem mítica. Pois as fontes de toda estrutura mítica habitam os vinte Signos Sagrados. Entende-se aqui o mito como a estrutura de pontos ressonantes tecida a partir do coração galáctico, e que informa cada aspecto da totalidade galáctica. Os vinte pontos de apoio dessa estrutura (mítica) são os símbolos primários cujo poder espiralador forma uma escada fractal que une mitologias, mundos e sistemas estelares.

No processo de desdobramento descrito pelos vinte Signos, o 5°, o 10°, o 15° e o 20° (Signos) representam articulações chaves das etapas evolutivas da mente, que se transforma em campos cada vez maiores e mais abrangentes do ser. Cada um desses quatro signos está associado com uma das quatro direções, e assim pode ser considerado o regente dessa direção específica. Esses quatro signos, em seu papel como Guardiães Direcionais Evolutivos, constituem um círculo de significado interno:

5° **Signo. LESTE: CHICCHAN.** Cérebro Reptilino. Sistema Autônomo. Instinto.
10° **Signo. NORTE: OC.** Cérebro Mamífero. Mente Emocional e Conceitual.
15° **Signo. OESTE: MEN.** Cérebro Planetário. Mente Ressonante Superior.
20° **Signo. SUL: AHAU.** Cérebro Solar. Condição Estelar e a Mente de Luz.

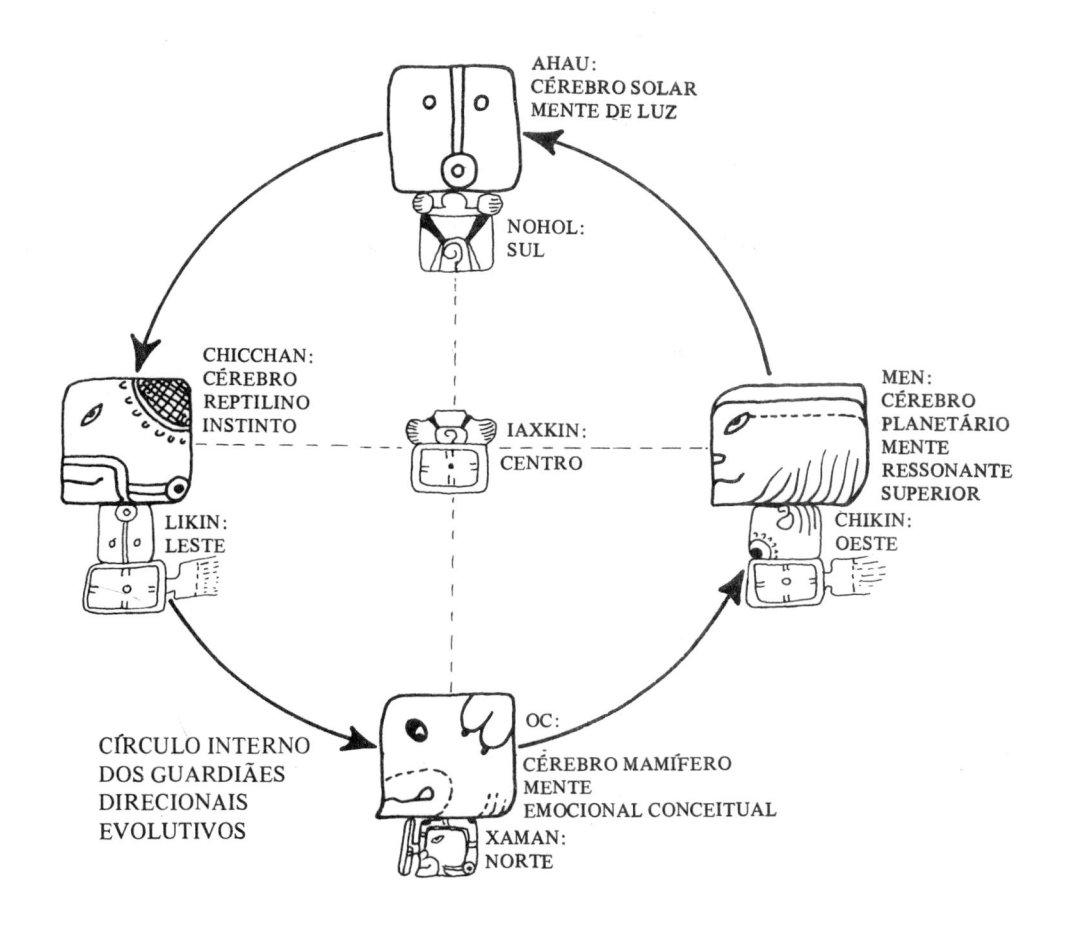

Quando os vinte símbolos sagrados são combinados com os treze números, que podem ser visualizados emanando de cada um dos signos, constrói-se, então, todo o arranjo mítico de 260 unidades. Esse arranjo, chamado Tzolkin, o Módulo Harmônico, é um holograma e uma tabela de transmutação dos diferentes níveis de informação, conhecimento, consciência e de ser. Entendendo as aplicações desse Módulo, localizam-se diferentes ressonâncias, e o corpo de luz pode ser utilizado. Porém, isso é para os seres avançados. Os maias sabiam que nós humanos não nos encontrávamos ainda no estágio que permitisse utilizar plenamente o corpo de luz, então eles ensinaram o emprego do Tzolkin como um dispositivo de registro de tempo.

Representando apenas uma dimensão do Módulo Harmônico, o calendário sagrado de 260 dias não obstante é a *chave* que os maias deixaram para abrir as portas das outras dimensões do Módulo. Como um holograma do processo e padrão galácticos, o Calendário Sagrado é ainda útil e precisa ser entendido pelo que ele é: o padrão fractal que mostra os vinte vórtices galácticos em espiral, impregnados de radiações informacionais compreendendo 13 raios pulsantes, sobrepondo-se a um trânsito de 260 dias de nosso planeta ao redor do Sol.

Os maias ainda mostraram como esse padrão de 260 unidades coincide com o ciclo solar a cada 52 anos. Sendo o fractal do ciclo de 5.200 tun, cujo feixe de radiação de sincronização a nossa espaçonave Terra está atravessando atualmente, o ciclo de 52 anos descreve um período durante o qual nenhum dia foi repetido — cada dia teve um nome e significado únicos. (Ver *Apêndice E. O Ciclo de 52 Anos e o Ciclo do Calendário Diário*.)

Como um gabarito fractal aplicado ao nosso trânsito planetário, o Tzolkin, ou Calendário Sagrado, é divisível em quatro padrões ou períodos maiores de 65 kin ou dias. Esses quatro períodos ou "estações", gravados holograficamente em cada ciclo de 260 dias, representam a incessante descarga energética galáctica em um padrão cíclico quádruplo. As energias quádruplas correspondem, entre outras coisas, às quatro direções.

Assim, os períodos maiores de 65 dias do Tzolkin são funções dos quatro personagens que acabamos de introduzir como os Guardiães Direcionais Evolutivos: **CHICCHAN** − *LESTE,* **OC** − *NORTE,*

IMIX	1	8	2	9	3	10	4	11	5	12	6	13	7
IK	2	9	3	10	4	11	5	12	6	13	7	1	8
AKBAL	3	10	4	11	5	12	6	13	7	1	8	2	9
KAN	4	11	5	12	6	13	7	1	8	2	9	3	10
CHICCHAN (L)	5	12	6	13	7	1	8	2	9	3	10	4	11
CIMI	6	13	7	1	8	2	9	3	10	4	11	5	12
MANIK	7	1	8	2	9	3	10	4	11	5	12	6	13
LAMAC	8	2	9	3	10	4	11	5	12	6	13	7	1
MULUC	9	3	10	4	11	5	12	6	13	7	1	8	2
OC (N)	10	4	11	5	12	6	13	7	1	8	2	9	3
CHUEN	11	5	12	6	13	7	1	8	2	9	3	10	4
EB	12	6	13	7	1	8	2	9	3	10	4	11	5
BEN	13	7	1	8	2	9	3	10	4	11	5	12	6
IX	1	8	2	9	3	10	4	11	5	12	6	13	7
MEN (O)	2	9	3	10	4	11	5	12	6	13	7	1	8
CIB	3	10	4	11	5	12	6	13	7	1	8	2	9
CABAN	4	11	5	12	6	13	7	1	8	2	9	3	10
ETZNAB	5	12	6	13	7	1	8	2	9	3	10	4	11
CAUAC	6	13	7	1	8	2	9	3	10	4	11	5	12
AHAU (S)	7	1	8	2	9	3	10	4	11	5	12	6	13

TZOLKIN − CICLOS DO QUEIMADOR

MEN – *OESTE,* e AHAU – *SUL.* Nos textos proféticos tardios, esses Guardiães Direcionais estavam associados com a imagem do "Queimador", o portador do fogo primordial e intemporal, o herói da visão e da luz, venerado em toda parte sob diferentes nomes como o prométeico doador da cultura.

Existem quatro Queimadores que correspondem às Quatro Estações Evolutivas regidas pelos Quatro Guardiães Evolutivos. Cada Estação Evolutiva é dividida em quatro estágios, três de vinte dias e um de cinco dias, para um total de 65 dias para cada Estação. Assim, há quatro dias iniciais por Estação, que são significativos para os Ciclos do Queimador.

A seqüência de estações Evolutivas, Guardiães e Dias do Queimador é a seguinte:

ESTAÇÃO DO LESTE. *Guardião:* CHICCHAN, A Serpente
O Queimador Obtém o Fogo. 3 CHICCHAN
O Queimador Acende o Fogo. 10 CHICCHAN
O Queimador Foge com o Fogo. 4 CHICCHAN
O Queimador Apaga o Fogo. 11 CHICCHAN

ESTAÇÃO DO NORTE. *Guardião:* OC, O Cão
O Queimador Obtém o Fogo. 3 OC
O Queimador Acende o Fogo. 10 OC
O Queimador Foge com o Fogo. 4 OC
O Queimador Apaga o Fogo. 11 OC

ESTAÇÃO DO OESTE. *Guardião:* MEN, A Águia
O Queimador Obtém o Fogo. 3 MEN
O Queimador Acende o Fogo. 10 MEN
O Queimador Foge com o Fogo. 4 MEN
O Queimador Apaga o Fogo. 11 MEN

ESTAÇÃO DO SUL. *Guardião:* AHAU, O Senhor Solar
O Queimador Obtém o Fogo. 3 AHAU
O Queimador Acende o Fogo. 10 AHAU
O Queimador Foge com o Fogo. 4 AHAU
O Queimador Apaga o Fogo. 11 AHAU

Nas imagens do Queimador, podemos visualizar as Quatro Estações Sagradas das Quatro Direções, cada uma protegida pelo seu Guardião. Na primeira etapa, o Queimador Obtém o Fogo, o Guardião leva o conhecimento do fogo de uma Estação anterior a outra. O número associado à primeira etapa é 3, o Raio do Ritmo e da Sinergia. Na segunda etapa, o Queimador Acende o Fogo, o conhecimento do fogo é aplicado para iluminar o atual período evolutivo. O número associado a essa etapa é 10, o Raio da Manifestação. Na terceira etapa, o Queimador Foge com o Fogo, o Guardião apanha o fogo e espalha a sua influência. O número associado é 4, o Raio da **Proporção**, da extensão para as quatro direções. Finalmente, na **quarta etapa**, o Queimador apaga o fogo e sela sua influência no atual estágio evolutivo. O número associado é 11, o Raio da Dissonância.

Nessa estrutura mítica que comemora os períodos da luz, podemos começar a ver algumas das potencialidades, em seus diversos níveis, contidas no Tzolkin ou Módulo Harmônico. Surgido da Matriz Radial de Hunab Ku, o gabarito de 13x20 unidades é meramente um dispositivo que fornece o foco para podermos abranger o·todo. Sempre mandálico, o Fator Maia é um fractal harmônico cujos padrões de onda descrevem uma ciência além do materialismo, e cujas matrizes ressonantes nos colocam em sintonia com uma teia mítica que nos conduz ao lar que nunca deixamos.

Compreendendo o todo, o Gabarito de 260 unidades pode também ser descrito como um *holoexplorador*. Esse dispositivo não apenas fornece uma visão do todo mas, sendo um fractal ou *chip* holográfico separado do antigo bloco galáctico, possibilita penetrar as múltiplas esferas do ser e da consciência. Com esse pensamento ousado, tomemos o Módulo Harmônico e vejamos, mais precisamente, como podemos obter uma *holoexploração* dos 5.200 tun da radiação de sincronização, cuja travessia nosso planeta está prestes a concluir.

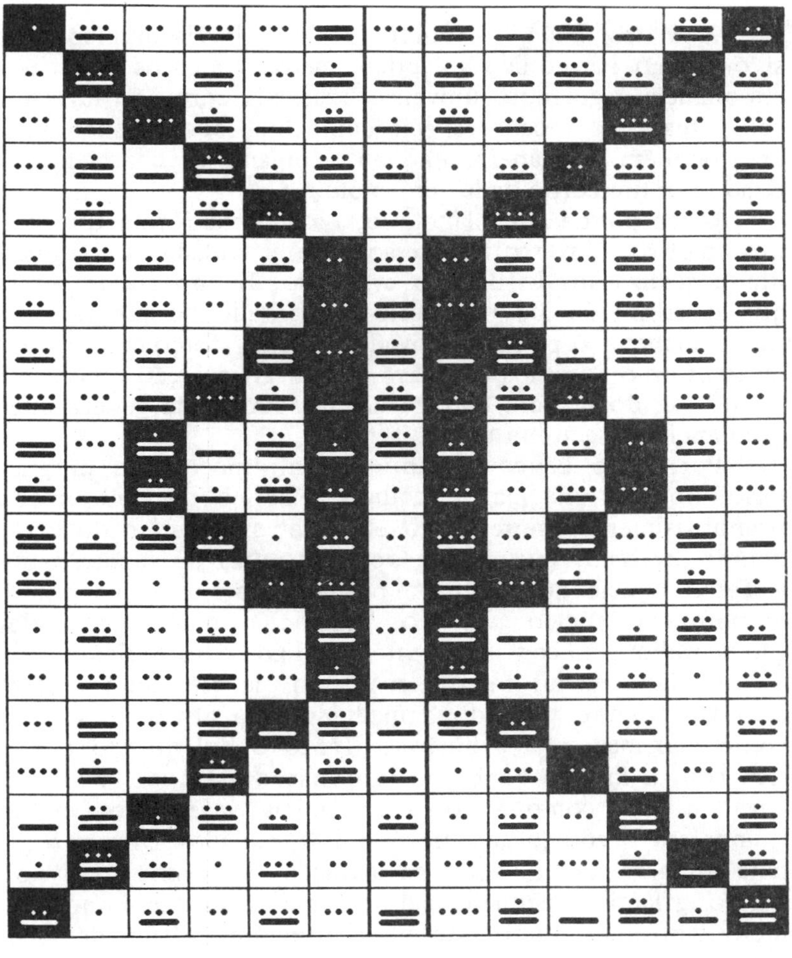

TZOLKIN
COMO O
MÓDULO
HARMÔNICO

A HISTÓRIA E O SISTEMA SOLAR:
A VISÃO GALÁCTICA

5

A Matriz Maia, o Tzolkin ou Módulo Harmônico, trazendo em si o código harmônico galáctico, instrui todos os sistemas com uma ressonância reguladora universal chamada corpo de luz. Assim como cada organismo e cada espécie como um todo possuem um corpo de luz, também o planeta, enquanto organismo consciente, é caracterizado por um corpo de luz em evolução.

O corpo de luz planetário, da mesma forma que o individual e o coletivo, é a estrutura ressonante articulada que regula e possibilita a realização do destino evolutivo. É importante ter em mente que o corpo de luz planetário implantado no programa da memória do planeta só pode ser ativado por um esforço consciente de cooperação. Como veremos, a chave para a articulação consciente do corpo de luz do planeta está na ciência conhecida genericamente como geomancia — a acupuntura da Terra.

Por ser o banco radiante de informações do programa planetário, pode-se imaginar o código galáctico de 260 unidades como primordialmente impresso no éter eletromagnético do invólucro planetário *externo*, que é, dos dois cinturões de radiação que cingem a Terra, aquele que ocupa a posição superior. Digo primordialmente porque o núcleo galáctico, Hunab Ku, como uma poderosa estação de rádio, gera continuamente o código de luz radiante.

O fluxo de informação entre um planeta como a Terra e o núcleo galáctico é mantido e mediado pela atividade solar conhecida como manchas solares binárias. Tanto o Sol quanto o planeta operam com o mesmo banco de informação galáctica. Toda vez que um corpo estelar, como o nosso Sol, inicia o seu curso evolutivo, nele é impresso o código galáctico de 260 unidades. Uma vez que um planeta atinge uma condição de ativação ressonante, o fluxo de informação galáctica mediado pelas manchas solares imprime, no invólucro eletromagnético externo, o programa básico da memória planetária.

Assim que esse programa estiver impresso e em funcionamento, a informação genética também será impressa no campo planetário. Em nosso planeta, a impressão genética é função do cinturão de radiação *inferior*, que, então, pode ser visto como impregnado pelo programa de luz do cinturão de radiação superior. Os dois cinturões de radiação são como teares vibratórios, tecendo ressonância em vez de pano. A ressonância comum das impressões genética e galáctica cria o programa global da memória planetária chamado Banco Psi.

Atuando no interior da membrana interativa dos cinturões de radiação, o Banco Psi gera aquilo que Rupert Sheldrake chama de *campos morfogenéticos* — os subcampos ressonantes saturados de memória, cujo funcionamento é responsável pela continuidade das várias formas de vida orgânica.

O que estamos descrevendo aqui é a estrutura inteligente do planeta considerado como um organismo vivo. Assim, acrescentamos à *hipótese Gaia* de James Lovelock a idéia de que a Terra é, sem dúvida, uma entidade consciente em evolução. Praticamente, todos os povos pré-históricos, ou seja, pré-tecnológicos estão e estavam conscientes desse fato. Durante boa parte da história, a crença de que a Terra é sagrada tem sido sustentada por povos de todos os lugares.

Enquanto podemos dizer que o caráter sagrado da Terra como um organismo vivo tem sido admitido já há muito tempo, trata-se de uma outra questão se todas as pessoas que sustentavam essa crença compartilhavam o seu conhecimento coletivamente ou tinham uma visão global da terra tal como a possuímos hoje, graças à nossa desajeitada porém unificadora tecnologia espacial. Deixando de lado os argumentos que afirmam ter havido uma ciência comum partilhada entre os construtores de Stonehenge, da Grande Pirâmide e da Pirâmide de Teotihuacan, declaremos, ao menos, que por obra de comum ressonância havia algo como um conhecimento "universal".

Com essa perspectiva, vamos apresentar o Harmônico Maia na forma do Grande Ciclo — O Feixe de Radiação Sincronizante. Voltemos uns 5.000 anos no tempo para descrever uma situação dual. Por um lado, é a situação da Terra. Por outro, dos navegantes galácticos chamados maias. Primeiro, vamos discutir a Terra.

Depois da última Era Glacial, há mais de 12.000 anos atrás, um novo ciclo de vida, uma nova era solar, começou no planeta. Aqui e ali encontramos vestígios de um ciclo anterior. Parece ser o caso, em especial, da América do Sul. Estes postos avançados de ciclos antigos permanecem ocultos, discretos, atentos, porém não-envolvidos no novo ciclo. Há 6.000 anos, experiências agrícolas começaram a produzir resultados nos vales ribeirinhos da Índia, Oriente Médio e Norte da África. Reminiscências confusas de ciclos anteriores, outros tempos, outros planos de existência, mesclam-se com a adoração do Sol. Firmam-se pensamentos e sentimentos amadurecidos. Está prestes a começar um outro ciclo de civilização.

Ao mesmo tempo, entre os maias, nada do que ocorre no planeta Terra passa despercebido. A notícia circula: outro planeta prepara a ativação do seu corpo de luz. Através do esforço coletivo da comunidade de inteligência galáctica, o feixe de radiação galáctica sincronizante é focalizado no Sol e em seu sistema planetário, com especial atenção para a terceira órbita planetária — a da Terra. No momento exato, por meio de uma concentração mental coletiva de

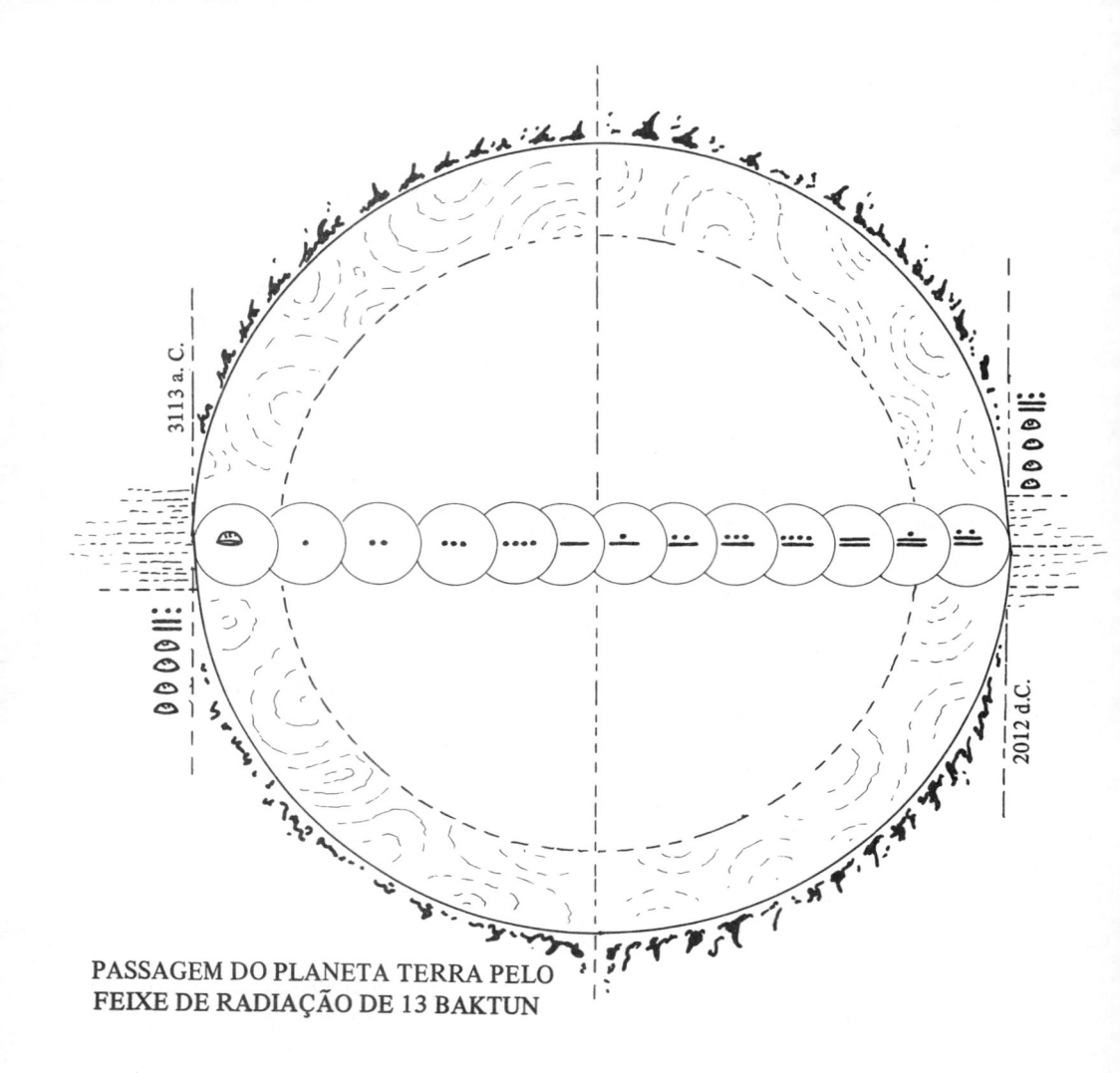

PASSAGEM DO PLANETA TERRA PELO
FEIXE DE RADIAÇÃO DE 13 BAKTUN

que nunca se ouviu falar por aqui, o feixe, de 5.200 tun de diâmetro, é ativado. Começa o Grande Ciclo.

Os estudiosos tergiversam sobre a data exata em que começou o Grande Ciclo Maia. Uns dizem 13 de agosto; outros, 11 de agosto; e ainda outros, 6 de agosto de 3113 a.C. É claro que a data de 6 de agosto é interessante, porque era nessa data que os chineses comemoravam o ponto médio entre o solstício de verão e o equinócio de outono. É também a data do lançamento da bomba atômica sobre Hiroshima. Em todo caso, foi há quase 5.100 anos atrás que o planeta penetrou o feixe de radiação galáctica sincronizante. Faltam apenas 26 anos, do momento em que escrevo este texto, para que ele o atravesse por completo.

118

Mas o que é essa radiação? Como descrevê-la? O que ela sincroniza e como? Em termos maias, o feixe, o Grande Ciclo, mede 5.200 tun de diâmetro. Em termos de kin ou dias, um tun abrange 360 kin/dias, ou um ano solar impreciso menos cinco dias. O ano solar real tem 365,2422 dias. Logo, 5.200 tun é igual a 5.125 anos solares imprecisos ou 1.872.000 dias.

Como já enfatizamos, a preocupação dos maias era calibrar uma equivalência entre a indicação no calendário do trânsito solar da Terra e o harmônico galáctico real. O ciclo de 5.200 tun representa um fractal da chave de 52 unidades, o Tear dos Maias, sintetizando o harmônico galáctico. Como um fractal, o ciclo de 5.200 tun pode ser dividido em 260 unidades de 20 tun chamadas katun, e 13 unidades de 400 tun chamadas baktun. Enquanto o número harmônico chave de um tun é *360* kin e do katun é *7.200* kin, do baktun é *144.000* kin. É muito importante ter em mente que os números maias são multidimensionais. Sua tradução em dias ou anos não significa que deixam de ser operacionais para outros fatores ou valores. O ciclo histórico como um padrão de onda harmônico cujo diâmetro é de 5.200 tun não passa de uma fatia de um holograma galáctico multidimensional.

Também observamos que ao se apresentar um diagrama esquemático do Grande Ciclo como uma série de treze baktun, cada um dividido em vinte katun, criando, assim, uma rede de 260 unidades, esse diagrama, portanto, é indistinguível da rede que representa o Calendário Sagrado de 260 dias, ou Tzolkin. Em outras palavras, o Tzolkin e o Grande Ciclo são fractais um do outro. Mas por outro lado, sendo ambos fractais do harmônico galáctico de 260 unidades, de que outra forma poderia ser?

Assim, no esquema *O Módulo Harmônico Maia como o Grande Ciclo*, as colunas verticais, começando do lado esquerdo, representam a seqüência de treze baktun. Contando de cima para baixo, a partir da esquerda, cada coluna possui vinte unidades informacionais, cada uma representando um ciclo katun. Uma vez que a contagem de unidades informacionais de 1 a 13 também é feita em seqüência contínua, do canto superior esquerdo para baixo, uma outra divisão de ciclos pode ser representada, com vinte ciclos de treze katun, cada um deles sendo representado por um número da seqüência 1-13. Assim, há treze baktun de vinte unidades e vinte subciclos de treze katun. Os maias chamavam essa sobreposição de subciclos de *ciclos Ahau*.

Resumindo, então, o Grande Ciclo consiste em: **1.872.000 kin**/dias; **5.200 tun** de 360 kin/dias (pouco menos de um ano por tun); **260 katun** de 7.200 kin/dias (pouco menos de vinte anos por katun); **vinte ciclos Ahau** de treze katun ou 93.600 dias (260 tun ou aproximadamente 256 anos por ciclo Ahau; **treze baktun** de 144.000 kin/dias (400 tun ou pouco mais de 394 anos por baktun).

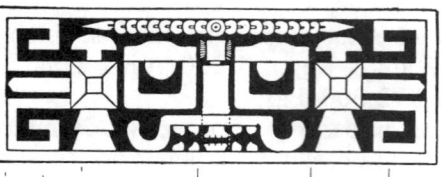

O MÓDULO HARMÔNICO MAIA COMO O GRANDE CICLO

	3113 a.C.	2718 a.C.	2324 a.C.	1930 a.C.	1536 a.C.	1141 a.C.	747 a.C.	353 a.C.	41 d.C.	435 d.C.	830 d.C.	1224 d.C.	1618 d.C.			
IMIX														NETUNO	1618 d.C.
IK														URANO	1638
AKBAL														SATURNO	1658
KAN														JÚPITER	1677
CHICCHAN														ASTERÓIDES	1697
CIMI														MARTE	1717
MANIK														TERRA	1736
LAMAT														VÊNUS	1756
MULUC														MERCÚRIO	1776
OC														MERCÚRIO	1796
CHUEN														VÊNUS	1815
EB														TERRA	1835
BEN														MARTE	1855
IX														ASTERÓIDES	1874
MEN														JÚPITER	1894
CIB														SATURNO	1914
CABAN														URANO	1933
ETZNAB														NETUNO	1953
CAUAC														PLUTÃO	1972
AHAU														PLUTÃO	1992
															2012 d.C.

3113 a.C. ENTRADA NO FEIXE

2012 d.C. SINCRONIZAÇÃO GALÁCTICA

1. BAKTUN DA SEMEADURA ESTELAR
2. BAKTUN DA PIRÂMIDE
3. BAKTUN DA RODA
4. BAKTUN DA MONTANHA SAGRADA
5. BAKTUN DA CASA DE SHANG
6. BAKTUN DO SELO IMPERIAL
7. BAKTUN DOS PRECEITOS DA MENTE
8. BAKTUN DO UNGIDO
9. BAKTUN DOS SENHORES DO VERMELHO E NEGRO
10. BAKTUN DOS MAIAS
11. BAKTUN DAS GUERRAS SANTAS
12. BAKTUN DA SEMENTE OCULTA
13. BAKTUN DA TRANSFORMAÇÃO DA MATÉRIA

A unidade-chave é o ciclo baktun. Lembrando que o tun é um ano solar impreciso menos cinco dias, então a fórmula 400 tun = 20 katun = 1 baktun, arredondando dá pouco mais de 394 anos solares imprecisos. Em outras palavras, subdividindo-o em treze ciclos baktun, o Grande Ciclo ou Feixe de Radiação Galáctica Sincronizante repete a seqüência numérica galáctica-chave de 1 a 13. Com essa série de treze baktun representados pelas treze colunas verticais do Módulo Harmônico Maia, podemos começar a construir o calendário do Grande Ciclo, sobrepondo-o ao período que vai de 3113 a.C. a 2012 d.C.

Primeiramente, listemos os treze ciclos baktun em seqüência. Note-se que o primeiro ciclo é baktun 0, o segundo, baktun 1 etc.; portanto, conta-se um ciclo só quando se tem uma volta completa. Ao se contemplar cada um dos ciclos baktun, conforme representados no módulo, deve-se atentar às unidades do Tear dos Maias que ocorrem em cada ciclo. Essas unidades, em número de 52, representam períodos de atividade galáctica mais intensa. Os nomes dados aos 13 ciclos de baktun referem-se aos eventos/qualidades que os distinguem.

1. BAKTUN 0 (= 13). *Baktun da Semeadura Estelar.* **3113-2718 a.C. 13.0.0.0.0**
A Terra penetra o Feixe de Radiação Galáctica Sincronizante. Disseminação dos "transmissores estelares" da liga galáctica entre os povos do planeta. Consolidação do Alto e Baixo Egito, 3100 a.C. Expansão da Suméria, 3000 a.C. Construção de Stonehenge começa em 2800 a.C.

2. BAKTUN 1. *Baktun da Pirâmide.* **2718-2324 a.C. 1.0.0.0.0**
A construção/ativação da Grande Pirâmide de Gisé, Egito, 2700-2600 a.C., marca o estabelecimento do corpo de luz do planeta. Dispersão das civilizações dos sumérios, acadianos e de Ur. Desenvolvimento do bronze. Começo de Harapa, civilização do Indu. Início da vida sedentária agrícola, China, Mesoamérica, Andes.

3. BAKTUN 2. *Baktun da Roda.* **2324-1930 a.C. 2.0.0.0.0**
Utilização plena da roda, início da tecnologia de transporte e do pensamento cíclico, leis escritas e metalurgia, na Mesopotâmia. Sargão e o primeiro império da Babilônia. Uso do carro de guerra, imperialismo territorial. Era dos imperadores lendários da China. Estabelecimento da civilização minóica, em Creta.

4. BAKTUN 3. *Baktun da Montanha Sagrada.* **1930-1536 a.C. 3.0.0.0.0**
Médio e Novo Império no Egito; nova demarcação do centro para a Montanha Sagrada do Ocidente, no Vale dos Reis, marca a decisão dos egípcios de perpetuar o governo dinástico e consolidar o padrão de territorialismo defensivo como norma para a vida civilizada. Hordas de invasores — hititas, árias; destruição das civilizações do Indu e minóica.

5. BAKTUN 4. *Baktun da Casa de Shang.* **1536-1141 a.C. 4.0.0.0.0**
Estabelecimento da Dinastia Shang, China, formulação da doutrina do yin/yang, metalurgia em bronze e padrões avançados da civilização chinesa. Primórdios da civilização védica, Índia. Surgimento da civilização de Chavin, Andes, e dos olmecas, Mesoamérica. Akenaton, Egito; Abrahão e Moisés, Israel; consolidação dos hititas, na Mesopotâmia.

6. BAKTUN 5. *Baktun do Selo Imperial.* **1141-747 a.C. 5.0:0.0.0**
Impérios assírio e babilônico. Armas de ferro e máquinas de guerra. Ascensão dos gregos micênicos, no Mediterrâneo, saque de Tróia. Dinastia Chou, China; surgimento do I Ching. Expansão da cultura olmeca por toda a Mesoamérica. O cavalo é usado para a guerra, o governo imperial militarista e a sucessão dinástica são estabelecidos como norma de vida civilizada no planeta.

7. BAKTUN 6. *Baktun dos Preceitos da Mente.* **747-353 a.C. 6.0.0.0.0**
Período da primeira leva de maias galácticos na Mesoamérica. Império persa. Surgimento do pensamento filosófico individualista suplantando as formas coletivas anteriores. Pitágoras, Sócrates, Platão, Aristóteles, na Grécia; as seis escolas do pensamento védico, Mahavira e Buda, na Índia; Lao Tsé, Confúcio, Chuang Tsé, na China. Construção de Monte Alban, no México, primórdios do sistema de calendário maia.

8. BAKTUN 7. *Baktun do Ungido.* **353 a.C. -41 d.C. 7.0.0.0.0**
Civilização helênica, Alexandre, o Grande; Ascensão de Roma, começo do Império Romano; celtas na Europa, avanços na tecnologia do ferro; união dos Estados Beligerantes da China por Ch'in Huang Ti, primórdios da Dinastia Han, Grande Muralha da China; o budismo se expande da Índia para a Ásia Central, como religião cosmopolita. Jesus Cristo, religiões gnósticas do Oriente Médio; difusão dos olmecas e fundação de Teotihuacan.

9. BAKTUN 8. *Baktun dos Senhores do Vermelho e Negro.* **41-435 d.C. 8.0.0.0.0**
Término da construção da Pirâmide de Teotihuacan, consolidação da cultura mesoamericana, os Senhores do Vermelho e Negro, primeiros ensinamentos de Quetzalcoatl; Moche, Nazca e Tiahuanaco, nos Andes; Ilha de Páscoa; surgimento dos reinos da África Ocidental; expansão e colapso do Império Romano, ascensão do cristianismo; colapso da Dinastia Han, expansão do budismo na China e sudeste asiático.

10. BAKTUN 9. *Baktun dos Maias.* **435-830 d.C. 9.0.0.0.0**
Segunda visitação galáctica dos maias, Pacal Votan de Palenque e o florescimento do sistema cultural maia; Maomé e a ascensão do Islã;

Europa Ocidental Cristã Romana e Europa Oriental Cristã Bizantina Ortodoxa; ascensão do hinduísmo, na Índia; expansão do budismo no Tibete, Coréia, Japão; Dinastia T'ang, na China; ascensão dos reinos do sudeste asiático, Indonésia (Borobadur, Java); predomínio de Tiahuanaco, nos Andes; civilização polinésia, Oceania; primórdios da civilização nigeriana.

11. BAKTUN 10. *Baktun das Guerras Santas.* 830-1224 d.C. 10.0.0.0.0

Colapso dos maias clássicos e da civilização do México central, Quetzalcoatl 1 Junco e ascensão dos toltecas; civilizações Chan Chan e Chimu, nos Andes; ascensão dos I'fes, na Nigéria; florescimento e expansão do Islã e confronto com a civilização cristã — as Cruzadas; ascensão da civilização tibetana; Dinastia Sung, na China, imprensa, pólvora; Dinastia Khmer, no sudeste asiático. O Grande Zimbabwe, África Oriental.

12. BAKTUN 11. *Baktun da Semente Oculta.* 1224-1618 d.C. 11.0.0.0.0

Expansão do Islã até a Índia, Ásia Central e do Sudeste, África Ocidental; isolamento do Tibete; ascensão dos turcos, mongóis, conquista da China; isolamento do Japão; ascensão do Zimbabwe, África Oriental, I'fe e Benin, África Ocidental; apogeu da civilização cristã, Europa Ocidental e ascensão da civilização russa ortodoxa, Europa Oriental; a Reforma e a cisão na Igreja cristã; expansão e triunfo da civilização européia na conquista dos impérios inca e asteca; começo da colonização européia, declínio da concepção de um mundo sagrado (semente oculta).

13. BAKTUN 12. *Baktun da Transformação da Matéria.* 1618-2012 d.C. 12.0.0.0.0

Ascensão e triunfo do materialismo científico, a conquista do mundo pelos europeus, a Revolução Industrial, as revoluções democráticas da América e da Europa; o colonialismo na África, América Latina e Ásia; industrialização do Japão; Karl Marx e a ascensão do comunismo; revoluções comunistas da Rússia e China; Primeira Guerra Mundial e Segunda Guerra Mundial; a bomba atômica e a era nuclear; ascensão das potências do Terceiro Mundo, Islã, México e Índia; terrorismo global e colapso da civilização tecnológica; purificação da Terra e a era final da regeneração global; era da informação e tecnologia solar do cristal; sincronização galáctica.

O que testemunhamos nessa análise resumida das características, bem como da principal atividade dos treze ciclos baktun é uma aceleração e uma expansão de energia, culminando numa grande onda que atinge o clímax no décimo terceiro ciclo, o Baktun 12, o Baktun da Transformação da Matéria. O nome do último baktun, assim como

Datas (topo): 3113 a.C. — 2718 a.C. — 2324 a.C. — 1930 a.C. — 1536 a.C. — 1141 a.C. — 747 a.C.

400 TUN

Subcampos (Baktun):
- BAKTUN DA SEMEADURA ESTELAR
- BAKTUN DA PIRÂMIDE
- BAKTUN DA RODA
- BAKTUN DA MONTANHA OCIDENTAL
- BAKTUN DA CASA DE SHANG
- BAKTUN DO SELO IMPERIAL

CICLOS DE 260 KATUN — CORPO DE LUZ DE GAIA COM 52 UNIDADES

	13.0.0.0.0 (3113 a.C.)	1.0.0.0.0	2.0.0.0.0	3.0.0.0.0	4.0.0.0.0	5.0.0.0.0
IMIX	URUK, MENÉS	ZOSER, EGITO, CALENDÁRIO	SARGÃO	ABRAÃO	DINASTIA CHANG, CHINA	REI WEN
IK	KILNS	A GRANDE PIRÂMIDE	BABILÔNIA		AKENATON	DINASTIA CHOU
AKBAL	SUMÉRIA UNIFICADA	GISÉ		CRETA	IMPÉRIO	CHINA
KAN	EGITO				HITITA	REI DAVI, JERUSALEM
CHICCHAN	ANTIGO		CARRO DE	EGITO: RAINHA	THERA, TERREMOTO	
CIMI	IMPÉRIO		GUERRA	HATSHEPSUT	OLMECAS	VÉDICA
MANIK				VALE DOS	CHAVIN	CIVILIZAÇÃO
LAMAT			EGITO	REIS		ÍNDIA
MULUC	HIERÓGLIFOS	ACAD	IMPÉRIO DO MEIO			
OC		UR			JADE	CAVALO DE GUERRA
CHUEN	CUNEIFORMES				REI TUTI	
EB		HARAPA			RAMSÉS	
BEN		CIVILIZAÇÃO			ASSÍRIA	JERUSALÉM
IX		ÍNDIA	ZIGURATES			
MEN				CAVALOS		
CIB			BRONZE	ÁSIA CENTRAL	VEDAS	LA VENTA
CABAN			TECNOLOGIA	HITITAS		ASSÍRIOS
ETZNAB			MENUHOTEP	IMPÉRIO	FENÍCIOS	FERRO
CAUAC	STONEHENGE	PIRÂMIDE	CÓDIGO DE LEIS DE UR E NAMU	EGÍPCIO	MICÊNICOS	ARMAS E
AHAU	GILGAMESH	TEXTOS	HAMURABI	OS ÁRIAS INVADEM A ÍNDIA		MÁQUINAS DE GUERRA
BAKTUN #	⊙	•	••	•••	••••	▬

CICLO DE 13 BAKTUN:

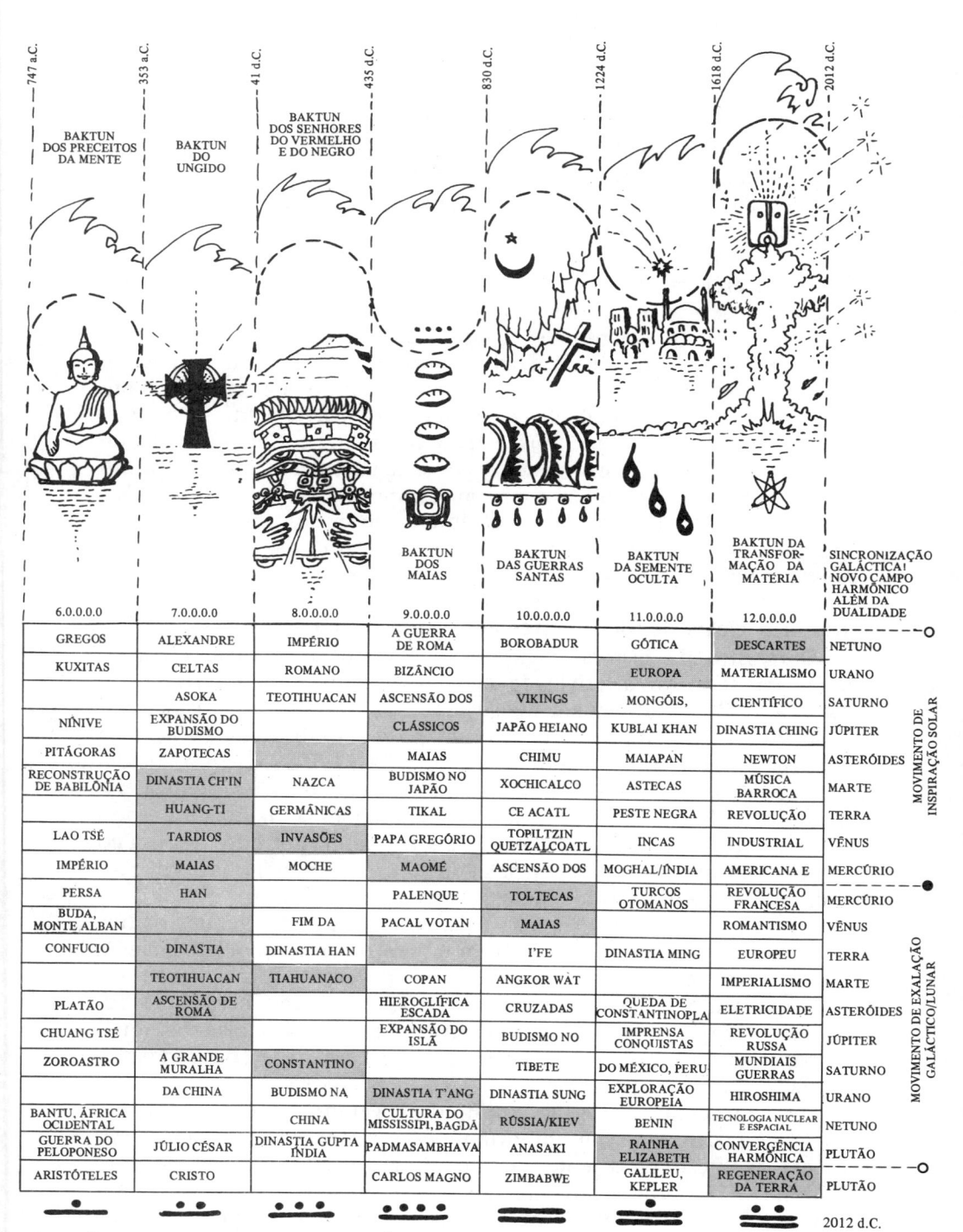

							SINCRONIZAÇÃO GALÁCTICA! NOVO CAMPO HARMÔNICO ALÉM DA DUALIDADE
747 a.C. BAKTUN DOS PRECEITOS DA MENTE 6.0.0.0	353 a.C. BAKTUN DO UNGIDO 7.0.0.0	41 d.C. BAKTUN DOS SENHORES DO VERMELHO E DO NEGRO 8.0.0.0	435 d.C. BAKTUN DOS MAIAS 9.0.0.0	830 d.C. BAKTUN DAS GUERRAS SANTAS 10.0.0.0	1224 d.C. BAKTUN DA SEMENTE OCULTA 11.0.0.0	1618 d.C. BAKTUN DA TRANSFORMAÇÃO DA MATÉRIA 12.0.0.0	2012 d.C.
GREGOS	ALEXANDRE	IMPÉRIO	A GUERRA DE ROMA	BOROBADUR	GÓTICA	DESCARTES	NETUNO
KUXITAS	CELTAS	ROMANO	BIZÂNCIO		EUROPA	MATERIALISMO	URANO
	ASOKA	TEOTIHUACAN	ASCENSÃO DOS	VIKINGS	MONGÓIS,	CIENTÍFICO	SATURNO
NÍNIVE	EXPANSÃO DO BUDISMO		CLÁSSICOS	JAPÃO HEIANO	KUBLAI KHAN	DINASTIA CHING	JÚPITER
PITÁGORAS	ZAPOTECAS		MAIAS	CHIMU	MAIAPAN	NEWTON	ASTERÓIDES
RECONSTRUÇÃO DE BABILÔNIA	DINASTIA CH'IN	NAZCA	BUDISMO NO JAPÃO	XOCHICALCO	ASTECAS	MÚSICA BARROCA	MARTE
	HUANG-TI	GERMÂNICAS	TIKAL	CE ACATL	PESTE NEGRA	REVOLUÇÃO	TERRA
LAO TSÉ	TARDIOS	INVASÕES	PAPA GREGÓRIO	TOPILTZIN QUETZALCOATL	INCAS	INDUSTRIAL	VÊNUS
IMPÉRIO	MAIAS	MOCHE	MAOMÉ	ASCENSÃO DOS	MOGHAL/ÍNDIA	AMERICANA E	MERCÚRIO
PERSA	HAN		PALENQUE	TOLTECAS	TURCOS OTOMANOS	REVOLUÇÃO FRANCESA	MERCÚRIO
BUDA, MONTE ALBAN		FIM DA	PACAL VOTAN	MAIAS		ROMANTISMO	VÊNUS
CONFUCIO	DINASTIA	DINASTIA HAN		I'FE	DINASTIA MING	EUROPEU	TERRA
	TEOTIHUACAN	TIAHUANACO	COPAN	ANGKOR WAT		IMPERIALISMO	MARTE
PLATÃO	ASCENSÃO DE ROMA		HIEROGLÍFICA ESCADA	CRUZADAS	QUEDA DE CONSTANTINOPLA	ELETRICIDADE	ASTERÓIDES
CHUANG TSÉ			EXPANSÃO DO ISLÃ	BUDISMO NO	IMPRENSA CONQUISTAS	REVOLUÇÃO RUSSA	JÚPITER
ZOROASTRO	A GRANDE MURALHA	CONSTANTINO		TIBETE	DO MÉXICO, PERU	MUNDIAIS GUERRAS	SATURNO
	DA CHINA	BUDISMO NA	DINASTIA T'ANG	DINASTIA SUNG	EXPLORAÇÃO EUROPEIA	HIROSHIMA	URANO
BANTU, ÁFRICA OCIDENTAL		CHINA	CULTURA DO MISSISSIPI, BAGDÁ	RÚSSIA/KIEV	BENIN	TECNOLOGIA NUCLEAR E ESPACIAL	NETUNO
GUERRA DO PELOPONESO	JÚLIO CÉSAR	DINASTIA GUPTA ÍNDIA	PADMASAMBHAVA	ANASAKI	RAINHA ELIZABETH	CONVERGÊNCIA HARMÔNICA	PLUTÃO
ARISTÓTELES	CRISTO		CARLOS MAGNO	ZIMBABWE	GALILEU, KEPLER	REGENERAÇÃO DA TERRA	PLUTÃO

BAKTUN DOS MAIAS · BAKTUN DAS GUERRAS SANTAS · BAKTUN DA SEMENTE OCULTA · BAKTUN DA TRANSFORMAÇÃO DA MATÉRIA

MOVIMENTO DE INSPIRAÇÃO SOLAR

MOVIMENTO DE EXALAÇÃO GALÁCTICO/LUNAR

2012 d.C.

HARMÔNICO DE ONDA DA HISTÓRIA

o do primeiro, o Baktun da Semeadura Estelar, nos fornece as pistas. O que aparece como um processo histórico — o Grande Ciclo — é na verdade um processo planetário, um estágio da evolução consciente da Terra, a utilização de seu corpo de luz.

Nesse empenho que abrange todo o planeta, os seres humanos são os instrumentos atmosféricos sensíveis utilizados galacticamente em um processo cujo objetivo é a transformação do "campo material" planetário. A meta da transformação é elevar esse campo a um nível de freqüência ressonante mais alto e mais harmônico. É assim que se constrói o corpo de luz, o invólucro etérico conscientemente articulado do planeta. De certa forma é o que se quer dizer com referência ao Grande Ciclo como o diâmetro de 5.125 anos de um Feixe de Radiação Galáctica Sincronizante.

Para que se possa entender o significado da história como a construção galacticamente sincronizada do corpo de luz do planeta, é necessário compreender o papel do nosso mundo em relação a um organismo maior, do qual ele é um membro participante — o sistema solar. Este consiste em uma estrela central — o Sol — e uma família de pelo menos dez planetas. O sistema solar é um organismo auto-suficiente cujo invólucro sutil ou campo mórfico chama-se *heliocosmo*. A cada 11,3 anos pulsa para fora e depois por outros 11,3 anos pulsa para dentro. Esses ciclos de inspiração-expiração são denominados *heliopausa*, cujo movimento total ocorre num período de aproximadamente 23 anos. Enquanto dezesseis ciclos de 260 dias é igual a 11,3 anos, 11,3 ciclos de vinte e três anos equivalem a cerca de 260 anos.

O registro da inspiração-expiração solar pela heliopausa corresponde precisamente à atividade dos movimentos binários das manchas solares. Nessa atividade, duas "manchas" — uma negativa, a outra positiva — pulsam para dentro de posições 30 graus ao norte e ao sul na direção do equador solar. A cada 11,3 anos, aproximadamente, as duas "manchas" encontram-se no equador, revertem a polaridade, e reiniciam o processo. Alinhado com a heliopausa, todo o movimento das manchas solares ocorre num período de pouco menos de 23 anos. Em outras palavras, o campo mórfico do Sol possui um padrão de respiração cuja duração é de uns 23 anos.

É evidente que as manchas solares, que causam grandes distúrbios para as ondas de rádio na Terra e para o campo bioeletromagnético em geral, estão relacionadas com o processo de respiração solar. Se pudermos enxergar o sistema solar como um organismo colossal cujo corpo, o heliocosmo, abarca as órbitas dos planetas, qual é o papel destes dentro do corpo solar, e como a respiração solar os afeta?

Ao considerarmos essas questões, devemos também levar em conta uma outra variável importante. Se a Terra é um organismo vivo em evolução consciente, o que dizer do Sol, ao redor do qual ela orbita? Uma breve reflexão nos leva à inevitável opinião de que o Sol também possui uma inteligência — ampla e praticamente incompreensível para nós. Não obstante, nossos antepassados das antigas civilizações do Egito e do México, do Peru e da Mesopotâmia, conheciam algo sobre isso, e esse conhecimento fundamenta a assim chamada adoração do sol. Além disso, a atividade da heliopausa e das manchas solares binárias nos dá. alguma indicação sobre a natureza do processo energético da inteligência solar. Com o que foi acumulado da ciência antiga e moderna podemos fazer a seguinte descrição do organismo solar inteligente.

Coordenado por uma estrela central que continuamente monitora a informação galáctica através das pulsações cíclicas de receptores e de transmissores binários, o corpo solar é articulado como uma série de ondas sutis que correspondem às órbitas dos dez planetas. Conforme intuiu Kepler, as órbitas planetárias possuem uma relação harmônica entre si. Assim, o cinturão de asteróides foi descoberto orbitando entre Marte e Júpiter; Urano, além de Saturno; e Netuno e Plutão, além de Urano. O que é importante nessa descrição do campo solar é o padrão de onda harmônico criado pelas órbitas planetárias em seu movimento ao redor do Sol. E quanto aos planetas em si mesmos?

Se o Sol é a inteligência coordenadora central no campo solar, os planetas correspondem a *giroscópios harmônicos* cujo propósito é manter a freqüência ressonante representada pela órbita que ele executa. De fato, essa é justamente a descrição da Terra, por exemplo, girando em volta do seu próprio eixo.

Embora o heliocosmo, o corpo solar total, seja um sistema auto-regulador, ele é ao mesmo tempo um subsistema dentro do campo galáctico maior. Logo, a sua inspiração consiste em forças cósmicas — freqüências galácticas — monitoradas ou diretamente do núcleo galáctico e/ou via outros sistemas estelares inteligentes. A exalação, por sua vez, representa fluxos transmutados de energia/ informação retornando para o núcleo galáctico, Hunab Ku. Os planetas, giroscópios harmônicos orbitais, auxiliam na mediação desse fluxo para e do núcleo galáctico. A inspiração corresponde a um fluxo de movimento solar; a exalação, a um fluxo galáctico-lunar. Como veremos, há uma correlação entre a inspiração-expiração solar, os dez giroscópios-planetas e os vinte Signos Sagrados.

No processo evolutivo do Sol, que abrange também a nossa própria evolução planetária, digamos que o objetivo é chegar a uma coordenação inteligente dos vários planetas com o núcleo solar central, e deste com o núcleo galáctico. O que indica estar o corpo solar atingindo novos níveis de integração consciente são as freqüências progressivamente harmônicas das órbitas planetárias em ressonância com a crescente freqüência harmônica do Sol.

Admitamos que, na evolução de uma estrela a um tal nível de coordenação consciente e inteligente, esta alcance um estágio em que se solicite e se receba cooperação de outros sistemas estelares mais evoluídos, na forma de uma radiação sincronizante de freqüência ressonante focalizada nos giroscópios harmônicos em órbita, isto é, os próprios planetas.

A focalização dessa radiação estaria naturalmente sintonizada com o harmônico galáctico e representaria um fractal mínimo do fluxo galáctico periódico total. Como já vimos, esse harmônico galáctico possui um diâmetro de 5.200 tun ou 260 katun e contém e abrange todas as relações matemáticas que governam as propriedades radiantes e genéticas da vida universal. Por razões que se tornarão mais evidentes à medida que se amplia a concepção de inteligência solar, a focalização dessa radiação, que corresponde ao tempo terrestre 3113 a.C.-2012 d.C., tem sido de particular importância para a transformação da inteligência do planeta. Diremos por enquanto que durante essa radiação sincronizada de 5.200 tun, os harmônicos ressonantes do terceiro giroscópio orbital, a Terra, têm sido considerados fundamentais para o estabelecimento de um estado de coordenação inteligente, permitindo assim ao sistema solar o ingresso na comunidade de inteligência galáctica.

Dentro do contexto dos campos morfogenéticos, o Grande Ciclo de 5.200 tun pode ser visualizado como um campo galacticamente ativado de ressonância intencional dividido em três subcampos cíclicos. Como um campo de ressonância global, o objetivo do Grande Ciclo é facilitar a impulsão do planeta Terra — a criação e percepção do corpo de luz planetário. Através da instrumentação humana, resultando na transformação da matéria e na criação simultânea de uma coordenação da inteligência que transcenda a espécie, atinge-se uma genuína consciência planetária. A realização dessa inteligência, representada pelo signo MEN, é o pré-requisito para atingir uma ressonância consciente com a inteligência solar central, representada pelo signo AHAU.

Para tornar toda essa informação mais significativa, retornemos aos ciclos de treze baktun como sendo os harmônicos de onda da história. Imaginemos esses ciclos como se fossem uma paisagem de ressonância mórfica dividida em sete montanhas e seis vales, sendo que cada um desses vales e montanhas, como campos discretos de ressonância mórfica em si mesmos, desenvolve-se como uma formação de onda única e agregativa, até atingir um clímax no final do décimo terceiro ciclo. O objetivo desse "clímax da matéria", no Baktun da Transformação da Matéria, isto é, no décimo terceiro ciclo, é induzir um aumento da freqüência harmônica. E esse aumento da ressonância harmônica, influenciada por uma extraordinária unificação da consciência humana, logo irá contribuir para impulsionar o corpo solar no seio da comunidade de inteligência galáctica.

Ao considerarmos os treze ciclos baktun do feixe de radiação sincronizante como treze subcampos mórficos, nossa atenção volta-se para o fim e o começo dos próprios ciclos. Os pontos de transição entre os subciclos são críticos para o entendimento dos campos morfogenéticos. Pois enquanto o campo retém a memória de

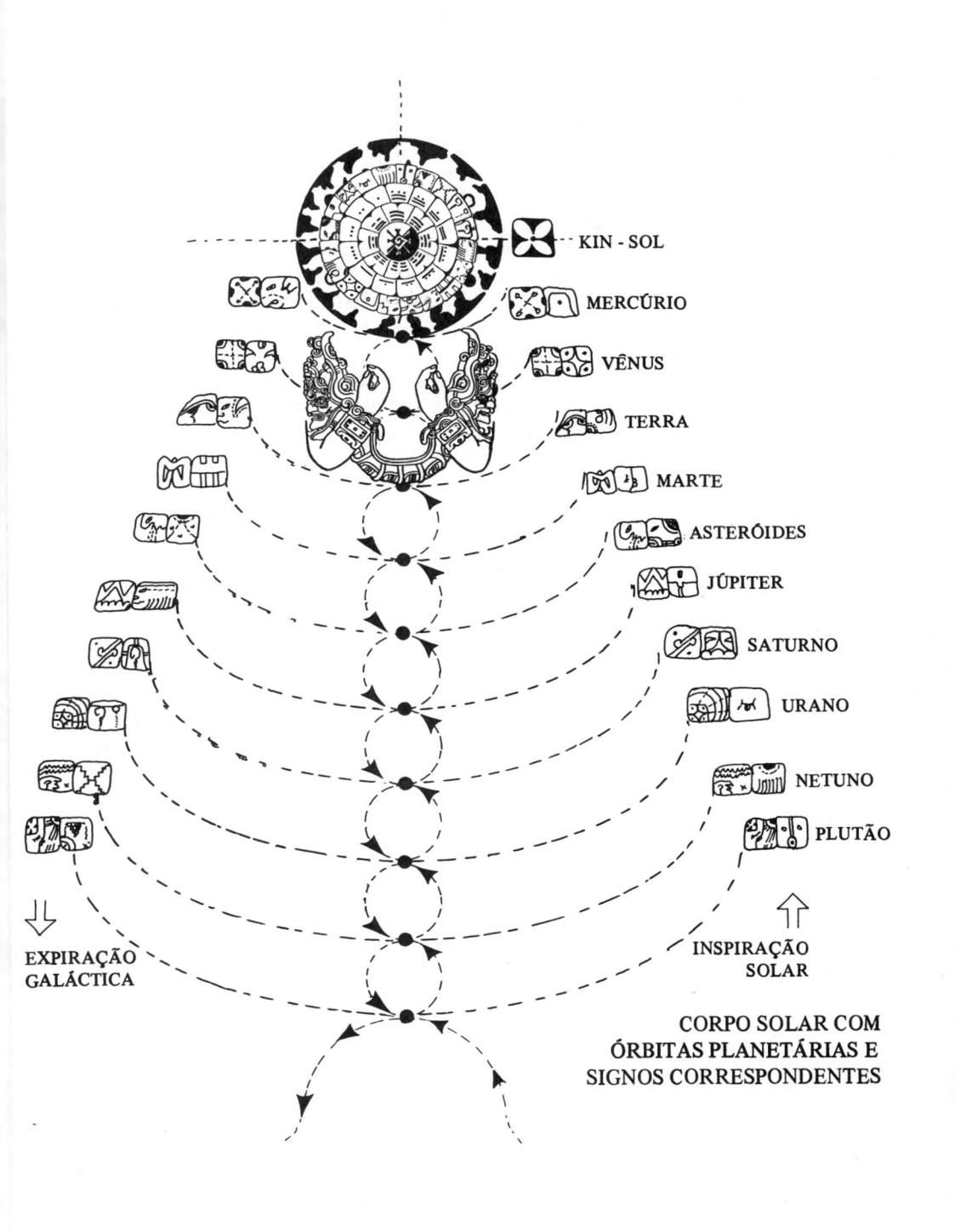

KIN - SOL

MERCÚRIO

VÊNUS

TERRA

MARTE

ASTERÓIDES

JÚPITER

SATURNO

URANO

NETUNO

PLUTÃO

⇓
EXPIRAÇÃO
GALÁCTICA

⇑
INSPIRAÇÃO
SOLAR

CORPO SOLAR COM
ÓRBITAS PLANETÁRIAS E
SIGNOS CORRESPONDENTES

uma espécie, é nos momentos de transição cíclica que se introduzem alterações na programação. É óbvio que quanto menor o ciclo, mais sutil é a mudança; e quanto maior, mais intensa. No organismo humano, essas mudanças são experimentadas como alterações na predominância de padrões arquetípicos específicos.

Assim, cada ciclo baktun possui uma ressonância mórfica particular, representada por um arquétipo específico ou por um grupo de símbolos arquetípicos. Nesse aspecto, os símbolos podem ser considerados como capacitores ressonantes. Isto é, um símbolo, adequadamente construído, tem a capacidade de evocar uma ressonância específica, não importa onde nem quando. Desse modo, ressonâncias arquetípicas específicas ativadas durante um baktun podem persistir em outro ou em vários outros. Esta situação torna-se mais complexa, dada a tendência humana à distorção, de acordo com imperativos egotistas ou territoriais.

Representando um campo discreto de ressonância mórfica, o baktun é responsável pela mudança cíclica. Uma transição cíclica descreve o ponto em que um ciclo termina e outro começa. A cada 394 anos no subcampo morfogenético chamado baktun, há uma pausa ou intervalo. Durante esse intervalo ou pausa cíclica, certos modos simbólicos ou disposições cognitivas são descartados, ocorrendo uma nova impressão do Banco Psi. Naturalmente que existem ciclos menores em que isso acontece, especialmente os ciclos katun "geracionais" de 19 anos. Mas a importância dos ciclos baktun reside em sua imensidade em relação à existência humana.

Assim, quando olhamos para o mapa da Radiação Galáctica Sincronizante, vemos ao longo de 5.125 anos a série de treze campos morfogenéticos em seu caráter arquetípico, cada um deles subdividido em vinte subciclos katun. Embora as transições entre os campos não sejam sempre marcadas por alguma coisa mais significativa, podemos, não obstante, distinguir em cada um dos subciclos uma acentuada mudança global de qualidade. Conforme foi assinalado, as mudanças de qualidade são devidas à rejeição geralmente inconsciente de certos aspectos simbólicos e cognitivos e a impressão de uma nova informação, que em seu somatório compreende as características do novo subcampo mórfico. Logo, uma transição entre ciclos marca uma transferência de informação bem como uma impressão que fica gravada na memória global — trazendo em si a qualidade do novo campo morfogenético.

A mudança cíclica é importante, pois é o meio pelo qual a criatividade é introduzida no nível da espécie e também no nível planetário. Qualquer alteração num campo mórfico é precedido por uma *supressão* morfogenética anterior à transição. Uma supressão é uma súbita diminuição de energia que antecede uma convulsão ou descarga de uma nova energia em um novo subcampo mórfico. Essa supressão geralmente é ocasionada por um evento que pressagia o que está por vir. Por exemplo, a construção de Stonehenge, com todas as suas proporções astronômicas e geodésicas pode ser vista como o evento de supressão concluindo o baktun inicial da Semeadura Estelar e pressagiando o próximo baktun, o da Pirâmide.

Seja como for, o que é genuinamente significativo para nós, agora, é a supressão anterior ao término do ciclo total. Se as mudanças entre os baktuns puderem ser consideradas momentosas, então a supressão e a mudança ocasionadas pelo término do Grande Ciclo devem ser de proporções inauditas. Essa transformação, que já começou, é marcada por uma alteração de freqüência ressonante, que anunciará o fim do Grande Ciclo ou da Radiação Galáctica Sincronizante de 5.200 tun, pressagiando a radiância da fase pós-2012 d.C. de nossa realidade galáctica/solar/planetária.

Nessa descrição geral dos treze subciclos do Grande Ciclo, os padrões da história humana tornam-se não apenas ressonâncias mórficas de um processo evolutivo planetário global, mas o próprio planeta cumpre o seu papel no harmônico morfogenético do sistema solar. Embora, de uma certa perspectiva, o elemento humano seja o instrumento dos propósitos galácticos, essa utilização é necessariamente inteligente e intencional. E se nesta etapa das calibrações harmônicas do Grande Ciclo atingimos o clímax, surge finalmente a obra inconsciente de nossa lida: O Corpo de Luz do Planeta Terra — a indumentária de Gaia, que a veste como um traje radiante de pólo a pólo.

Depois de ter esboçado a paisagem mórfica geral dos treze baktun do Grande Ciclo, podemos agora tratar dos ciclos katun. Para cada ciclo baktun correspondem vinte katun de pouco menos de vinte anos cada um. O significado de cada ciclo katun é derivado dos atributos simbólicos do glifo a ele associado. Assim, o primeiro ciclo katun está sempre associado ao glifo IMIX, o último, ao glifo AHAU. A seqüência dos glifos, portanto, fornece um perfil simbólico do desdobramento geral do padrão morfogenético de um baktun. Além disso, o significado dos ciclos katun é modificado pelos números que lhe são conferidos.

O ciclo de vinte katun, que dá a estrutura geral do padrão orgânico do baktun, pode ser construído da seguinte maneira:

1. **IMIX: Katun 0.** Estabelecimento do Padrão Morfogenético
2. **IK: Katun 1.** Padrão Morfogenético Recebe Inspiração
3. **AKBAL: Katun 2.** Padrão Morfogenético Recebe Consagração
4. **KAN: Katun 3.** Padrão Morfogenético Semeia a Vida Diária
5. **CHICCHAN: Katun 4.** Padrão Morfogenético Torna-se Instinto Secundário
6. **CIMI: Katun 5.** Padrão Morfogenético Fornece a Base para a Revelação
7. **MANIK: Katun 6.** Padrão Morfogenético Fornece a Base para Novas Habilidades

8. **LAMAT: Katun 7.** Padrão Morfogenético Realizado como Lei Cósmica
9. **MULUC: Katun 8.** Padrão Morfogenético é Estabelecido como Princípio de Comunicação
10. **OC: Katun 9.** Padrão Morfogenético Estabelecido como Princípio Social
11. **CHUEN: Katun 10.** Padrão Morfogenético Emerge como Visão e Forças Artísticas Dominantes
12. **EB: Katun 11.** Padrão Morfogenético Experimentado como Natureza Humana Inevitável
13. **BEN: Katun 12.** Maturação Plena do Padrão Morfogenético Cíclico
14. **IX: Katun 13.** Começo da Transcendência do Padrão Existente
15. **MEN: Katun 14.** Aspectos Superiores do Padrão Morfogenético Permeiam o Campo Educacional Total do Ciclo
16. **CIB: Katun 15.** Impulso Galáctico em Direção ao Novo Ciclo Começa a ser Sentido
17. **CABAN: Katun 16.** Padrão Morfogenético Atinge Clímax do Poder
18. **ETZNAB: Katun 17.** Padrão Morfogenético Mostra Aspectos Automiméticos e Autodestrutivos
19. **CAUAC: Katun 18.** Padrão Morfogenético Inicia a Transformação
20. **AHAU: Katun 19.** Padrão Morfogenético Conclui a Transformação

Dadas as informações sobre os treze baktun e seus vinte ciclos katun, pode-se construir e contemplar a estrutura de 260 unidades do ábaco da história. Além dos glifos simbólicos associados a cada ciclo katun, há também a sobreposição do número harmônico – os vinte ciclos AHAU que mostram a seqüência dos números de 1 a 13. Chamados de ciclos AHAU pelos maias pós-clássicos, esses vinte ciclos, cada um com uma extensão de treze katun, fornecem uma segunda sobreposição de um padrão harmônico de onda, de sincronização galáctica, com 256 anos de duração. Enquanto os ciclos baktun mais longos de 400 tun trazem a impressão morfogenética relativa à interação entre as consciências humana e planetária, os ciclos AHAU mais curtos, de 260 tun de duração – o número do código galáctico –, representam uma impressão galáctica mais elevada. Esta impressão galáctica é o que impregna o padrão total do Grande Ciclo/Radiação Galáctica Sincronizante com o impulso galáctico – a tendência em direção ao fim do ciclo total, em 2012 d.C.

Assim, enquanto os ciclos de treze baktun podem ser vistos como uma onda agregativa de sete montanhas e seis vales, pode-se imaginar os vinte ciclos AHAU como a espiral de DNA planetário que se dobra vinte vezes em uma direção que corre paralela à dos

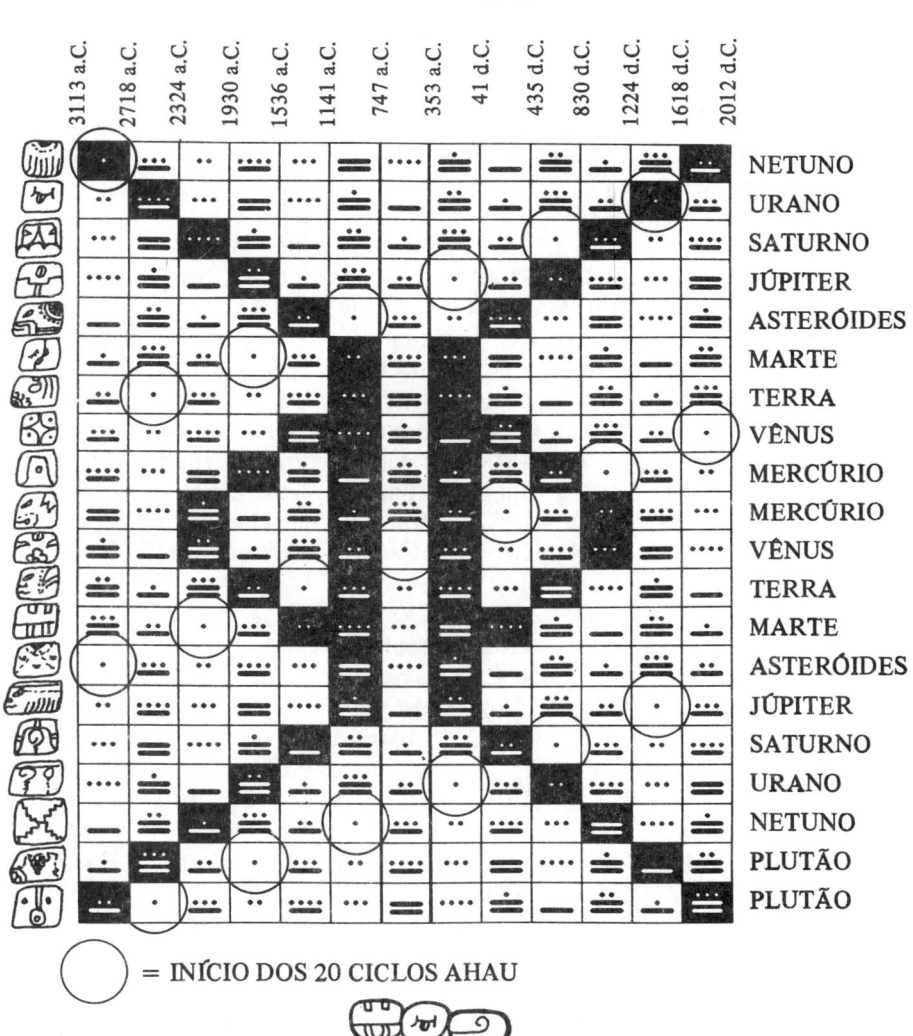

○ = INÍCIO DOS 20 CICLOS AHAU

SOBREPOSIÇÃO DOS 20 CICLOS AHAU

ciclos baktun, interagindo com eles, mas cuja fonte está acima da forma ondulatória desse ciclo. Além de trazerem consigo sua própria qualidade galactomórfica, os ciclos AHAU também são responsáveis pelo transporte da informação morfogenética de um baktun para o outro. Em nossa apresentação desses vinte ciclos AHAU de treze katun, o nome do ciclo é derivado do glifo ao qual é associado o número 1, dando início ao ciclo. Além disso, elaboraram-se sentenças mítico-poéticas que descrevem o movimento individual maior do corpo de luz do planeta, a mente da terra, ao longo dos 5.125 anos do Grande Ciclo.

1. **1 IMIX: 3113-2857 a.C.** A Semente é Nutrida
2. **1 IX: 2857-2601 a.C.** Guardada pelos Magos
3. **1 MANIK: 2601-2344 a.C.** Dada aos Construtores
4. **1 AHAU: 2344-2087 a.C.** Oferecida ao Sol
5. **1 BEN: 2087-1830 a.C.** Vigiada pelos Peregrinos Celestes
6. **1 CIMI: 1830-1574 a.C.** Oculta na Morte
7. **1 CAUAC: 1574-1318 a.C.** Amadurecida pela Tempestade
8. **1 EB: 1318-1062 a.C.** Que Penetra no Ser Humano
9. **1 CHICCHAN: 1062-806 a.C.** Comida pela Serpente
10. **1 ETZNAB: 806-550 a.C.** Ritualizada pela Espada
11. **1 CHUEN: 550-294 a.C.** Manipulada pelo Prestidigitador
12. **1 KAN: 294-38 a.C.** Para Ser Apresentada Mais Uma Vez como Semente
13. **1 CABAN: 38 a.C.-219 d.C.** Do Poder da Terra
14. **1 OC: 219-465 d.C.** Guiada pela Lealdade
15. **1 AKBAL: 465-731 d.C.** Através da Morada Noturna
16. **1 CIB: 731-987 d.C.** Iluminada pela Força Cósmica
17. **1 MULUC: 987-1243 d.C.** Retornando pelo Portal Cósmico
18. **1 IK: 1243-1499 d.C.** Como Espírito Puro
19. **1 MEN: 1499-1755 d.C.** Para Juntar-se Por Inteiro à Mente da Terra
20. **1 LAMAT: 1755-2012 d.C.** E Nela Imprimir a Harmonia da Semente Estelar

Aqui, todo o movimento do atual ciclo da história e da civilização é visto como unificado, um harmônico de onda, cujo término mítico está na radiância consciente da Terra harmonizada com o poder galáctico.

Vários significados aparecem ao se contemplar a sobreposição dos vinte ciclos de treze katun em relação aos treze baktun que abrangem os dois campos interativos da Radiação Galáctica Sincronizante, cujo diâmetro é de 5.125 anos. Como cálculo simbólico da história, jogo de contas, ábaco do tempo, o Módulo Harmônico Maia revela um padrão ou conjunto de padrões tão matematicamente precisos quanto poéticos. É um padrão ao qual o ser humano está intimamente integrado — não como o soberano supremo de um planeta que ele deve explorar, mas como um agente mítico moldado tanto por forças galácticas e terrestres quanto pela teia cármica que tecemos a partir de nossas próprias ações coletivas.

Como veremos, além dessas sobreposições de ciclos katun, números, associações simbólicas, padrões de onda e fato histórico, existem outras associações planetárias — giroscópico-harmônicas — que também afetam o significado de cada ciclo katun. Mas, por enquanto, essas associações preliminares são suficientes. O que importa é que temos uma visão do ciclo civilizatório matriciada de acordo com o código galáctico, o código que governa o corpo de luz. Este, sendo uma estrutura vibratória marcada pelo código galáctico de 260 unidades, opera em todos os níveis, seja um planeta, uma espécie ou um organismo individual. Na evolução de um planeta, dentro de um sistema estelar, é muito importante o momento em que o corpo de luz atinge um nível de radiância consciente. É este, evidentemente, o objetivo fundamental do feixe de radiação galáctica sincronizante de 5.125 anos de diâmetro, que agora está quase completando sua passagem pelo nosso planeta.

Tendo isso em mente, voltemos nossa atenção para a construção do corpo de luz. A forma vital do corpo de luz do planeta é a estrutura criada pelos períodos de 52 katun que correspondem ao Tear dos Maias de 52 unidades. Esses períodos são de particular importância no processo de sincronização galáctica. É durante esses ciclos de 52 katun que o poder galáctico, de difícil percepção para a consciência contemporânea, se intensifica com qualidades que correspondem ao número e à natureza do símbolo associado àquele ciclo katun em particular, por exemplo, 12 KABAN, 7 IMIX etc.

Ao apresentarmos os ciclos de 52 katun, estamos cientes do perfeito padrão de simetria constituído pelo Tear dos Maias e pelo Módulo Harmônico. Não apenas observamos que os números reflexivos se expressam nos ciclos, isto é, ciclo 1 e ciclo 13, ciclo 2 e ciclo 12 etc., mas também que há uma correspondência inversa ou contraponto. Isto significa que a primeira unidade katun do corpo de luz corresponde à última; a segunda, à penúltima etc. É como se teias invisíveis conectassem os pontos mais distantes do ciclo, um avançando do começo, o outro recuando do fim. Mas é assim que deve ser, pois um ciclo, ou um círculo, é harmônico em toda a sua extensão; qualquer ponto nele inscrito possui uma correspondência simétrica alhures no ciclo/círculo. O que é gerado num ponto é completado num outro ponto simétrico. E no todo, como separar a causa do efeito? Onde começamos é onde terminamos, e em vez de haver aquilo que imaginamos ser a evolução, há somente a essência — pode haver digressões da essência, e retornos a ela, mas finalmente há apenas a essência.

Com essa perspectiva, vamos apresentar aqui as 52 unidades do corpo de luz da história como um conjunto de 26 correspondências do Feixe de Radiação Galáctica Sincronizante:

1.º CICLO, Baktun 0
1. 1 IMIX: 3113-3103 a.C.
2. 7 AHAU: 2737-2718 a.C.

2.º CICLO, Baktun 1
3. 9 IK: 2698-2678 a.C.
4. 13 CAUAC: 2363-2344 a.C.

3.º CICLO, Baktun 2
5. 4 AKBAL: 2285-2265 a.C.
6. 11 OC: 2146-2127 a.C.
7. 12 CHUEN: 2127-2107 a.C.
8. 6 ETZNAB: 1989-1970 a.C.

4.º CICLO, Baktun 3
9. 12 KAN: 1871-1852 a.C.
10. 4 MULUC: 1774-1754 a.C.
11. 7 OC: 1715-1695 a.C.
12. 12 CABAN: 1615-1595 a.C.

5.º CICLO, Baktun 4
13. 7 CHICCHAN: 1457-1438 a.C.
14. 10 LAMAT: 1398-1379 a.C.
15. 2 BEN: 1300-1281 a.C.
16. 5 CIB: 1242-1222 a.C.

6.º CICLO, Baktun 5
17. 2 CIMI: 1042-1022 a.C.
18. 3 MANIK: 1022-1002 a.C.
19. 4 LAMAT: 1002-983 a.C.
20. 5 MULUC: 983-963 a.C.
21. 6 OC: 963-943 a.C.
22. 7 CHUEN: 943-904 a.C.
23. 8 EB: 923-904 a.C.
24. 9 BEN: 904-884 a.C.
25. 10 IX: 884-844 a.C.
26. 11 MEN: 844-824 a.C.

13.º CICLO, Baktun 12
52. 13 AHAU: 1992-2012 d.C.
51. 7 IMIX: 1618-1637 d.C.

12.º CICLO, Baktun 11
50. 5 CAUAC: 1578-1598 d.C.
49. 1 IK: 1244-1263 d.C.

11.º CICLO, Baktun 10
48. 10 ETZNAB: 1165-1184 d.C.
47. 3 CHUEN: 1027-1046 d.C.
46. 2 OC: 1007-1027 d.C.
45. 8 AKBAL: 870-889 d.C.

10.º CICLO, Baktun 9
44. 2 CABAN: 752-771 d.C.
43. 10 OC: 654-674 d.C.
42. 7 MULUC: 595-615 d.C.
41. 2 KAN: 495-515 d.C.

9.º CICLO, Baktun 8
40. 7 CIB: 338-357 d.C.
39. 4 BEN: 279-299 d.C.
38. 12 LAMAT: 181-200 d.C.
37. 9 CHICCHAN: 122-142 d.C.

8.º CICLO, Baktun 7
36. 12 MEN: 80-60 a.C.
35. 11 IX: 100-80 a.C.
34. 10 BEN: 119-100 a.C.
33. 9 EB: 139-119 a.C.
32. 8 CHUEN: 159-139 a.C.
31. 7 OC: 178-159 a.C.   —
30. 6 MULUC: 197-178 a.C.
29. 5 LAMAT: 217-197 a.C.
28. 4 MANIK: 237-217 a.C.
27. 3 CIMI: 256-237 a.C.

É claro que não está incluído entre as unidades do corpo de luz o sétimo ciclo místico, o baktun 6. Como coluna ou centro místico, o baktun dos Preceitos da Mente pode ser entendido como ressonância pura que permite ao padrão galáctico de simetria manter-se coeso.

Visto como um contraponto, o Corpo de Luz do Planeta Terra é construído ou tecido em duas direções simultaneamente. Isto corresponde ao princípio do Zuvuya — a simultânea emergência e retorno à fonte que caracteriza todos os fenômenos. O fruto está na semente. Embora no momento atual possa parecer que não há muita ordem nas coisas, é assim porque participamos das trevas que precedem o brilho fulgurante da luz. O décimo terceiro ciclo baktun, como o primeiro, contém uma variedade de dezoito ciclos katun consecutivos entre períodos de intensificação galáctica. Nosso ciclo, o 259º ciclo katun, é o término do mais longo período de trevas "galácticas" de que se tem conhecimento durante todo o Grande Ciclo. Isto é, entre 1637 e 1992 d.C., o auge do materialismo, não há qualquer ativação galáctica das unidades do corpo de luz.

Na realidade, porém, à medida que nos aproximamos do katun final do corpo de luz, 13 AHAU, 1992-2012 d.C., logo ficará evidente que estamos juntando o ômega ao alfa. A semente estelar semeada no tempo em que Menés unificava o Alto e o Baixo Egito, em 3100 a.C., frutificará como a unificação dos hemisférios norte e sul do Planeta Terra. Completando a passagem pelo feixe de radiação galáctica sincronizante em 2012 d.C., o ciclo concluído será o ciclo que se inicia, será como se nos víssemos pela primeira vez, e, ao mesmo tempo, não mais nos reconheceremos como seres humanos.

Para que possamos ter uma melhor compreensão do significado do feixe de radiação e das sobreposições de baktun, dos ciclos AHAU e do funcionamento do corpo de luz do planeta, faremos uma análise mais detalhada do 13º Ciclo, Baktun 12 do Grande Ciclo, o Baktun da Transformação da Matéria.

AS 52 UNIDADES DO
CORPO DE LUZ DO PLANETA

ESCUDO
DE PACAL VOTAN

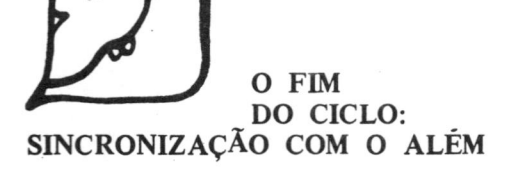

6

O FIM
DO CICLO:
SINCRONIZAÇÃO COM O ALÉM

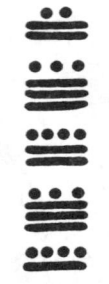

12.18.14.18.9
ou 20 de junho
de 1986 d.C.

No momento em que escrevo estas linhas, ainda não raiou o dia. No calendário atual, computado em relação ao nascimento de Jesus Cristo, a data é 20 de junho de 1986 d.C. No calendário maia, calculado a partir de 13 de agosto de 3113 a.C., hoje é 10 BEN, 9 KAYEB, 12.18.14.18.9, o que significa que estamos no Baktun 12, katun 18, ano 14, vinal 18, dia 9. Ou poderíamos dizer que é kin 1862599, número de dias decorridos desde o início do Grande Ciclo, ou menos de 10.000 kin do término do Grande Ciclo.

Seja lá como for dividido, o Grande Ciclo, ou feixe de radiação sincronizante de 5200 tun/treze baktun de diâmetro, está prestes a terminar. Conforme indicamos no capítulo anterior, ao atravessar esse feixe de radiação, as formas de vida avançadas de DNA neste planeta são submetidas a uma aceleração, curiosamente imitada pela aceleração que sofrem as partículas atômicas em nossos gigantescos aceleradores. É a este processo de aceleração, e em última análise de sincronização, que nos referimos como o *harmônico de onda da história*. Esse harmônico de onda é um diminuto porém excepcionalmente bem-proporcionado fractal do processo de evolução galáctica. Portanto, o término do ciclo em 2012 d.C. – kin 1872000, 13.0.0.0.0 – pressagia nada menos do que uma grande progressão evolutiva do processo – *radiogenético* – de luz-vida que o nosso planeta representa.

Todavia, falar do fim do ciclo no campo morfogenético cujo calendário é dominado consciente ou inconscientemente pela presença e visão da figura histórica chamada Cristo é despertar o espectro do Armagedon – uma Segunda Vinda precedida por uma terrível conflagração final que prenuncia a extinção. E de fato é esse o roteiro que parece estar se desenrolando através da estrutura temporal fundamentada em Cristo que agora domina o mundo. Um poder de destruição inconcebível desencadeado a partir das pesquisas com o átomo – iniciadas e originariamente apoiadas pelos mais brilhantes cientistas do século XX –, esse é o clima armagedônico a que chegou a humanidade em nosso planeta.

Estamos tão comprometidos e enfronhados nisso tudo que muito pouco se salva na imaginação popular. As visões cinematográficas costumam retratar ou uma barbárie pós-nuclear ou uma sociedade tecnológica tão sistematizada que se torna um pesadelo vivo. Mesmo os filmes sobre o futuro das viagens espaciais são dominados por visões bélicas colossais e galácticas — *Star Wars*. Até agora, nenhuma alternativa genuína ao terror de viver em uma grande indústria nuclear mundial tem inspirado a imaginação popular — ou a dos líderes do planeta. O Armagedon, pelo que se vê, irá prevalecer.

Quando olhamos para a fonte do Armagedon, o Livro do Apocalipse, percebemos que ela apresenta uma justiça implacável, fazendo distinções bem definidas entre os que serão salvos e os que serão condenados, e ao mesmo tempo é um texto tão visionário quanto se possa conceber. O mais curioso, entretanto, é que o simbolismo numérico do Livro do Apocalipse possui um harmônico maia. O fato de que Cristo é o décimo terceiro em um grupo de doze discípulos é de máxima importância. Depois há uma ênfase contínua sobre o número sete, várias vezes repetido como a base mística de toda a revelação. E finalmente são 144.000 os eleitos, o mesmo número de dias ou kin de um baktun.

Lembrando que o baktun é um termo harmônico multidimensional, e que atualmente estamos no décimo terceiro ciclo, Baktun 12, podemos imaginar se não existe uma profunda ligação entre o Apocalipse Cristão e o Fator Maia, que tem sido ignorada ou evitada nos círculos dirigentes ortodoxos do Ocidente neocristão. Serão a Nova Jerusalém, o Novo Céu e a Nova Terra o ingresso na esfera inimaginável de um novo ciclo, a sincronização pós-galáctica que se seguirá a 2012 d.C., data que no calendário maia é 13.0.0.0.0?

Se existe algum contraste acentuado entre o ponto de vista do cristão ortodoxo e do neocristão científico e aquele do Fator Maia é a questão referente a início e fim. A estrutura mental moderna está tão saturada com um começo do tipo *big bang* e com um fim da mesma natureza que a idéia de ciclo é difícil de ser compreendida. Enquanto muitas, se não todas, as perspectivas não-ocidentais enfatizam uma interpretação cíclica das coisas, assim evitando qualquer danação final, o Fator

Maia sintoniza, com grande precisão, o presente com os cômputos harmônicos de um ciclo maior que abrange toda a história, e que está prestes a terminar. Porém, este fim certamente não é um fim, mas um convite para ascender a uma escala mais ampla de operações.

Aproveitemos a oportunidade apresentada pela evidência do mito do Armagedon para inserir a avaliação que nos é dada pelo Grande Ciclo. Conforme a perspectiva do Fator Maia, o pico do mito do Armagedon coincide com a crista de onda não apenas do décimo terceiro ciclo, Baktun 12, mas de todo o harmônico de onda da história. Não admira que os tempos sejam tão momentosos. Se o objetivo da passagem pelo Feixe de Radiação Galáctica Sincronizante tem sido de acelerar e intensificar a evolução da vida e da consciência neste planeta, enquanto focalizado na espécie humana, então nada caracteriza melhor este processo como o Baktun 12. Examinemos isso mais de perto e vejamos o que ainda podemos aprender.

Chamado de Baktun da Transformação da Matéria, o 13º Ciclo, Baktun 12, representa tanto a criação de uma estrutura de incrível complexidade — a civilização industrial — quanto, ao mesmo tempo, um movimento imanente cuja transcendência sincronizante é quase inconcebível. Quando olhamos para o Módulo Harmônico de 13 baktun e 260 katun e vemos que já estamos nos aproximando do final do katun 259, parece quase impossível imaginar que dentro de 25 anos o mundo possa estar preparado para uma organização de vida e para uma civilização completamente diferente da que existe agora. E, contudo, se considerarmos o processo progressivo de mudança que tem caracterizado o Baktun 12 até agora, veremos que a próxima etapa, a etapa da transformação, é precisamente aquela que impulsionará à sincronização galáctica.

Primeiramente, vamos descrever a estrutura do Baktun 12, um campo morfogenético de riqueza caótica. De 1618 a 2012 d.C., o Baktun 12 não apenas possui o seu próprio ciclo discreto de onda mas ao mesmo tempo encarna a culminância do movimento ondulatório de todos os 13 ciclos baktun, isto é, do Grande Ciclo. Uma vez que a crista de um movimento dessa natureza ocorre na direção do término do ciclo total, o Baktun 12, como o subciclo culminante, é dotado de uma aceleração de potência exponencial. É por isso que ele é chamado de Baktun da Transformação da Matéria. Tudo, desde o ponto de partida em 3113 a.C., é uma preparação para esse ciclo culminante de transformação e, fundamentalmente, de sincronização.

Nessa apresentação do Baktun 12, katun por katun, fica evidente a interconexão no desenvolvimento do materialismo científico, da Revolução Industrial e da expansão global de um modo de vida materialista aquisitivo que conduz a este nosso crítico momento atual. Também deve parecer óbvio a extensão alcançada por uma transformação irreversível. Tudo é completado na transformação, exceto a etapa final: a sincronização de todo o campo de ressonância global. É com vistas à ocorrência desta sincronização que se propõe esse ábaco da história.

Primeiramente, apresentaremos os ciclos katun do Baktun 12, mostrando a sobreposição dos ciclos AHAU de treze katun. Como o primeiro ciclo baktun, que ele reflete, o último ciclo é caracterizado por uma sobreposição de sete katun de um ciclo AHAU e todos os treze katun do ciclo AHAU final. O décimo nono ciclo AHAU, 1499-1756, que é completado no Baktun 12, é aquele de 1 MEN — "Para Juntar-se por Inteiro à Mente da Terra", enquanto o 20º ciclo AHAU é 1 LAMAT, 1756-2012, "E Nele Imprimir a Harmonia da Semente Estelar". Estas palavras poéticas são pistas para o processo real que ocorre no convulsivo caldeirão da investigação material que o Baktun 12 representa.

Eis aqui o diagrama esquemático do Baktun 12, com os ciclos AHAU correspondentes, os 13 números e os 20 Signos descritos no Capítulo 4, os índices do número harmônico e as qualidades do padrão morfogenético:

Baktun 12: BAKTUN DA TRANSFORMAÇÃO DA MATÉRIA

CICLO AHAU	CICLO KATUN Índice harmônico e ano	QUALIDADE MORFOGENÉTICA
MEN	1499-1755 d.C.	Para Juntar-se Por Inteiro à Mente da Terra
7º Estágio.	1. 7 IMIX: 1728000, 1618	Estabelecimento do Padrão
8º Estágio.	2. 8 IK: 1735200, 1638	Padrão Recebe Inspiração
9º Estágio.	3. 9 AKBAL: 1742400, 1658	Padrão Recebe Consagração
10º Estágio.	4. 10 KAN: 1749600, 1677	Padrão é Semeado na Vida Diária
11º Estágio.	5. 11 CHICCHAN: 1756800, 1697	Padrão Torna-se Instinto
12º Estágio.	6. 12 CIMI: 1764000, 1717	Padrão Como Base de Revelação
13º Estágio.	7. 13 MANIK: 1771200, 1736	Padrão é Base Para Novas Habilidades
LAMAT	1756-2012 d.C.	E Nela Imprimir a Harmonia da Semente Estelar
1º Estágio.	8. 1 LAMAT: 1778400, 1756	Padrão Estabelecido Como Lei

2.º Estágio.	9.	2 MULUC: 1785600, 1776	Padrão Como Comunicação
3.º Estágio.	10.	3 OC: 1792800, 1796	Padrão Como Forma Social
4.º Estágio.	11.	4 CHUEN: 1800000, 1815	Padrão Como Visão Artística
5.º Estágio.	12.	5 EB: 1807200, 1835	Padrão Como Natureza Humana
6.º Estágio.	13.	6 BEN: 1814400, 1855	Padrão em Plena Maturação
7.º Estágio.	14.	7 IX: 1821600, 1874	Começo da Autotranscendência
8.º Estágio.	15.	8 MEN: 1828800, 1894	Manifesta-se o Padrão Superior
9.º Estágio.	16.	9 CIB: 1836000, 1914	Impulso em Direção ao Novo Ciclo
10.º Estágio.	17.	10 CABAN: 1843200, 1933	Clímax do Poder
11.º Estágio.	18.	11 ETZNAB: 1850400, 1953	Clímax Auto-Imitativo
12.º Estágio.	19.	12 CAUAC: 1857600, 1973	Começa a Transformação
13.º Estágio.	20.	13 AHAU: 1864800, 1992	A Transformação é Concluída

	0.	1 IMIX: 1872000, 2012	Sincronização Galáctica

Quando todo o baktun é visto como a intensificação criativa de um campo morfogenético particular e um clímax do harmônico de onda total, conhecido como história, esse processo é tingido pela ação dialética de duas qualidades. A primeira é o ímpeto alquímico de transformação da matéria através de etapas interligadas: a revolução científica, a revolução industrial, as revoluções sociais democráticas, culminando, finalmente, na ação nuclear. Isto é o que caracteriza o movimento global dos vinte katun que formam a transformação da matéria.

Contrapondo-se dialeticamente a essa evidente transformação do plano material está a sobreposição da intenção planetária unificada: a criação de um campo de consciência terrestre coerente. Este segundo processo é a função refletida nos ciclos AHAU, MEN e LAMAT. Ele é responsável pelas tendências que inclinam à expansão e à comunicação, ao romantismo, à exploração espacial e ao impulso que leva à consciência global, que se realiza a partir da necessidade de sincronização.

À tensão entre as qualidades — de um lado, a transformação material, do outro, a consciência planetária harmonizada — na verdade representa o clímax de todo o processo histórico de 5.125 anos. Enquanto a tendência no sentido da transformação material funciona como o invólucro externo que produz o paradigma dominante atual do materialismo científico, a tendência contrária responde pelo paradigma, também atual, que emerge dessa tensão — o paradigma de um campo unificado ressonante da consciência planetária.

Esse novo e culminante paradigma planetário se tornará evidente por volta de 1992 d.C. De fato, ao se examinar todo o baktun, deve-se ter em mente que ele reflete com perfeição o primeiro baktun, onde o primeiro e o último ciclos, 7 IMIX, 1618-1638 d.C., e 13 AHAU, 1992-2012 d.C., são caracterizados como katun de ativação galáctica. Isso significa que há um intervalo ininterrupto de 354 anos, 1638-1992 d.C., de uma atividade uniforme voltada para a transformação material, gerando o materialismo aparentemente desastroso e dinamicamente caótico da civilização industrial. Contudo, é precisamente no clímax da matéria, 1987-1992 d.C., momento fatídico de plena maturidade do materialismo, que o objetivo mais elevado e culminante de todo o ciclo histórico é revelado.

A fim de melhor compreender esse momento auto-engendrado que agora engolfa o campo morfogenético do materialismo científico e sua manifestação como civilização industrial, examinaremos katun por katun do 13º Ciclo, o Baktun 12. Assim, o paradigma vindouro poderá ser aceito com mais naturalidade, sendo óbvia a passagem do atual. Ambos são funções não apenas do mesmo ciclo baktun mas da operação global de sincronização que caracteriza o trânsito da Terra, durante 5.200 tun, ou 5.125 anos, no processo de aceleração galáctica. Como veremos, a jornada que estamos empreendendo conduz a uma esfera mais ampla e, entretanto, mais acessível do que tudo aquilo que nossos telescópios podem alcançar. Aqui, então, começa a narrativa dos vinte katun do Baktun 12.

13º Ciclo, Baktun 12: A TRANSFORMAÇÃO DA MATÉRIA

Katun 0: 7 IMIX. Ativação Galáctica. Regente Planetário: Netuno Solar.

7º Estágio. Ciclo MEN. Índice harmônico: 1728000. 1618-1638 d.C. *Padrão Morfogenético é Estabelecido.*

O Katun 0 representa o sétimo katun do Ciclo MEN — "Para Juntar-se Por Inteiro à Mente da Terra." Este sétimo estágio completa a fase de desenvolvimento do ciclo de sobreposição AHAU. Com início em 1499 d.C., o Ciclo MEN AHAU prepara o estágio para o Baktun 12. O período 1499-1618 d.C. representa a época turbulenta do Renascimento europeu — os primórdios da expansão global, o impulso inicial na direção do materialismo científico, o apogeu da alquimia, o cisma da Igreja cristã, e a transformação final da mente "medieval", dialeticamente transitando de um paradigma de hierarquia espiritual para outro de materialismo secular. Enquanto esse processo aparece com mais clareza na cristandade dividida, seus efeitos na verdade são gerais e respondem pela receptividade decadente que permite ao poder europeu espalhar-se lenta e impie-,dosamente por todo o planeta.

Como um katun de ativação galáctica, 7 IMIX representa a poderosa focalização de energias que catalisam uma visão de mundo materialista científica. Regidos pela força netuniana solar, os destaques deste katun incluem a publicação das *Meditações*, de René Descartes, em 1618; *Harmonica Mundi*, de Kepler, em 1619; *Novum Organum* e *A Nova Atlântida*, de Francis Bacon, em 1620 e 1627, respectivamente; *Discurso sobre Dois Mundos*, de Galileu, em 1632; e, finalmente, o memorável *Discurso sobre o Método*, de Descartes, em 1638. Num espaço de vinte anos, as idéias e princípios-chave que fundamentam o método e a revolução científica são galvanizados e estabelecidos. Acompanhando culturalmente esse evento ideológico estão o triunfo do anti-hierárquico e do secular protestantismo, servo do materialismo científico; a Guerra dos Trinta Anos, iniciada em 1618; a chegada do Mayflower, em 1620; o desenvolvimento das empresas coloniais pela França e Inglaterra; e para manter tudo ordenado e justificado, a invenção da régua de cálculo, em 1632, e da máquina de calcular, por Blaise Pascal, em 1637.

Katun 1: 8 IK. Regente Planetário: Urano Solar.
8º Estágio. Ciclo MEN. Número Harmônico: 1735200. 1638-1658 d.C.
Padrão Morfogenético Recebe Inspiração.

Firmadas as bases da revolução científica e estabelecido o protestantismo aquisitivo e secular, começa o segundo ciclo katun com o isolamento voluntário dos japoneses, que, tendo assumido algumas idéias européias, preparam-se para uma incubação de dois séculos antes de se projetarem como um dos líderes da industrialização no planeta. Na China, a queda da gloriosa Dinastia Ming (1644) e a ascensão da Dinastia Ching manchu, a última das grandes dinastias imperiais chinesas, confirma que esta civilização permanecerá ligada às tradições até bem depois do início da Revolução Industrial.

Competindo com a Liga Iroquesa das Nações, a base protestante na América do Norte continua a fixar raízes, enquanto a América Latina, sob vassalagem da Espanha e de Portugal, já faz brotar uma cultura genuinamente colonial. Todo o "Novo Mundo" é ironicamente suprido pelo Império de Benin, na África, em conluio com os interesses europeus no tráfico de escravos. A Dinastia Mughal, na Índia, e o Império Otomano, no Oriente Médio, marcam as últimas fases do mundo islâmico medieval. Na Europa, a dicotomia mente-matéria e os princípios atomísticos do materialismo científico recebem nova inspiração da pena de Thomas Hobbes. O seu *Leviatã* (1651) discorre sobre o egoísmo natural do homem, alicerce necessário para o capitalismo, enquanto *De Corpore* (1655) descreve um universo vazio onde as partículas se movimentam cegamente. No campo musical, o novo universo de coordenadas geométricas e de partículas matematicamente previsíveis é refletido na evolução da fuga.

Katun 2: 9 AKBAL. Regente Planetário: Saturno Solar.
9º Estágio. Ciclo MEN. Número Harmônico: 1742400. 1658-1677 d.C.
Padrão Morfogenético Recebe Consagração.

É através do gênio de *Sir* Isaac Newton que o novo campo recebe plena consagração. 1664-1666 é o período em que Newton faz pesquisas sobre a lei da gravidade — um imperativo para o paradigma materialista —, seguido, em 1666, pelo seu trabalho sobre o espectro e óptica, e em 1671, pela invenção do telescópio refletor. A consagração do novo campo morfogenético culmina com a criação do Observatório de Greenwich, em 1675, estabelecendo os atuais fusos horários uniformes e os meridianos. Nesse mesmo ano de 1675, Roemer calcula a velocidade da luz e, baseado em coordenadas geométricas, tanto Newton quanto Leibnitz desenvolvem o cálculo moderno. Leibnitz é o primeiro europeu importante a ficar impressionado com o I Ching e sua matemática binária, à qual ele foi apresentado por missionários jesuítas que retornavam da China.

Enquanto os britânicos ampliam sua supremacia em alto-mar até a América e a Índia, aparecem em cena vários imperadores notáveis, incluindo Kang Hsi, na China, 1662-1722, e Luís XIV, na França, 1661-1714. Enquanto Versailles expressa em grande escala o novo racionalismo secular, Kang Hsi consolida a essência da civilização chinesa conservadora na Cidade Proibida, Beijing.

Katun 3: 10 KAN. Regente Planetário: Júpiter Solar.
10º Estágio. Ciclo MEN. Número Harmônico: 1749600. 1677-1697 d.C.
Padrão Morfogenético Semeia a Vida Diária.

Enquanto os requintes da pintura realista dinamarquesa triunfam como norma visual da nova classe mercantil protestante na Europa, a isolacionista Dinastia Edo (Tóquio) do Japão estimula e favorece a sua nova classe comerciante. Na Rússia, Pedro, o Grande, faz com que os interesses daquele país fiquem mais afinados com os da Europa Ocidental. O texto de *Sir* Isaac Newton, *Principia Mathematica*, é publicado em 1687, estabelecendo como dogma os princípios subjacentes do novo paradigma científico, isto é, a ciência lida com "regularidades observadas" aplicáveis em todo um universo que funciona como um relógio. Os elementos principais dessa concepção mecanicista encontram-se nas leis do movimento e da gravidade. Em 1696, estes princípios resultam na primeira máquina a vapor.

Nas colônias da Nova Inglaterra, na América do Norte, os julgamentos das feiticeiras de Salem oferecem um contraponto protestante à Inquisição da Espanha; ambos reforçam a mentalidade masculina racionalista do conquistador/puritano do novo campo morfogenético cientificamente materialista.

Katun 4: 11 CHICCHAN. Regente Planetário: Asteróides Solares. 11º Estágio. Ciclo MEN. Índice Harmônico: 1756800. 1697-1717 d.C. *Padrão Morfogenético Torna-se Instinto Secundário.*

Os princípios rigidamente matemáticos do materialismo científico, tendo sido calculados e enunciados, e o globo rapidamente colonizado sob um padrão uniforme de tempo, de medida e de necessidade de aquisição da matérica, este katun presencia a grande expansão do tráfico britânico de escravos com o Benin da África Ocidental e a ascensão dos sikhs da Índia como um amálgama híbrido de influências hindus e islâmicas. 1697 também marca a derrota final e a sujeição dos últimos maias feudais da América Central. A aplicação dos princípios do materialismo científico produziu a primeira usina de fundição do ferro, em 1711, preparando, assim, o caminho para a indústria pesada.

Com a publicação da *Óptica* de Newton, em 1704, segue-se, em 1705, a confirmação de Halley da periodicidade de 76 anos do cometa que leva o seu nome. O próximo retorno, em 1781, é marcado pela descoberta do primeiro planeta "moderno", Urano.

Katun 5: 12 CIMI. Regente Planetário: Marte Solar. 12º Estágio. Ciclo MEN. Índice Harmônico: 1764000. 1717-1736 d.C. *Padrão Morfogenético como Base para a Revelação.*

À medida que o império britânico é fortalecido com as concessões comerciais arrancadas aos Mughals, em 1717, o desenvolvimento das máquinas têxteis e a exploração das minas de carvão prenunciam o início da Revolução Industrial. Em 1720, a Dinastia Manchu, na China, amplia a sua influência até o Tibete, que, entretanto, continua a permanecer isolado em relação aos ventos de mudança que sopram em outras partes do mundo. O Tibete se mantém como o único centro hierárquico importante a conservar princípios originários do campo morfogenético anterior, isto até o seu colapso, em 1959.

Para suplementar e expandir a autoridade dessa nova concepção científica, pensadores como Voltaire e Benjamin Franklin são alguns dos primeiros expoentes daquilo que é chamado de "Iluminismo", a manifestação filosófica e expressão artística que acompanha o predomínio de uma visão de mundo racionalista e secular. Não obstante o triunfo do racionalismo, Franklin torna-se o primeiro Grande Mestre da Ordem Maçônica da América do Norte, em 1733.

Katun 6: 13 MANIK. Regente Planetário: Terra Solar. 13º Estágio Culminante. Ciclo MEN. Índice Harmônico: 1771200. 1736-1756 d.C. *Padrão Morfogenético Estabelece Base para Novas Habilidades.*

Com o pleno desenvolvimento das minas de carvão e da fundição do aço, bem como das tecnologias têxteis, a Inglaterra de Newton torna-se a primeira base do mundo industrial. Este fato, juntamente com o inconteste poderio naval e militar dos britânicos, assegura que o industrialismo será a base para o desenvolvimento de uma civilização planetária – pré-requisito para se atingir a mente e consciência genuinamente planetárias. Atendendo a esse progresso, a urbanização do mundo começa com o abandono, por parte das pessoas do campo, das raízes rurais e o assentamento nas favelas industriais das grandes cidades.

Na França, em 1751, o grupo conhecido como os Enciclopedistas produz a primeira edição da Grande Enciclopédia, protótipo das enciclopédias racionalistas modernas. Em 1755, porém, o grande terremoto de Lisboa abala o otimismo racionalista, pois a Terra, excluída do domínio da vida e do racionalismo, somente é capaz de produzir efeitos irracionais.

FIM DO 19º CICLO AHAU – COMEÇO DO 20º CICLO AHAU
Semear o Todo com a Harmonia da Semente Estelar
Katun 7: 1 LAMAT. Regente Planetário: Vênus Solar.
1º Estágio. Ciclo LAMAT. Índice Harmônico: 1778400. 1756-1776 d.C.
Padrão Morfogenético Realizado como Lei Cósmica.

Criado o alicerce para a possibilidade de uma civilização global unificada, tem início o vigésimo e último ciclo AHAU do Grande Ciclo de 5.125 anos, com progressos não somente no campo da tecnologia – a máquina a vapor e o dióxido de carbono de Watt – mas, também, e principalmente, na arena econômica e política. As novas tecnologias e a nova visão de mundo exigem sistemas de governo que lhes correspondam. Assim nascem o pensamento econômico capitalista do *laissez-faire* e a democracia industrial, com suas estruturas sócio-políticas inusitadas que substituem as monarquias agrárias. A Sociedade Lunar, na Inglaterra, bem como os Maçons e os Livres-Pensadores da América e da Europa, tomam a dianteira para assegurar a disseminação das novas idéias e da nova tecnologia. Tomando emprestado à Federação Iroquesa a Declaração de Independência, os primórdios da Revolução Americana inauguram a próxima fase de transformação da sociedade humana e das bases materiais da própria Terra.

Katun 8: 2 MULUC. Regente Planetário: Mercúrio Solar.
2º Estágio. Ciclo LAMAT. Índice Harmônico: 1785600. 1776-1796 d.C.
Padrão Morfogenético Estabelecido como Princípio de Comunicação.

Concluída com a Constituição de 1787, a Revolução Americana cria um modelo que destitui o antigo e assegura o poder democrático. Em 1789, a França segue o exemplo com a primeira destituição da monarquia estabelecida. Em 1788, na Inglaterra, o jornal *The Times* começa a ser imprimido, criando normas para a comunicação no novo mundo industrial. Além dos balões de ar quente, em 1783, e da grande expansão da indústria algodoeira durante a década de 1780, em 1789 Lavoisier estabelece os princípios racionalistas da química moderna. Coroando as realizações da época, em 1781 Herschel descobre o planeta Urano, o primeiro planeta "moderno", cujos atributos simbólicos regem, entre outras coisas, a eletricidade e a revolução. Finalmente, em 1795, Hutton escreveu a *Teoria da Terra*, criando a moderna ciência da geologia.

Enquanto isso, poetas como William Blake, na Inglaterra, e artistas japoneses trabalhando com estampa xilográfica começam a encontrar novas formas de expressar a admiração e as dimensões psíquicas da nova ordem secular. Na Alemanha, compositores como Beethoven e escritores como Goethe e Novalis anunciam a aurora do Romantismo como expressão artística da Era Industrial.

FIM DO CICLO SOLAR DE INSPIRAÇÃO – COMEÇO DO CICLO LUNAR DE EXPIRAÇÃO

Katun 9: 3 OC. Regente Planetário: Mercúrio Lunar.
3º Estágio. Ciclo LAMAT. Índice Harmônico: 1792800. 1796-1815 d.C.
Padrão Morfogenético Estabelecido como Princípio Social.

Com o estabelecimento da nova sociedade democrática americana e sua inclinação para a economia bancária/industrial – aquela dos hamiltonianos –, o conceito de guerras de independência se espalha para as áreas coloniais da América Latina. Por volta de 1811, essas lutas por independência são insufladas por liberais democratas como Hidalgo, Marti e Bolívar. A despeito dessas guerras, os Estados Unidos da América inauguram o seu neo-imperialismo continental com a compra do Território de Louisiana, em 1803. A guerra de 1812 entre os E.U.A. e a Grã-Bretanha faz com que o poder da América seja reconhecido. Na Europa, Napoleão emerge da Revolução Francesa como o primeiro dos egotistas modernos, espalhando a sua visão de libertação por todo o continente europeu numa série de combates devastadores.

Melhorias científicas e tecnológicas durante esse período incluem a vacinação, em 1796, a descoberta do Cinturão de Asteróides, em 1801-02, e a locomotiva, em 1804, esta assegurando a primeira nova forma de transporte industrial. A litografia emerge como um eficiente recurso para a comunicação gráfica, por exemplo, nos jornais. A visão romântica do noturno – o poderoso repouso da noite – na pintura, na poesia e na música parece apropriada, à medida que o ciclo de energia galáctica para o baktun entra em sua fase de expiração lunar no décimo katun.

Katun 10: 4 CHUEN. Regente Planetário: Vênus Lunar.
4º Estágio. Ciclo LAMAT. Índice Harmônico: 1800000. 1815-1835 d.C.
Padrão Morfogenético Estabelecido como Visão Artística Dominante.

O temperamento romântico, já inflamado pelas forças contraditórias da revolução popular e a revolta contra a maré irreversível do progresso material, com a sua oposição entre a individualidade e o misticismo, e representado pelos gênios de Goya, Blake, Beethoven e Goethe, torna-se norma estilística. No Japão, que está cultivando sua própria sociedade secular mercantil, essa tendência é refletida no trabalho de artistas como Hiroshige e Hokusai. Nessa época, a Revolução Industrial é um fato estabelecido. As novas cidades industriais que se espalham por toda a Inglaterra, a nostalgia da era medieval, o ponto de encontro romântico da Guerra pela Independência da Grécia, a Revolução Populista, na França, em 1830, e o desenvolvimento da arquitetura industrial, tudo isso incita a imaginação artística romântica. Antecipando as necessidades da nova sociedade urbanizada, a pesquisa científica da eletricidade continua a passos largos; Ampère e Ohm desenvolvem a teoria das correntes elétricas, enquanto os princípios da fotografia são formulados por alguns pioneiros.

Katun 11: 5 EB. Regente Planetário: Terra Lunar.
5º Estágio. Ciclo LAMAT. Índice Harmônico: 1807200. 1835-1855 d.C.
Padrão Morfogenético Experimentado como Natureza Humana Inevitável.

Uma vez estabelecidos os fundamentos sócio-econômicos da ordem industrial global, este estágio representa um passo audacioso para o materialismo avançado, exemplificado pela expansão imperialista européia, bem como pelo cumprimento da doutrina americana do Destino Manifesto e pela guerra entre México e Estados Unidos. O grande império chinês finalmente abre as suas portas para a exploração européia, e apesar da rebelião de Taipei, mediante esforços combinados, a Europa mantém o controle. O desenvolvimento do código Morse e do telégrafo, além do surgimento da fotografia, garantem o progresso contínuo dos meios populares de comunicação, estabelecendo, assim, a idéia de *"mass media"*.

A descoberta de Netuno, planeta do inconsciente coletivo, em 1844; o surgimento de Ba'hai, na Pérsia; e a filosofia de Karl Marx, na Europa, anunciam o potencial para as visões globalistas não-imperialistas. As revoluções de 1848 realçam o atrito causado pela rápida disseminação das novas tecnologias — a máquina de costura, o concreto, a anestesia — e sua incapacidade em serem acomodadas por um planejamento social adequado. Em 1851, é inaugurada em Londres a primeira feira mundial de tecnologia, e Foucault demonstra a rotação da Terra.

Katun 12: 6 BEN. Regente Planetário: Marte Lunar.
6º Estágio. Ciclo LAMAT. Índice Harmônico: 1814400. 1855-1874 d.C.
Maturidade Plena do Padrão Morfogenético Cíclico.

Durante este período, os princípios apresentados no primeiro katun deste baktun alcançam um nível sem precedentes de poder material e expansão. Sob o reinado da rainha Vitória, a Inglaterra controla a Índia e, no mesmo ano de 1858, a China torna-se um joguete dos interesses europeus. Em 1864, o Japão se abre para o Ocidente, enquanto no período da Restauração de Meiji, a nação japonesa passa a empenhar-se em uma rápida industrialização.

O ano de 1855 marca o aparecimento dos plásticos sintéticos e do celulóide, seguido das fornalhas de aço Bessemer, a dinamite, a máquina de escrever, experiências conclusivas em eletricidade e a teoria do eletromagnetismo. A ciência materialista também triunfa com a *Origem das Espécies*, de Darwin, em 1859, e com a teoria genética de Mendel, em 1865. A ascensão e expansão do imperialismo russo têm a sua contraparte na América do Norte com a Guerra Civil Americana, que, finalmente, torna-se a alavanca que impulsiona toda a América à industrialização. A conclusão do sistema europeu de via férrea, em 1870, a Guerra Franco-Prussiana, em 1871, e o impacto da fotografia na arte popular, constroem o cenário para a pintura impressionista e para a experimentação artística individual.

Katun 13: 7 IX. Regente Planetário: Asteróides Lunares.
7º Estágio. Ciclo LAMAT. Índice Harmônico: 1821600. 1874-1894 d.C.
Começo da Autotranscendência do Padrão Morfogenético Estabelecido.

Aqui, com o sétimo estágio místico do Ciclo LAMAT correspondendo a IX, o signo do Feiticeiro, forças invisíveis misteriosas começam, sutilmente, a dar uma nova forma à dialética do campo morfogenético. Essa era marca o início da cultura "Modernista"; o trabalho dos grandes gênios da eletricidade, Tesla e Edison, as tecnologias elétricas da luz, do telefone e do fonógrafo, o surgimento do transporte motorizado e da metralhadora, em 1885, avanços na engenharia do aço, a construção da Ponte de Brooklyn, da Estátua da Liberdade e da Torre Eiffel, tudo isso tendo como contrapartida os ensinamentos de Ramakrishna e de Madame Blavatsky. A Feira Mundial de Chicago e o Conselho Mundial das Religiões, em 1893, representam uma abertura com vistas à consciência global. Ao mesmo tempo, problemas trabalhistas, greves, a filosofia do anarquismo e do terrorismo, e a derrota final dos índios norte-americanos em 1891, em seguida ao surgimento da religião da Dança dos Fantasmas, fazem com que o poder industrial procure se proteger ainda mais, empenhando-se em políticas de coerção e repressão colonialista.

Katun 14: 8 MEN. Regente Planetário: Júpiter Lunar.
8º Estágio. Ciclo LAMAT. Índice Harmônico: 1828800. 1894-1914 d.C.
Os Princípios Superiores do Padrão Morfogenético Permeiam o Campo do Pensamento.

Aqui temos o pleno surgimento da cultura Modernista: arranha-céus, cinema, raios X, aviões, automóveis, e as teorias da radiação, do elétron e do próton, da relatividade, a teoria quântica, a migração dos continentes e a psicanálise — todos eles elementos que apontam para uma acelerada mudança sem precedentes e, em última análise, os fundamentos de uma visão de mundo não-materialista. A Guerra Sino-Japonesa, em 1894-95, seguida, em 1906, pela guerra entre Rússia e Japão, consolida o poder militar e industrial do Japão na bacia do Pacífico Ocidental. Em 1911, Sun Yat Sen procura reabilitar e "modernizar" a China.

O colapso final do Império de Benin, na África Ocidental, em 1890, confirma a submissão da África às potências européias, deixando apenas o estagnado Império Otomano como o último bastião da civilização não-industrializada e não-colonizada no mundo. Todavia, não obstante o rápido avanço do progresso material e do conhecimento científico, as forças contraditórias dentro do campo promovem a Primeira Guerra Mundial, "a guerra para acabar com todas as guerras".

Katun 15: 9 CIB. Regente Planetário: Saturno Lunar.
9º Estágio. Ciclo LAMAT. Índice Harmônico: 1836000. 1914-1933 d.C.
Impulso Galáctico em direção ao Novo Ciclo Começa a Ser Sentido.

Acompanhando os efeitos devastadores da Primeira Guerra Mundial, da Revolução Bolchevique, na Rússia, do subseqüente fortalecimento dos fascistas conservadores, na Europa, e do colapso econômico de 1929, surgem a teoria e a tecnologia atômicas, incluindo o Contador Geiger e o ciclotron, o desenvolvimento da teoria do Big Bang, em 1927, e a descoberta dos nêutrons, em 1932. Em termos tecnológicos, a comunicação de massa é impulsionada pelo desenvolvimento do rádio e do cinema "falado". Obviamente, durante esse período, a civilização industrial global encontra-se numa encruzilhada. Sérias questões são levantadas pela crescente crise econômica com respeito à industrialização implacável. Gandhi, na Índia, e Roerich, com o movimento Pax Cultura, formulam concepções que questionam e vão além do industrialismo.

A descoberta de Plutão, regente do mundo subterrâneo e da transformação, em 1930-31, prenuncia a tendência para níveis ainda mais profundos de materialismo e, por fim, a transformação da própria matéria. Como complemento a essa crise da civilização industrial, observam-se os primeiros impulsos na direção de uma visão holística de mundo com *Holismo e Evolução*, de Jan Smuts (1924), a filosofia sinergista de Buckminster Fuller, os princípios da onda sintetizante, em *O Universal*, de Walter Russell, e a abrangente psicologia do inconsciente, de Carl Jung.

Katun 16: 10 CABAN. Regente Planetário: Urano Lunar.
10º Estágio. Ciclo LAMAT. Índice Harmônico: 1843200. 1933-1953. d.C.
Padrão Morfogenético Atinge o Clímax do Poder.

Não há dúvida de que os eventos deste Katun marcam os momentos mais irreversíveis de todo o baktun, selando o destino do resto do ciclo. O colapso e a depressão econômica do mundo capitalista são artificialmente superados por uma economia de guerra de inaudita magnitude. Embora catalisada pelos fascistas revisionistas, a Segunda Guerra Mundial e o seu derradeiro instrumento, a bomba atômica, não é nenhuma surpresa. Foi Einstein quem primeiro aconselhou Roosevelt a respeito da Bomba, em 1939, o mesmo ano da invenção do radar.

O desenvolvimento do plutônio, o primeiro elemento artificial, em 1940, seguido da primeira reação nuclear, em 1942, do Projeto Manhattan, em 1944, e da detonação da primeira bomba atômica, em 1945, são as etapas críticas que selam o destino do planeta. Após os bombardeamentos de Hiroxima e Nagasaki e o fim da Segunda Guerra Mundial, a pesquisa militar torna-se o fator mais importante na economia das nações mais poderosas, os Estados Unidos e a União Soviética. Coincidentemente, em 1947 a Força Aérea dos E.U.A. dá início aos estudos de seu Livro Azul e às investigações sobre os OVNIs, e a Grã-Bretanha atinge o poder nuclear. Em 1948, é a vez do poder nuclear russo e do desenvolvimento da bomba de hidrogênio por parte dos E.U.A., inaugurando-se, assim, a corrida armamentista. A tendência à guerra total é compensada pela criação da organização globalista, ainda não plenamente utilizada, das Nações Unidas. Em 1948, o rádio é suplementado pela televisão, assegurando-se, desta forma, a implementação de uma filosofia consumista para manter a mentalidade aquisitiva e a economia das nações industrializadas do Ocidente.

Katun 17: 11 ETZNAB. Regente Planetário: Netuno Lunar. 11º Estágio. Ciclo LAMAT. Índice Harmônico: 1850400. 1953-1973. d.C. *Padrão Morfogenético Mostra o Começo da Dissolução das Estruturas.*

Com a Guerra Fria servindo como tela de fundo, este período começa com as extraordinárias descobertas do DNA (1953), dos cinturões de radiação de Van Allen (1958) e das placas tectônicas (1964). São desenvolvidas as novas tecnologias de informação com o aparecimento dos computadores, em 1955, enquanto tem início a era espacial com o lançamento do Sputnik, em 1957, o primeiro vôo espacial tripulado, em 1961, o primeiro homem na lua, em 1969, os primeiros satélites a orbitarem a Terra e o lançamento das sondas planetárias, em 1971. A introdução do conceito de *noosfera* como invólucro mental da Terra, de Teilhard de Chardin, em 1955, e de Campo Psi, de Oliver Reiser, em 1966, formam o conceito para esses eventos.

Enquanto isso, com a liderança da tecnologia japonesa, o fermento cultural da civilização industrial é ativado pela difusão das filosofias asiáticas — zen, hinduísmo e budismo tibetano — e pelo surgimento da cultura eletrônica popular — *rock-n-roll* —, em 1956, que se torna um fenômeno mundial com o surgimento dos Beatles, em 1964. A guerra no Vietnam, o movimento popular contra a guerra, o movimento pelos direitos civis, a ascensão das forças do Terceiro Mundo e o predomínio das drogas psicodélicas também contribuem para a dissolução das estruturas tradicionais no campo industrial global. Os tumultos estudantis na Europa, México e nos países do bloco leste complementam a agitação da Revolução Cultural Chinesa.

Surge, em 1970, o movimento ecológico, que é a primeira resposta popular à deterioração das condições ambientais devido ao abuso industrial. Mas, em 1971, é feito o maior teste subterrâneo com bomba H até então. A explosão detonou o equivalente a dez bilhões de toneladas de TNT, a 6.000 pés de profundidade, no mar que rodeia a ilha de Amchitka, nas Aleutas do Pacífico Norte.

Katun 18: 12 CAUAC. Regente Planetário: Plutão Lunar.
12º Estágio. Ciclo LAMAT. Índice Harmônico: 1857600. 1973-1992. d.C.
Padrão Morfogenético Atinge o Máximo de Entropia — Começa a Transformação.

A política do petróleo (OPEP), marcada pela guerra no Oriente Médio, o aparecimento do terrorismo global e o entrincheiramento das superpotências em uma política nuclear insana prenunciam o impasse final e o colapso da economia mundial dependente da fabricação de armas e da petroquímica. A desintegração entrópica da civilização industrial global é acompanhada pela exploração espacial que programa sondas para Vênus, em 1975, Marte, em 1976, Júpiter, em 1981, Saturno, em 1983, Urano, em 1986, Netuno, em 1989, e Plutão, em 1992; o surgimento de sistemas sofisticados de comunicação global; e os abalos sísmicos e vulcânicos da placa tectônica do Pacífico, nas décadas de setenta e oitenta.

Culminando com os eventos caóticos e irrevogavelmente transformadores de 1987-92, incluindo a mudança de freqüência ressonante, em 1987, com o simultâneo colapso ou reagrupamento dos governos mais importantes, e o surgimento do paradigma do campo ressonante, juntamente com uma rede unificada global de comunicações operando com bases de comando biorregionais, este período é fundamental para preparar o fim não apenas do baktun mas de todo o feixe de radiação sincronizante de 5.200 tun. Nesta época — de transformações tempestuosas — a onda da história encapela-se em toda a sua extensão. A aceleração máxima e a entropia aleatória ocasionam círculos de sincronização cada vez maiores.

FIM DO 10º KATUN E DO CICLO DE EXPIRAÇÃO GALÁCTICO-LUNAR — COMEÇO DO CICLO DE INSPIRAÇÃO SOLAR

Katun 19: 13 AHAU. Regente Planetário de Ativação Galáctica: Plutão Solar.
13º Estágio. Ciclo LAMAT. Índice Harmônico: 1864800. 1992-2012. d.C.
Padrão Morfogenético Conclui a Autotransformação.

Como o 260º katun de todo o Grande Ciclo, o 52º e último ciclo de ativação galáctica, além de ser o primeiro desde a inauguração da filosofia materialista científica, em 1618-1638, este katun marca a transformação final e a reversão do campo em sua totalidade. O surgimento das tecnologias não-materialistas e ecologicamente harmônicas, há muito preparadas por pensadores como Tesla, Fuller e Russell, em complemento à nova sociedade midiárquica descentralizada, e o entendimento da relação ressonante entre os campos de força psíquico e solar, bem como as suas repercussões na compreensão sobre a saúde e a doença, são as principais contribuições deste período.

A mobilização de forças sociais globais para a desmilitarização e a desindustrialização, embora dificultada por elementos reacionários, incluindo a ascensão da China, acaba por ser bem-sucedida na época do fim do ciclo, em 2012 d.C. Nesse ponto, o processo de sincronização de todo o Grande Ciclo alcança novos picos e a globalização da sociedade humana assume uma inclinação inédita em direção à sintonia galáctica.

O fechamento do ciclo é marcado por um clima festivo, uma sincronização de formas míticas e um tom de regeneração espiritual até então desconhecidos na fase histórica. Anunciado como o Retorno dos Maias, o Fator Maia dá o toque final enquanto o planeta obtém uma articulação consciente do seu corpo de luz, entrando, assim, no próximo estágio evolutivo e assegurando que a comunidade galáctica terá um novo membro.

0. 1. IMIX. Índice Harmônico: 1872000. 2012 d.C. 13.0.0.0.0 Sincronização Galáctica — Sincronização com o Além.

Falar de sincronização galáctica, sincronização com o além, é exceder toda a fantasia e todos os nossos sonhos mais absurdos. ETs, OVNIs, os "irmãos do espaço" — não são entidades alienígenas, mas emanações do próprio *ser*. E o ser é, em sua essência, luz, energia radiante. Viemos da luz e à luz retornaremos. Durante o tempo em que estivemos tecendo a nossa narrativa histórica, participamos da revelação de um ser maior. Mas, pela própria natureza dessa fase do feixe de radiação galáctica sincronizante de 5.125 anos/5.200 tun em que estamos envolvidos, perdemos de vista tal fato.

Moldado nos períodos progressivamente acelerados dos treze ciclos dessa radiação, nosso planeta chegou a um estágio avançado de sincronização consciente de elementos constituintes. Isto foi ocasionado pelas formas complexas de DNA, que induziram a um salto artificial — o impulso da civilização —, cuja meta, na verdade, é a aceleração e a transformação da matéria. Esta é a significação crucial do décimo terceiro ciclo, o Baktun 12, 1618-2012 d.C.

Uma vez atingida essa transformação crucial da matéria em 16 de julho de 1945, dois processos básicos foram postos em funcionamento. Um envolvia o enaltecimento materialista do poder, representado pela defesa da ordem social-industrial que predomina no globo; o outro, a aceleração dissonante do campo ressonante do planeta, resultando em um amplo espectro de efeitos, que vai dos avistamentos de OVNIs e do intensificado psiquismo aos abalos na placa tectônica e ao terrorismo.

A razão para os intensos efeitos subjetivos experimentados pela psique humana está no impacto global da radioatividade e da poluição eletromagnética na infra-estrutura do DNA, provocando uma crescente casualidade e entropia do comportamento. Mas esta resposta do DNA, cuja atitude é de ruptura social na esfera humana, inclusive com o aumento da incidência do câncer e com o surgimento de novas doenças, como a AIDS, na verdade é apenas um complemento do que ocorre no organismo hospedeiro maior, a Terra.

O corpo ressonante da Terra, a infra-estrutura vibratória que literalmente conserva unido esse corpo perceptível pelos sentidos, encontra-se numa condição de "febre" intensa chamada dissonância ressonante. Lembrando que os planetas funcionam como giroscópios que mantêm a freqüência-padrão de suas órbitas, observamos que eventos de impacto ambiental desde 1945 têm ativado uma onda vibratória dissonante que afeta a rotação do planeta. Se a dissonância não for refreada, como em uma reação nuclear descontrolada, o resultado final será uma oscilação progressiva no movimento de rotação e uma subseqüente quebra da forma planetária. A Terra poderia fragmentar-se em corpos menores à semelhança dos asteróides.

A fim de controlar a crescente dissonância de freqüência, ajustes de onda são realizados no núcleo de cristal da Terra até que seja atingida uma nova ressonância harmônica de freqüência um pouco mais alta, regulando-se a dissonância para que, assim, haja estabilidade em um outro nível de ressonância. E se este nível puder ser alcançado antes que impactos destrutivos adicionais sejam aplicados ao campo planetário — seja como um aumento do dióxido de carbono, seja com novos testes nucleares —, então a Terra terá percorrido com sucesso os 5.200 tun do feixe de radiação sincronizante.

Como se pode ver, a aceleração do DNA através do feixe de radiação é promovida até o último momento possível, antes que ocorra uma sincronização crucial. Essa sincronização, tendo lugar no pico de máxima aceleração e entropia dissonante, requer uma interface entre a infra-estrutura do DNA e as harmonizações vibratórias que ocorrem durante os processos de auto-organização e auto-saneamento da Terra como um campo total.

Falar sobre a *interface* da infra-estrutura do DNA com as harmonizações vibratórias da Terra é evocar as intenções espirituais purificadas de um coletivo sincronizado de seres humanos que entendem ser, neste momento em particular, a responsabilidade perante o planeta mais importante que outros compromissos e interesses. Tal evocação está na natureza de um mistério planetário, um rito de passagem que sinergiza campos de força até então pouco conhecidos em uma manifestação radiante. Isto é o que se quer significar com "convergência harmônica" ocorrendo em 1863022 e 1863023, 16-17 de agosto de 1987. Por meio deste evento, o roteiro do Armagedon entra em curto-circuito, mas a possibilidade de um Novo Céu e de uma Nova Terra está presente em toda sua plenitude.

É preciso ter em mente que da perspectiva do Fator Maia, a aceleração do clímax do décimo terceiro ciclo, o Baktun 12, é apenas

SINCRONIZAÇÃO COM O ALÉM

uma fase do campo ressonante galáctico. O campo de 64 palavras-código do DNA — o fator que é agilizado e sincronizado durante a passagem pelo feixe de radiação sincronizante de 5.200 tun — é somente a porção central de um gráfico de freqüências ressonantes cujo código é formado de 260 unidades. Neste ponto de densificação da matéria, não apenas perdemos de vista o campo total de DNA do qual somos artífices, mas, o que é pior, esquecemos a matriz maior, o módulo harmônico galáctico que nos envolve por completo.

Para melhor entender o momento catártico que envolve todo o nosso ser, vamos tecer algumas considerações sobre a tecnologia e a transformação. Se é objetivo do Fator Maia conduzir-nos além da tecnologia, também o é atravessar o olho do furacão, a transformação da matéria estimulada pela tecnologia. Penetrar o olho do furacão é enfrentar o *contra-spin* da história transcendente, o caminho de volta no Zuvuya da intemporalidade, cujas ondas harmônicas irradiam concentricamente do que não tem começo para o que não tem fim — a fonte única, o ser sempre-presente.

7

TECNOLOGIA E TRANSFORMAÇÃO

> Maskull: ". . . mas uma coisa me espanta."
> Panawe: "O quê?"
> Maskull: "A maneira como, aqui, os homens, ignorando instrumentos e artes, e sem ter uma civilização, conseguem ser sociais em seus hábitos e sábios em seus pensamentos."
> Panawe: "Então você acha que o amor e a sabedoria brotam das ferramentas? Mas entendo por que diz isso. Em seu mundo vocês têm poucos órgãos dos sentidos, e para compensar a deficiência têm sido obrigados a pedir a ajuda das pedras e dos metais. Em hipótese alguma isso é sinal de superioridade."

O diálogo entre Maskull, um terrestre, e Panawe, um arcturiano, na ficção fantasiosa de John Lindsay, *Viagem de Arcturus*, põe em evidência o debate sobre a natureza e objetivo da tecnologia, geralmente considerada como extensão material do corpo e dos órgãos dos sentidos. O que pensamos como história ou progresso histórico praticamente é sinônimo de história da tecnologia. O mesmo poder-se-ia dizer da civilização. De fato, a tendência é encarar a melhoria de conforto, via alguma forma de tecnologia, como indicativo de vida civilizada. Um materialismo perigoso e sutil está implícito nessa definição. Mas que relação existe entre progresso tecnológico e criatividade, ou então, espiritualidade?

Por um lado, essa linha de pensamento coloca-nos na posição insustentável de proclamar a superioridade do automóvel e da televisão com relação à existência do aborígine nas regiões mais longínquas, com seu corpo untado de ocre e cinabre, entoando cânticos imemoriais às rochas. É evidente que soa herético dizer que a consciência sensorial do aborígine é preferível ao conforto tecnológico do século XX, que, na verdade, é uma obstrução do campo dos sentidos e uma diminuição das percepções que temos da vida. Então, é possível que o ardil do progresso tecnológico esteja no fato de criarmos um ambiente onde tudo o que recebemos é um retorno limitado de freqüência das melhorias que artificialmente planejamos? E se o ardil da civilização constitui uma paralisia sensorial que prejudica seriamente a nossa capacidade de receber novas informações?

Essa situação seria resgatada se a constituição sedutora de ambientes artificialmente produzidos pudesse também condicionar nossa capacidade de avaliar novos dados sensoriais. Talvez percebêssemos que a condição do organismo humano coletivo é semelhante àquela de um animal enjaulado e sufocado com os resíduos tóxicos de suas próprias excreções. De fato, examinando a realidade do mundo atualmente, a descrição parece oportuna.

Essas considerações, entretanto, ainda pedem uma resposta à pergunta: o que é tecnologia? Se ela é potencialmente um transtorno para nós mesmos e para o ambiente hospedeiro, o planeta Terra, por que a desenvolvemos?

Para responder essa questão, e recordar o subtítulo deste livro — *Um Caminho que Transcende a Tecnologia* — é necessário apresentar uma equação muito simples:

Pré-história = Pré-tecnologia
História = Tecnologia
Pós-história = Pós-tecnologia

Nessa equação, o Fator Maia é responsável não apenas por uma descrição abrangente do termo médio da equação, mas também pela relação entre o primeiro e o terceiro termos, as pré e pós-condições da história/tecnologia. Da perspectiva do Fator Maia, a história, a expansão exponencial da comunicação da forma de tecnologia material, é contida pelo, e é uma função do, feixe de radiação galáctica sincronizante de 5.200 a 5.125 anos de diâmetro. De fato, a tecnologia como agora a conhecemos e definimos pode ser descrita literalmente como um instrumento da radiação sincronizante.

Tecnologia, portanto, é uma medida direta da aceleração e da sincronização do DNA em relação à manifestação do corpo de luz do planeta. Isto significa que a infra-estrutura do DNA é estimulada concomitantemente ao crescimento da aplicação tecnológica e seu retorno. Esse estímulo da infra-estrutura do DNA é acompanhado pela ativação do corpo de luz do planeta, uma operação que permanece imperceptível até o virtual término do processo.

Durante os primeiros 12 ciclos baktun a aceleração aumenta gradualmente, tornando-se dramática no ciclo final e culminando no 259º katun. A sincronização é estabilizada somente no 260º katun, o ciclo final. Um indicador do clímax exponencial do processo de aceleração é a elevação do número de nascimentos humanos. Atingiu-se a cifra de cinco bilhões em 7 de julho de 1986. E há apenas doze anos atrás a população humana era de quatro bilhões de indivíduos.

Antes de penetrar no feixe de radiação sincronizante, na "pré-história", o organismo humano de um modo geral vivia uma relação simbiótica com o ambiente. À parte o fogo e a pedra lascada, foi a agricultura que ativou o imperativo tecnológico que seria estimulado pela radiação. À medida que adentrávamos o feixe, as tendências voltadas para o progresso material, especialização de tarefas, estratificação social e expansão territorial confirmavam-se como o impulso evolutivo dominante. A concepção da natureza basicamente ratificada pela história é tudo menos simbiótica; antes, é aquela do senhor e do escravo. À medida que vai aumentando a velocidade da inovação tecnológica durante o ciclo de 5.125 anos, o organismo humano expande os seus vastos sistemas sociais e de comunicação artificial sobre a superfície do planeta. Por vários milênios, apesar da presença de populações bárbaras tecnologicamente menos avançadas habitando as regiões fronteiriças, a civilização caracterizou-se pela conquista de novos territórios. Nos primórdios da civilização industrial global, os horizontes começaram a turvar-se. Todavia, além da imponência autodestrutiva e artificial existe uma meta: uma condição em que a aceleração da mudança se transforma em sincronização da totalidade.

Supondo a capacidade de atingir a sincronização crítica antes da autodestruição ambiental — o desvio do Armagedon —, então podemos passar para o 260º katun, 1992-2012 d.C. Regido pelo exaltado décimo terceiro raio de pulsação e marcado pelo signo AHAU, presença da mente solar, este ciclo katun inicia a escalada para a condição pós-histórica e, portanto, pós-tecnológica, em que o organismo humano "retorna" à sua harmonia simbiótica com a natureza.

De forma alguma esse retorno deve ser visto como uma renúncia à civilização, entendida como o processo de refinamento espiritual humano, mas, antes, como uma passagem para um estágio mais evoluído de nossa existência. Para que esta visão não seja interpretada

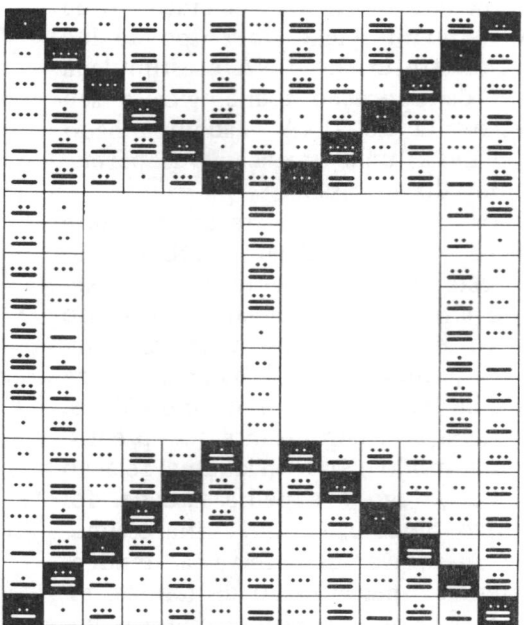
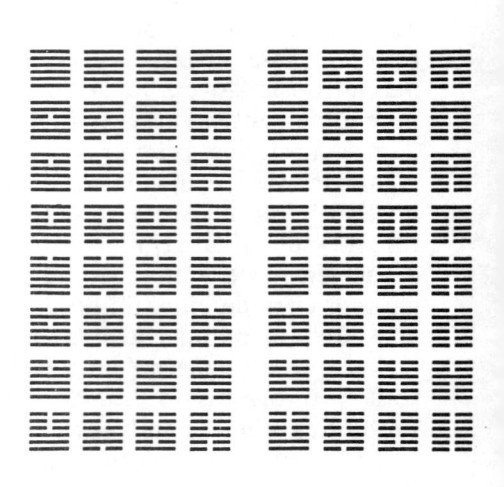

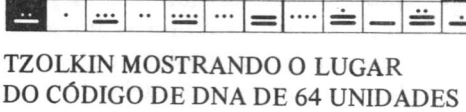

TZOLKIN MOSTRANDO O LUGAR
DO CÓDIGO DE DNA DE 64 UNIDADES

como uma fantasia utópica neo-romântica, examinemos novamente a relação entre o harmônico de onda da história e o harmônico galáctico, e consideremos o postulado fundamental do Fator Maia: a luz está para a vida assim como o Tzolkin de 260 unidades está para o DNA de 64 unidades.

Esse postulado define a *radiogênese: radio* refere-se à capacidade da luz e de toda energia espectral-radiante de transmitir informação; *gênese* é a capacidade que a luz possui de transformar a si própria no fenômeno plasmático e móvel chamado vida. Segundo a perspectiva do Fator Maia, a relação entre luz e vida não é linear, causal — isto é, primeiro há luz, depois vida —, mas de tal forma que a vida está encerrada em uma matriz com as possibilidades da energia radiante. Isso é retratado literalmente no Tzolkin, onde as 64 unidades que representam o código do DNA ocupam a rede central correspondente às 32 unidades de ambos os lados da coluna mística que acomoda o Tear dos Maias em seu padrão permutativo.

Suponhamos que as outras unidades ao redor da rede central de 64 unidades representam estágios de desdobramento da luz e da energia radiante que simultaneamente precedem, sucedem e ao mesmo tempo interpenetram a evolução do DNA. Uma vez que o tabuleiro do DNA está contido num tabuleiro radiogenético mais amplo que é o Tzolkin, podemos dizer que o próprio DNA é uma ponte que liga um domínio de luz ou energia radiante a outro. Por analogia fractal, o estágio chamado história, por meio da aceleração tecnológica, imita essa função do DNA como um vínculo entre duas esferas radiantes. Na proposição radiogenética, o termo "história" representa uma intensificação da capacidade do DNA de, tecnologicamente, estabelecer um liame, e portanto saltar de um nível de entendimento e realização simbiótica radiante — pré-história — para outro — pós-história.

Garantindo a plena atividade aos harmônicos fractais, o estágio de aceleração do salto tecnológico pode ser acompanhado dentro das 64 unidades centrais do Tzolkin, que é entendido como uma representação de todo o tabuleiro radiogenético. Durante a passagem pela radiação de 5.200 tun, é como se o DNA criador-de-tecnologia estivesse completando um circuito através das 64 unidades centrais do tabuleiro. Embora isto não fique evidente até que o circuito se complete, uma vez atravessadas as 64 unidades todo o tabuleiro — digamos — se acende. Essa iluminação concerne à sincronização final do DNA que conclui o circuito, correspondendo à data 2012 d.C., 13.0.0.0.0. Começa a pós-história!

Uma outra distinção entre as três fases tecnológicas (intermediária, pré e pós) é aquela entre *mito* e *história*, consideradas como condições qualitativas da consciência. O mito define a capacidade para a ressonância simultânea, multirreferencial, que une o ser com o ser; história é a tendência para limitar, medir e materializar-se em uma direção unirreferencial que separa o ser do ser.

Segundo a perspectiva do mito, os raios de luz que banham as folhas na floresta são os dedos que alimentam a aurora trazendo pedacinhos do sol para as nossas células. Uma resposta para essa luz na forma de um canto e de uma oferenda de fumaça em um circuito de pedras, solicitando a presença dos seres ancestrais e dos deuses que comandam todas as coisas, completa a experiência. Para a consciência histórica, entretanto, a luz que incide sobre as árvores, embora para alguns represente um mistério, anuncia a chegada de mais um dia, e, dependendo de nossas necessidades e interesses, se vamos precisar ou não de um casaco e de um chapéu — ou se a manhã será boa ou não para um banho de sol.

Em outras palavras, a condição mítica elabora a partir da experiência um sacramento ou ritual que confirma o vínculo entre a luz e as forças maiores, em última análise as forças da luz. A mente histórica utiliza a experiência como informação que determina fins práticos para o conforto da criatura. Porém, o aspecto da consciência histórica que promove o conforto da criatura na realidade é o efeito da realimentação do impulso do DNA em criar tecnologia. Daí a consciência histórica ser apenas um subproduto do processo mais amplo de liame tecnológico que nos leva de uma simbiose natural para outra — de uma dimensão de luz para outra.

Para alcançar um nível ainda mais profundo de compreensão, apresentemos mais uma equação: Mito = DNA x Luz. Nessa equação, mito ou condição mítica é a capacidade auto-suficiente que o DNA possui de utilizar diretamente a luz — o espectro de energia radiante — para atingir os seus objetivos. Na condição mítica, portanto, a ressonância psíquica entre organismo e energia radiante é direta e provê tanto a nutrição quanto a realidade primária. Essa ressonância depende de e intensifica uma capacidade sensorial superior de interação radiante. A experiência dos sentidos — olhos, ouvidos, nariz, língua, corpo — não é apenas primária, mas está afinada com nuanças que tanto transmitem informação quanto aumentam o prazer. Nessa condição, a necessidade de estímulos artificiais torna-se um obstáculo para a pureza da experiência sensorial *per se.*

História e condição histórica, por contraste, representam a capacidade de contra-spin do DNA que artificialmente leva ao máximo o seu potenoial em relação à totalidade do corpo hospedeiro, o planeta, no caso, a Terra. Isso explica a criação de tecnologia — extensões artificiais dos órgãos dos sentidos — para facilitar a conclusão do circuito maior do DNA.

Naturalmente, para as células individuais do organismo maior que é a humanidade, o objetivo principal do circuito do DNA é, na melhor das hipóteses, vagamente percebido. Conseqüentemente, a maioria de seus membros tende a confiar em e apegar-se ao *feedback* sensorial, que depende unicamente das extensões tecnológicas artificiais e do ambiente. Por esta razão, no ponto extremo da história onde nos encontramos atualmente, a natureza é posta para competir com a televisão — nas palavras da canção da Primeira Guerra Mundial: "Como mantê-los na fazenda depois que eles viram Paree?"

A intensificação histórica do DNA, a fase medida, acelerada e sincronizada pelo feixe de radiação de 5.200 tun, é apenas uma transição. Ao atingir a meta, que é a relação tecnológica total com o corpo hospedeiro, ocorre, entretanto, um bloqueio dos receptores sensoriais, a absorção dos sentidos em seus próprios *loops* ou circuitos fechados. Se o circuito está para ser concluído, há uma grande necessidade de fazer com que os campos dos sentidos voltem às suas capacidades naturais. Como qualquer um sabe, não é nada fácil romper esses *loops* artificiais de dependência. A absorção de um indivíduo em tais *loops* caracteriza o comportamento neurótico e tendencioso; no caso de um organismo coletivo, caracteriza o paradigma da paralisia. Nisso repousa o drama do nosso tempo, a tensão que acompanha a transformação da aceleração em sincronização. Felizmente, neste difícil processo, a Terra nos socorre.

A tensão crítica por que passamos em nosso campo morfogenético é devido a contradições interiores de um paradigma amarrado por suas próprias crenças. Dominado por um clero branco, masculino e neoprotestante que defende sua "objetividade" científica nas ações do poder político planetário — esse paradigma da paralisia na realidade é um reflexo dos deslocamentos dissonantes da Terra. A intensificação da criação tecnológica do DNA chamàda história, culminando no bloqueio sensorial que pressagia o Armagedon, corre paralelamente ao próprio campo oscilante do planeta. Não somos os únicos autores da nossa experiência, mas figurantes em um campo galacticamente amplificado cuja principal personagem é a Terra.

Enquanto um giroscópio harmônico ocupando a terceira órbita solar, a Terra possui relações sutis e poderosas que a mantêm dentro do campo plasmático chamado sistema solar. Sensível ao harmônico galáctico, as oscilações imperceptíveis da Terra estão interligadas com as oscilações dos outros corpos planetários, e acima de tudo, com o próprio Sol. Assim como o DNA tem sido estimulado em resposta ao feixe de radiação sincronizante de 5.200 tun que estamos atravessando, a Terra, como um campo ressonante total, também é afetada.

Durante todo esse tempo, enquanto o empacotamento de DNA tem afirmado a sua capacidade de rearranjar artificialmente o meio ambiente de acordo com as suas supostas necessidades, a Terra vem passando por um desenvolvimento paralelo. Inadvertidamente, contudo, enquanto aqueles que acreditam no paradigma dominante intensificavam seu entendimento materialmente limitado e mecanisticamente planejado das coisas, a maturação ressonante da Terra progressivamente escapava à atenção da mentalidade dos governantes. Mas isso pouco importa, pois consciente ou inconscientemente, todos os organismos membros do planeta vêm utilizando o corpo de luz planetário. A passagem pelo feixe de radiação sincronizante de 5.200

tun tem sido, até agora, o momento culminante da jornada galáctica de Gaia, da separação primordial do Sol até a consciência do corpo de luz radiante. Mal percebem os seres humanos quão próximos estão do momento em que o tabuleiro genético de suas realidades torna-se o desígnio iluminado do destino galáctico.

Eis aqui um quadro do que vem acontecendo. Lentamente, durante éons, no núcleo da Terra, o cristal de magnetita de seu giroscópio harmônico emana as freqüências ressonantes que a mantém em órbita. As freqüências possuem uma forma específica, pois esta acompanha aquelas. É por isso que Platão descreveu a Terra como sendo uma bola de couro costurada com doze pedaços diferentes, criando um dodecaedro ou doze pentágonos interfaceados. Os vértices entre os doze pedaços pentagonais caracterizam a estrutura do corpo ressonante da Terra, à medida que as emissões alcançam a superfície.

Enquanto a ressonância do núcleo emana continuamente para a superfície da Terra e além, forma-se uma rede geomagnética etérica que cria as bases do corpo de luz planetário. Sintonizados através dos padrões de freqüência da infra-estrutura de seus DNA, migrações animais e assentamentos humanos tendem a adaptar-se às linhas e pontos nodais da rede. É claro que essa rede é deformada e remodelada pela atividade das placas tectônicas, alterações variáveis no terreno e na atmosfera, e pelas flutuações galacticamente ativadas do campo eletromagnético do próprio planeta. Entretanto, ancorada nos pólos, às vezes amplificada por alterações inopinadas (para nós) e imperceptíveis no programa galáctico, a contínua pulsação da rede aos poucos modela a infra-estrutura do corpo de luz planetário.

Ora, quando o planeta penetrou o feixe de radiação e o DNA recebeu um impulso de contra-spin, criador de tecnologia, o núcleo ressonante da Terra também recebeu um impulso que resultou em uma intensificação de freqüência. As trilhas neurais da rede terrestre que equivalem à estrutura ressonante do núcleo tornaram-se excepcionalmente operantes, correspondendo às mais estimuladas atividades vibratórias da infra-estrutura do DNA humano. A inquietude do organismo humano que se manifesta nas rotas marítimas, rotas da seda, caminhos, muros imperiais, estradas de ferro, auto-estradas, rotas aéreas e nos radares amplificaram e praticamente obscureceram a contínua pulsação da rede. Nos pontos nodais foram construídos templos, zigurates, pirâmides, catedrais, pagodes, mesquitas, palácios, parlamentos, aeroportos e usinas elétricas, sem qualquer consciência dos nexos invisíveis da Terra.

Como o ímpeto final para o artificialismo, a Revolução Industrial global aumentou a velocidade, e a freqüência ressonante do núcleo da Terra foi intensificada a um grau até então inusitado. Essa intensificação de freqüência indica iminente estabilização numa freqüência mais alta, com um movimento de contra-spin que ocorre pouco antes de concluída a passagem pelo feixe de radiação. De fato, os sinais de retorno preparando para o contra-spin — o afastamento da "história", em direção à pós-história — já foram recebidos na forma de radioatividade nuclear, distúrbio atmosférico industrial e bombardeamento eletromagnético aleatório.

Se você fizer girar uma arca (especialmente construída no formato de um simples casco de navio) no sentido horário, ela continuará a girar até parar. Mas, se você a girar no sentido anti-horário, lenta e desgraciosamente ela acaba parando, e, depois, começa a rodar no sentido horário. A passagem da Terra pela radiação de sincronização é análoga ao giro anti-horário. Quando cessa esse movimento, há um aumento de oscilação, ocorre um abalo, e então — depois de uma pausa — recomeça o giro no sentido horário, que é mais harmonicamente congruente.

Então chegamos ao momento em que a tecnologia significa transformação. Esta é experimentada como crise, uma crise que os detentores do paradigma dominante do poder não percebem. Embora os atuais governantes cientificamente materialistas acreditem que o mundo está como está porque eles assim o fizeram, na realidade eles representam papéis especificados pela fase de onda harmônica da qual o período atual é uma função. A crença, subscrita e aceita pelas instituições da presente ordem mundial, de que eles controlam o mundo, caracteriza o paradigma predominante.

A crença nesse paradigma, a visão materialista e científica do mundo, pode ser comparada a um manicômio. Como vimos no Capítulo 6, os alicerces do atual manicômio foram construídos no século dezessete, durante os katun iniciais do $12.^o$ baktun. Por volta de 1756, começaram a ser levantadas as paredes do manicômio — crença no progresso tecnológico e na democracia industrial. Entre 1874 e 1953, fez-se o teto eletromagnético do manicômio. Finalmente, entre 1953 e o atual momento, a era do lançamento da humanidade e de suas sondas de inteligência sensorial artificial no "espaço exterior", o manicômio começou a desagregar-se internamente. Quanto a isso, deve ser lembrado que a noção de mudança de paradigma foi introduzido pela primeira vez por Thomas Kuhn, em 1964.

O clímax no contra-spin de ressonância da Terra corresponde a essa estrutura evolutiva. O sinal de um tal clímax foi recebido pela primeira vez em 1945 com a detonação das armas atômicas. Como membro da ordem solar-galáctica, a reação da Terra manifestou-se primeiramente nas aparições dos OVNIs, que por volta de 1947 não puderam mais ser ignoradas. Sem negar a validade *psíquica* de muitas pessoas que tiveram contatos de terceiro grau, definiremos aqui os OVNIs (ou UFOs) como Organizadores do Campo Unificado, uma emissão inteligente de energia radiante galacticamente programada e psiquicamente ativa, simultaneamente atraída para e emanado do corpo etérico ressonante da Terra. Eles são chamados de Organizadores do Campo Unificado por serem uma manifestação do campo

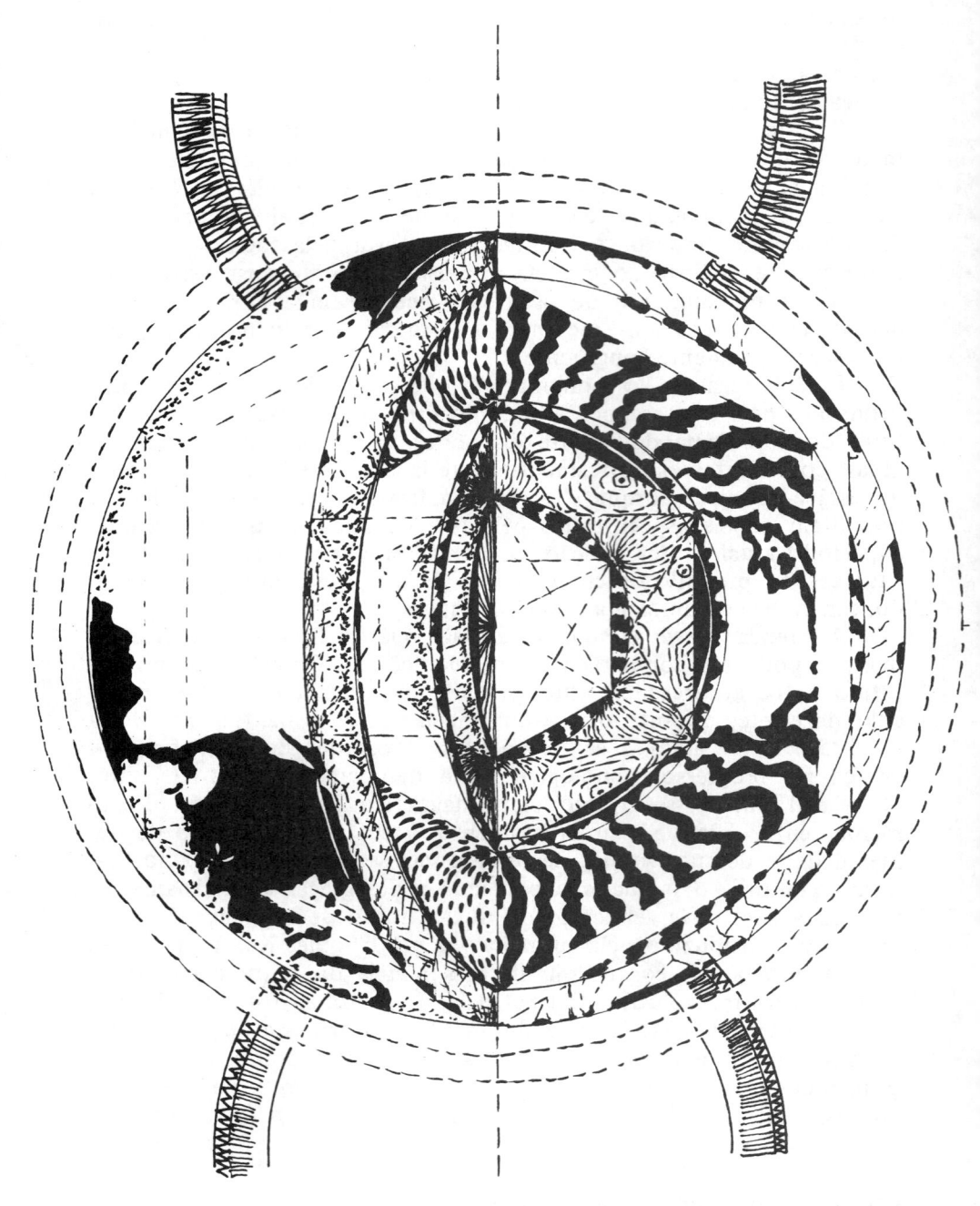

CORTE TRANSVERSAL DO CRISTAL DA TERRA

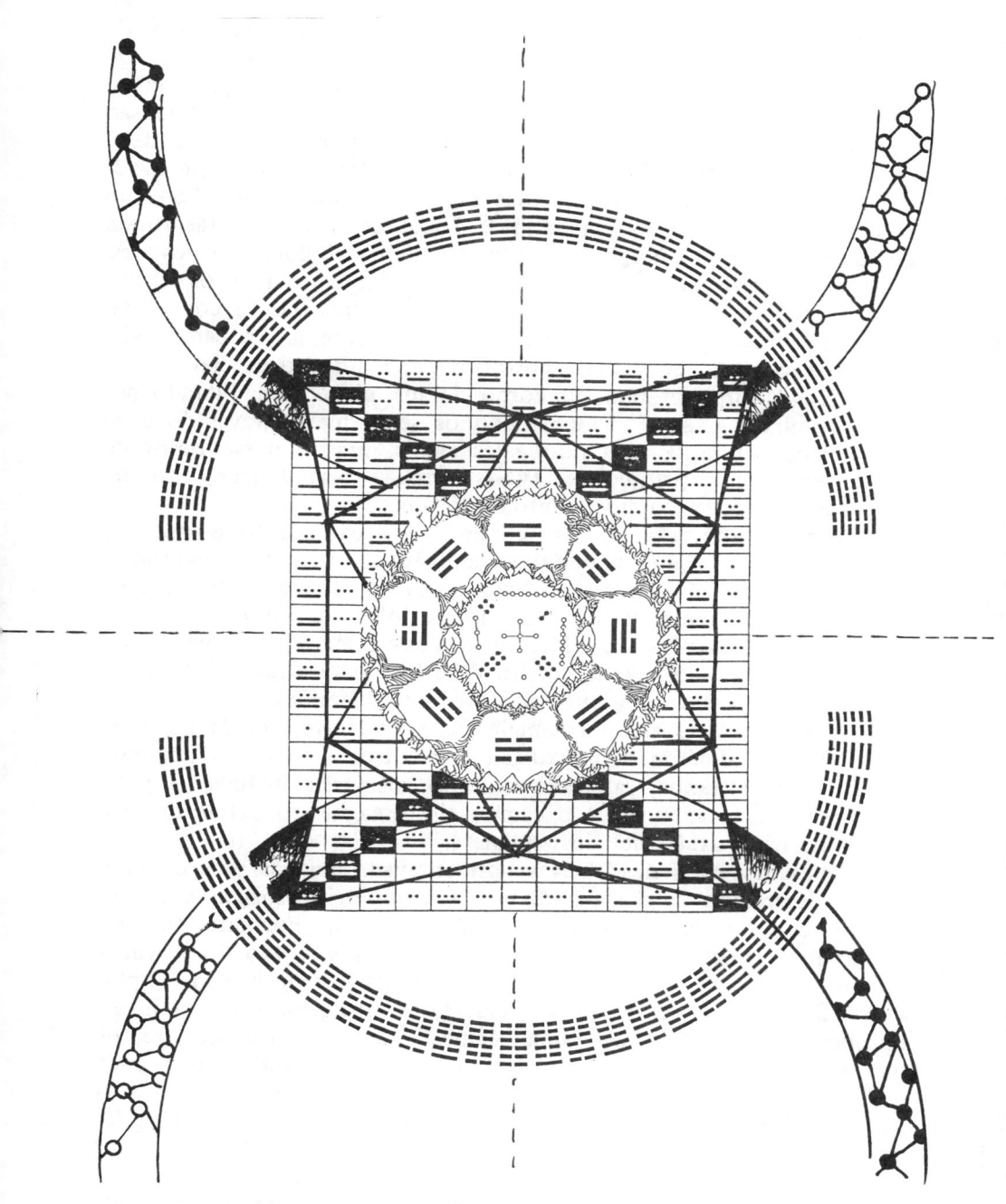

RECEBIMENTO DO PROGRAMA GALÁCTICO

ressonante intrinsecamente unificado da Terra. Uma vez que esse campo realmente se encontra em ressonância solar-galáctica, os OVNIs também operam em conjunção com os harmônicos do campo. De fato, suas "operações" são uma função de harmônicos ressonantes. Assim, as rápidas mudanças de direção atribuídas aos OVNIs são devidas a alterações no alinhamento dos harmônicos. Depois de a descoberta do DNA e da detecção dos cinturões de radiação, em 1953, e a comprovação da existência das placas tectônicas, em 1964, começou a dissolução do manicômio. Todas essas descobertas foram necessárias para o entendimento do paradigma vindouro, o novo estado mental ressonante da Terra unificada. Enquanto isso, os OVNIs continuaram a acompanhar a era dos testes nucleares; e com o radar, a televisão, o rádio e a radiação de microondas, o campo eletromagnético total do planeta entrou em um período de elevada dissonância. O corpo etérico ou corpo de luz planetário, dilatado por esse "bombardeamento", intensificou os seus sinais através do campo morfogenético. E seguindo estes sinais, um interesse renovado pelos fenômenos psíquicos, OVNIs, drogas psicodélicas, comunicações interespécies e o movimento ecológico.

A contra-resposta do manicômio foi a exploração espacial, a extensão do paradigma materialista aquisitivo ao "espaço exterior". A era da exploração espacial, a "conquista do espaço", começa com a descida do homem na Lua, em 17 de julho de 1969, seguida do lançamento de sondas para Mercúrio, Vênus, Marte, Júpiter, Saturno e, finalmente, em 24 de janeiro de 1986, para Urano. Dois fatos inexplicáveis foram apresentados por essas "sondas". O primeiro foi a descoberta da assim chamada Face de Marte, em 25 de julho de 1976, oficialmente não divulgada; o outro, as marcas altamente regulares em Miranda, satélite de Urano, além das inclinações polares orientadas para o Sol e o campo eletromagnético extraordinariamente intenso e excêntrico desse planeta.

Enquanto essas descobertas apresentavam enigmas para o manicômio desafiando o seu paradigma, a tecnologia espacial ainda se gabava de ser o pináculo da realização científica. Portanto, foi particularmente digno de nota que quatro dias após o vôo do Voyager nas imediações de Urano, o ônibus espacial Challenger tenha explodido 73 segundos depois de decolar. Enquanto procediam as investigações para localizar a "falha técnica" causadora do desastre, os três próximos lançamentos da NASA explodiram todos logo após a decolagem. Como se já não bastasse, o mesmo aconteceu com o Ariane europeu. Tudo isto ocorreu no período entre o final de janeiro e meados de maio de 1986. O que estava acontecendo?

Em ressonância com as bases móveis das placas tectônicas e supersaturado de dissonância eletromagnética, o teto do manicômio tinha começado literalmente a desmoronar. Como se fossem moscas abatidas pela travessura de uma criança, as sondas espaciais foram tiradas de suas trajetórias — mas por intermédio de que força?

A resposta é: por ondas de dissonância erraticamente ativadas pelo desejo humano impensado de controlar e interferir no campo eletromagnético.

O desastre nuclear de Chernobyl, ocorrido em 25-26 de abril de 1986, e o vôo rasante de treze OVNIs sobre a Força Aérea Brasileira, em 23 de maio de 1986, foram dois outros sinais do campo ressonante anunciando simultaneamente a falha e os limites da tecnologia e a rápida desintegração do atual manicômio. Falando com a voz de eventos cuja origem e efeitos escapam à consciência moderna, o núcleo ressonante da Terra, sintonizado com o harmônico galáctico, prepara-se para uma convergência harmônica: o ponto no qual o contra-spin da história se detém momentaneamente e onde começa o ainda imperceptível spin da pós-história.

Quando essas palavras estiverem sendo lidas publicamente, o evento Convergência Harmônica já terá ocorrido há alguns meses, mostrando assim que não apenas o teto mas até as paredes do manicômio estão caindo. Restará tão-somente a dissolução das bases, do fundamento do materialismo científico, que afirma a singularidade e a superioridade do homem no universo. Enquanto isso, os efeitos retroativos do novo estado mental, operando através da rede ressonante intensificada do corpo de luz da Terra, pela primeira vez se manifestarão como um impulso organizado voltado para o momento unificado de sincronização coletiva, de Convergência Harmônica.

Através da infra-estrutura transnacional e popular do novo estado mental, e em colaboração com um conglomerado cooperativo global de mídia — uma radiocooperativa —, um número crescente de seres humanos está experimentando a realidade do cérebro global. A ação dos coletivos locais — germes de arte — operando por meio de uma sintonia com a consciência de que esse objetivo não é de natureza individual, estará na realidade formando um rosário de contas de intenções unificadas no sistema da rede planetária.

E, então, deverá ocorrer a aceleração exponencial do harmônico de onda da história, enquanto esta passa a viver um momento de sincronização sem precedentes. Como a lançadeira de um tear que se deslocasse com a velocidade de um raio, assim acontecerá com a freqüência ressonante da rede terrestre. Nesse deslocamento, os alicerces do manicômio, gravados com os nomes de Descartes, Newton, Galileu e Copérnico, irão se desintegrar. Salientando-se cada vez mais na consciência de uma minoria de seres humanos despertos, assim será a percepção de uma força atrativa maior e ressonante; surgirá uma síntese supersensível jamais sonhada entre a mente e a natureza. Experimentar a realidade como uma matriz unificadora — uma combinação sinestésica de sentidos provocada por experiências sensoriais com a luz e o som — fará com que se assentem as primeiras camadas vibratórias das bases do novo estado mental.

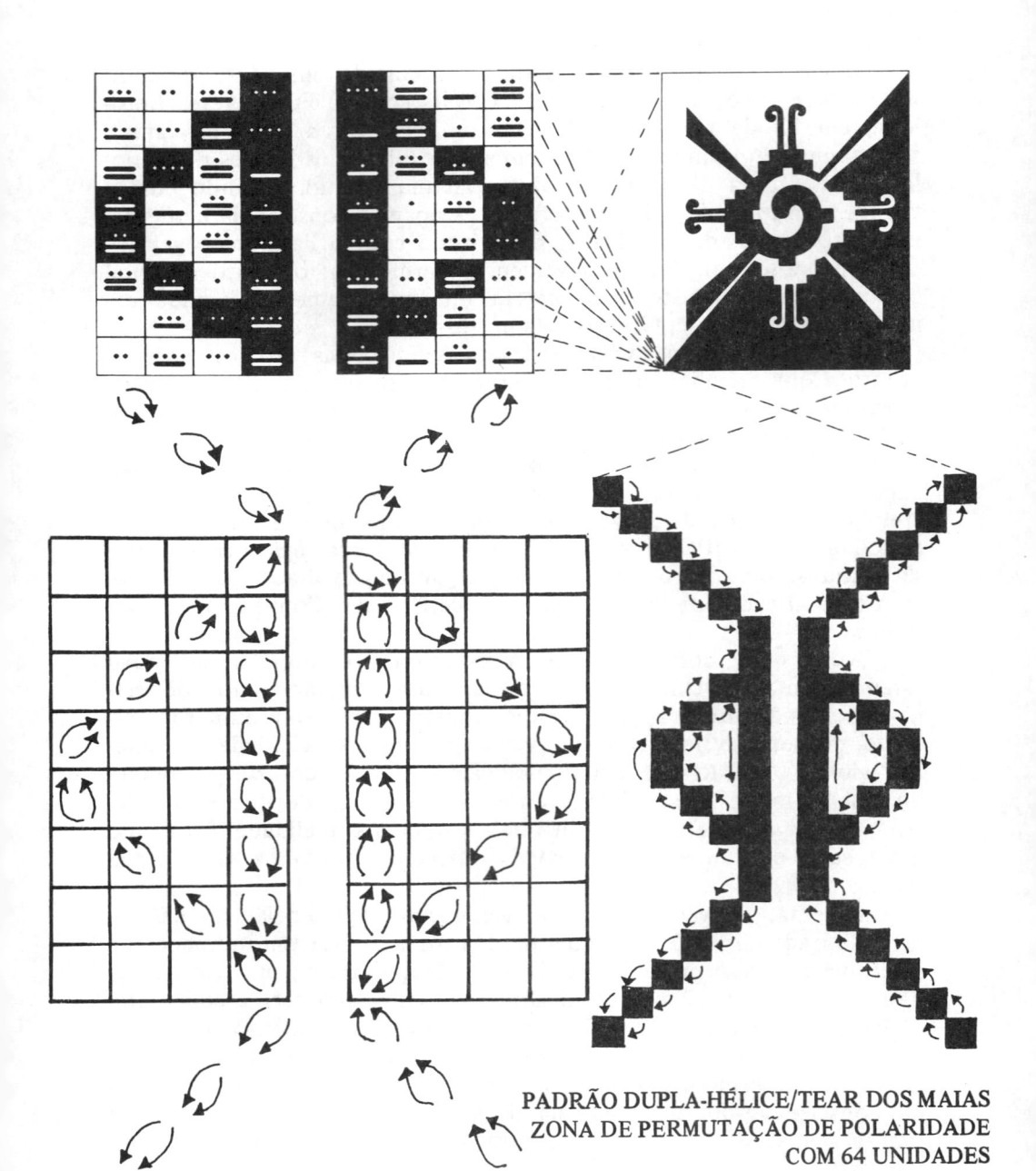

PADRÃO DUPLA-HÉLICE/TEAR DOS MAIAS
ZONA DE PERMUTAÇÃO DE POLARIDADE
COM 64 UNIDADES

Essa experiência interior de unificação — sinestesia — será compreendida como a inseparabilidade entre a mente e a natureza, e graças ao poder gerado pela indissolúvel unidade dessa experiência, ruirá o edifício da moderna civilização. A passagem para a pós-história começará enquanto o clímax e o fracasso da tecnologia do velho manicômio torna-se cada vez mais evidente, obviamente não sem dificuldades e desafios, e tendo como um caótico pano de fundo o colapso da velha ordem econômica e política. Ao mesmo tempo em que o novo estado mental estiver assentando seus alicerces, a estrutura incômoda, inerte e mecânico-química do mundo antigo terá que ser desmantelada. Esta atividade síncrona — a formulação do novo e a limpeza e purificação do velho — será a única força motriz à medida que se entra no katun final, 1992-2012 d.C. Conhecida como a Campanha pela Terra, o surgimento de uma sociedade planetária psiquicamente unificada, conectada pela mídia e localmente operante lentamente tomará forma, surgindo por volta de 2012 d.C. como desígnio evolutivo da inteligência universalmente interativa.

Enquanto é melhor deixar que os eventos futuros contem a sua própria história nos cinco anos, 1987-1992, de desdobramento da Convergência Harmônica, voltemos ao Fator Maia para uma descrição estrutural do harmônico de contra-spin da pós-história. Como imaginar a pós-história? O que significa falar da utilização do corpo de luz do planeta? Como é experimentado no nível humano o tecido radiogenético do corpo de luz planetário?

Imaginemos que não somos extra mas sim superterrestres examinando as flutuações do planeta Terra. Nosso meio de inspeção é o teclado radiogenético de 260 unidades, o Tzolkin. Nosso foco é sobre as 64 unidades centrais. Inscritos nesta matriz de 64 unidades estão o código e o plano do destino humano, além da tecnologia. Em virtude do arranjo, um padrão de fluxo binário, o Tear dos Maias, que é matriz de 64 unidades, é referido como "Zona de Permutação de Polaridade". Em outras palavras, assim como o DNA é um padrão de dupla-hélice por intermédio do qual se cria um campo para permutação de informações entre os dois filamentos moleculares, o Tear dos Maias também pode ser visto como uma permutação de dois fluxos simétricos, compreendendo o padrão de ativação galáctica, entre ambos os lados da coluna central mística.

O movimento desse padrão de quatro unidades para a direita e para a esquerda da coluna central caracteriza o campo simétrico de 64 unidades. O "teclado" de 64 unidades é a matriz genética de transformação que unifica todo o Tzolkin de 260 unidades. O restante do Tzolkin, com exceção da coluna mística de vinte unidades, de valor neutro, subdivide-se em 144 unidades de um corpo de energia radiante quadrifásico e 32 unidades de um corpo simétrico cristalino de oito partes. O total de doze (quatro energias radiantes e oito simetrias cristalinas) campos do Tzolkin contém a informação-código que descreve a radiância pré e pós-genética da evo-

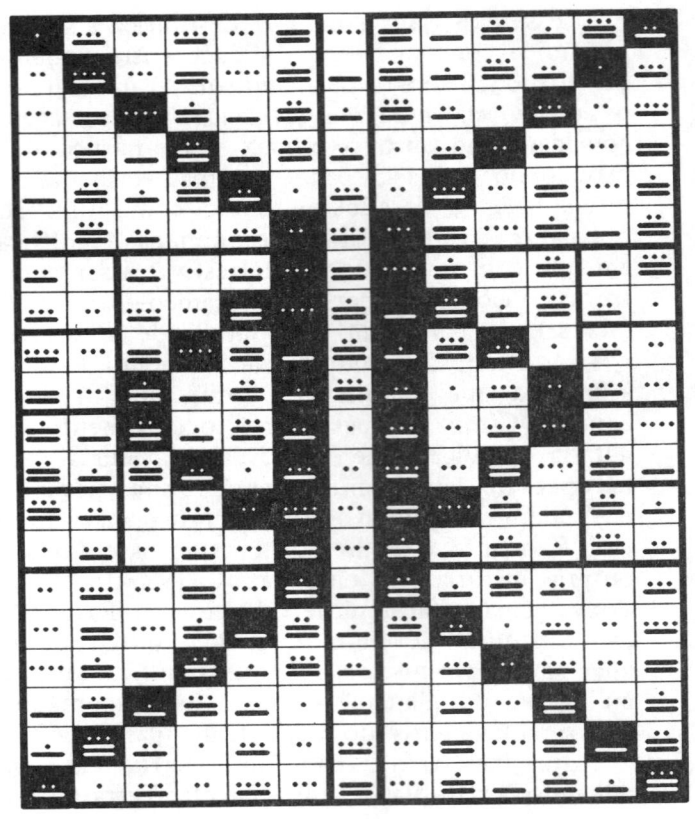

TZOLKIN DOS 13 CAMPOS

lução galáctica. O décimo terceiro campo do Tzolkin está, logicamente, no centro e representa o DNA.

Modelando a fórmula pré e pós-tecnológica que caracteriza a história, o DNA é a matriz transformativa que une as fases de ativação primordial e sintetizadora das energias radiante e cristalina. Por sua posição central na matriz como um todo, a função do DNA é **vitalizar** por completo o padrão de ativação galáctica. Como um fractal do todo galáctico e da geometria do próprio DNA, a função da história e da tecnologia é vitalizar, de igual modo, os campos de energia radiante que caracterizam a pré e pós-história.

Como isso ocorre? A resposta está em seguir o padrão. Esse padrão, ancorado pelas quatorze unidades de ativação galáctica em ambos os lados da coluna mística, descreve a infra-estrutura vibratória não apenas do DNA mas do corpo de luz universal. Holonomicamente registrada nos níveis celular, individual, planetário, solar e galáctico, essa infra-estrutura vibratória pode também ser lida como a matriz estrutural que sustenta o harmônico de onda da história à medida que atravessa o feixe de radiação sincronizante de 5.200

174

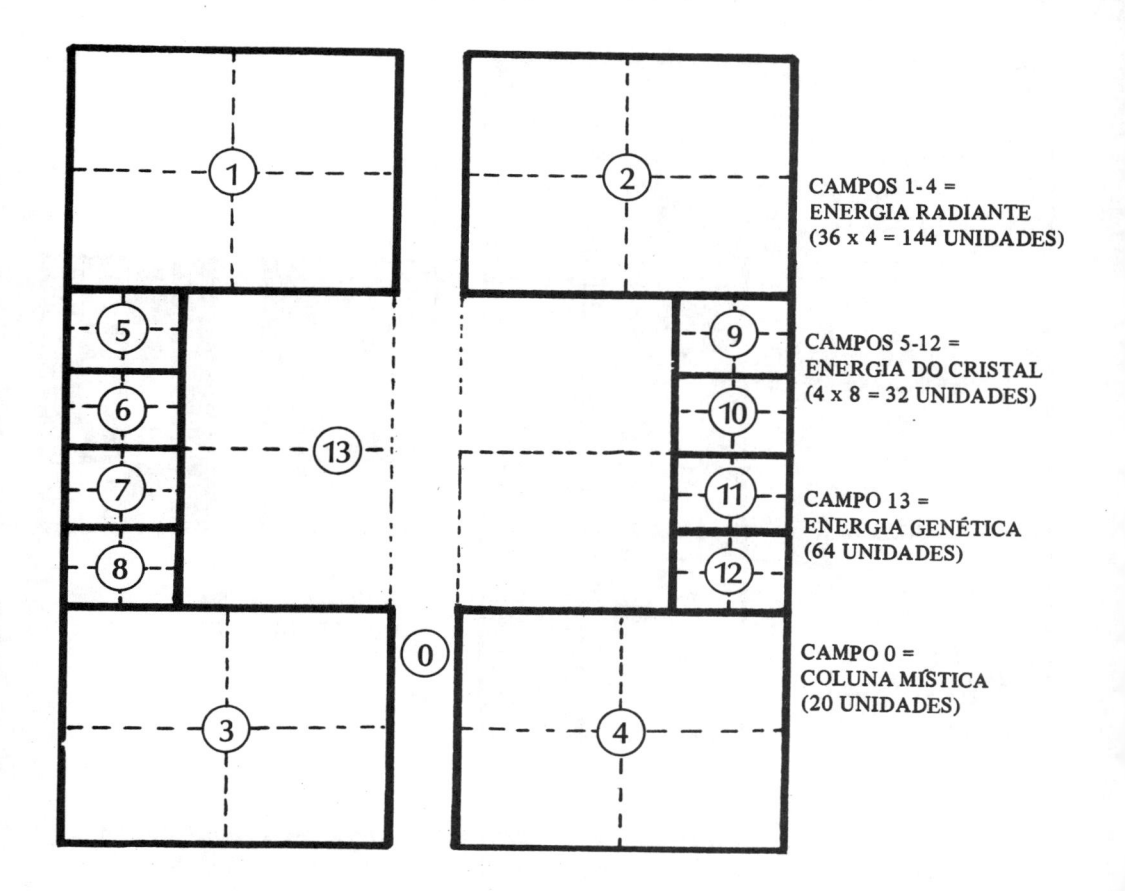

CAMPOS 1-4 =
ENERGIA RADIANTE
(36 x 4 = 144 UNIDADES)

CAMPOS 5-12 =
ENERGIA DO CRISTAL
(4 x 8 = 32 UNIDADES)

CAMPO 13 =
ENERGIA GENÉTICA
(64 UNIDADES)

CAMPO 0 =
COLUNA MÍSTICA
(20 UNIDADES)

tun. Sem a ativação do fluxo bidirecional durante a passagem pelo feixe de radiação, o corpo de luz planetário não poderia ser utilizado. Este fluxo é o Zuvuya, a saída e o retorno a Hunab Ku, o núcleo galáctico.

Sem ser diferente da matriz da rede etérica do corpo de luz planetário, a matriz estrutural que sustenta o harmônico de onda da história é um fractal da constante galáctica universal. A ativação consciente da rede da Terra, de seu núcleo ressonante até o envoltório eletromagnético exterior, é holonomicamente comparável à ativação do DNA no estabelecimento de uma continuidade da história e na criação da tecnologia. Sem dúvida, a tecnologia é o cadafalso que envolve a rede etérica do planeta. Ao mesmo tempo, pode-se dizer também que a amplificação galáctica da rede planetária ressonante caracteriza o movimento chamado história.

Lembrando que "história" é a fase de aceleração vibratória do DNA, criadora de tecnologia e com 5.125 anos de diâmetro, ponte entre a fase radiante primordial da pré-história e a fase sintetizada ressonante da pós-história, detalhemos essa passagem histórica no teclado genético de 64 unidades.

175

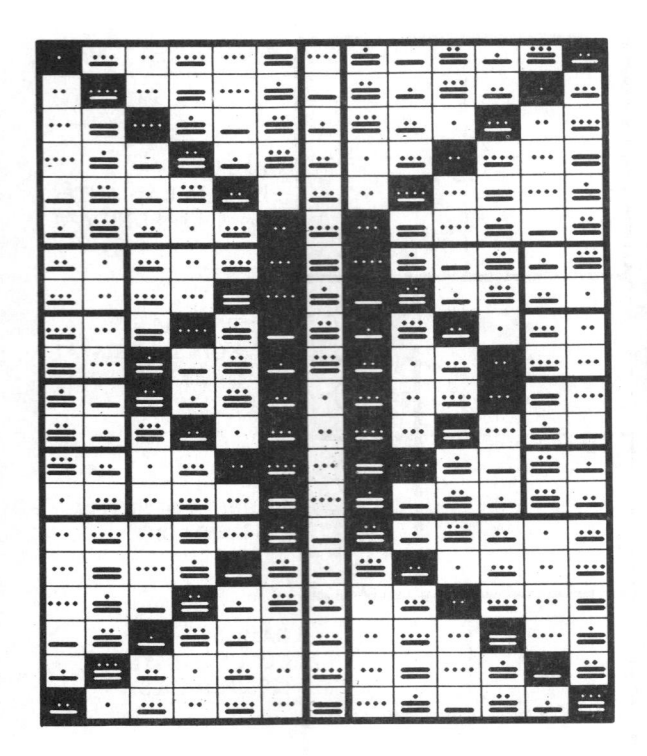 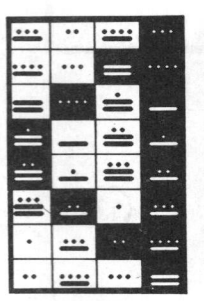 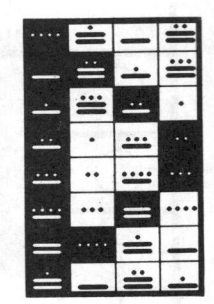

TZOLKIN COM A
MATRIZ CENTRAL
DE 64 UNIDADES

Conforme demonstrado em *Earth Ascending*, essa rede de 64 unidades pode ser sobreposta ao corpo do planeta. A linha divisória horizontal corresponde ao equador. A fileira vertical esquerda mais afastada corresponde ao meridiano que passa pela Grande Pirâmide do Egito, uns 30 graus a leste de Greenwich. A numeração das 64 unidades de acordo com o padrão numérico do quadrado mágico de 8, de Ben Franklin, caracteriza o padrão real do movimento que une o teclado genético.

Seguindo a numeração do quadrado mágico, o movimento que conecta os números 1-16 e 49-64, segundo se observa, está na metade superior da rede, enquanto relativamente aos números 17-48 ocorre todo ele na parte inferior. Aplicados à nossa equação, os números 1-16 correspondem à pré-história, 17-48, à história e 49-64, à pós-história.

Isso significa que a passagem da Terra através do feixe de radiação galáctica sincronizante corresponde ao movimento em toda metade inferior do teclado genético de 64 unidades, a fase histórica e tecnologicamente ativada do desdobramento genético. Quando falamos do término do contra-spin da história e do spin de retorno, o começo da sincronização final da pós-história, referimo-nos à passagem do número 48 ao 49. Uma vez que esses 64 números-código do DNA correspondem aos hexagramas do I Ching, a passagem da história à pós-história é marcada pela passagem da Fonte, 48, para a Revolução/Mudança, 49. Mas esta é uma revolução sem armas; é revolução pela e para a Terra.

176

Iniciada pela revolução do campo ressonante da Terra, a fase de sincronização final de 26 anos do Grande Ciclo, 1986-2012 d.C., corresponde ao movimento de 49 a 64. Logo que a aceleração passa para a sincronização — convergência harmônica —, a freqüência harmônica intensificada do campo planetário assume uma "precipitação" que é quase intemporal. O resultado é a compressão do "tempo" durante o estágio final do teclado genético. A conclusão no número 64, contíguo ao número 1, o encontro do alfa e do ômega, corresponde à passagem da radiação sincronizante 13.0.0.0.0, 2012 d.C., para o Novo Céu, a Nova Terra, e a entrada na sincronização galáctica.

Mas podemos perguntar: em meio a essa profusão de números, que lugar ocupam os maias em tudo isso? Afinal de contas, o que estamos

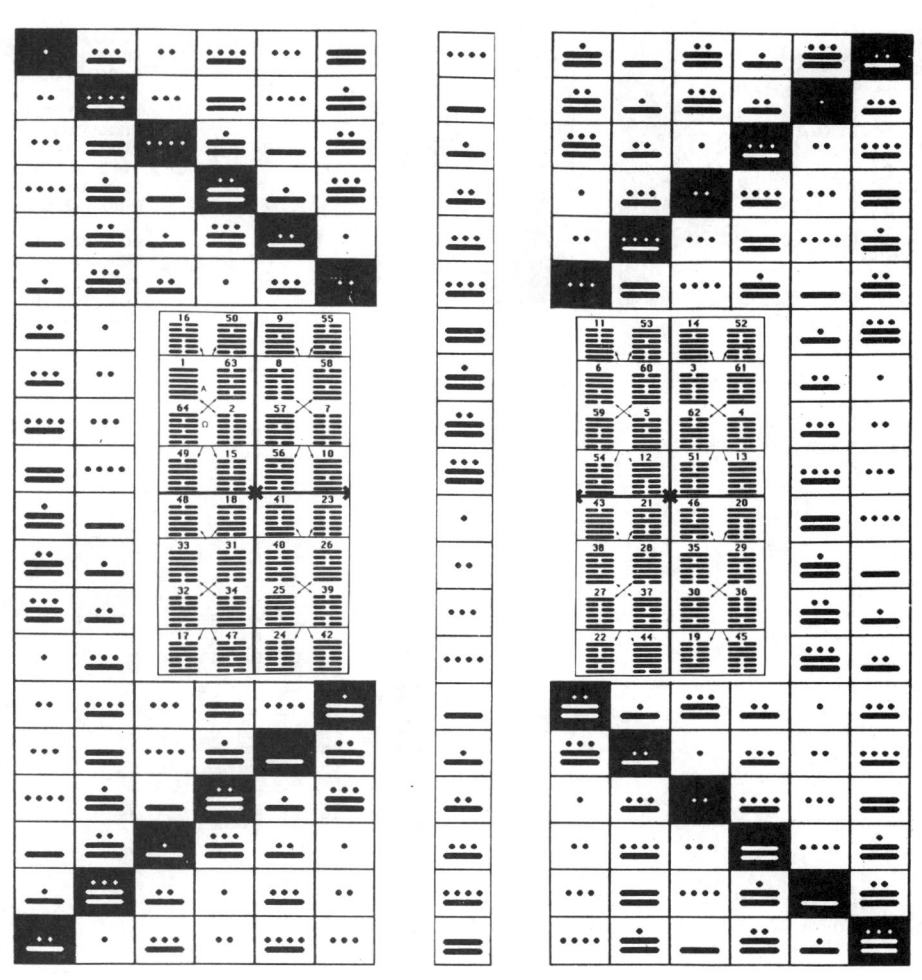

TZOLKIN COM O ARRANJO DO QUADRADO MÁGICO DE OITO
PARA O CÓDIGO DO DNA/I CHING

lendo é uma decodificação de um sistema ressonante múltiplo que eles deixaram — o Tzolkin, o Módulo Harmônico Maia. Sim, onde estão os maias quando o mundo está prestes a bater as botas? Quais são as profecias associadas aos números, que, como dissemos no capítulo 6, se ajustam aos números do Livro do Apocalipse? Há uma

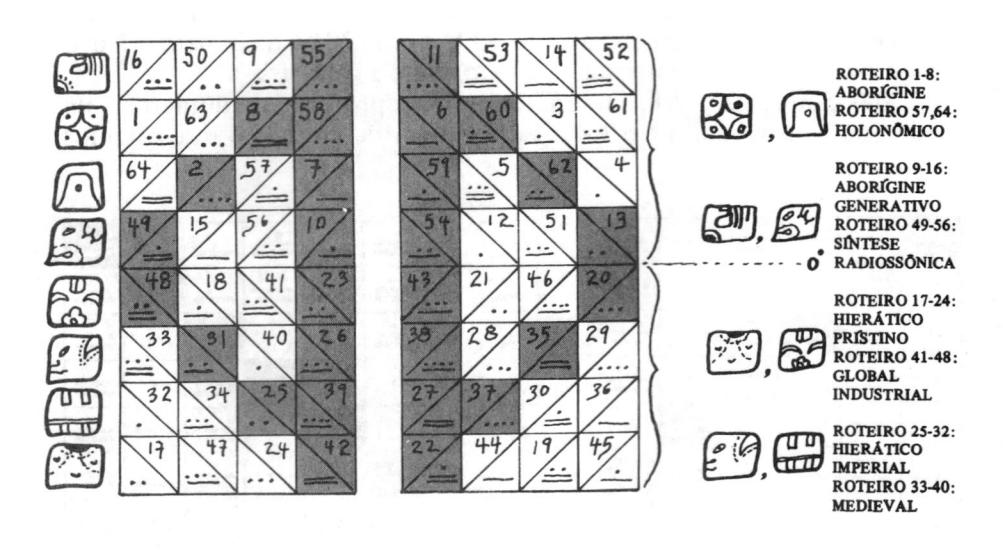

ROTEIRO 1-8:
ABORÍGINE
ROTEIRO 57,64:
HOLONÔMICO

ROTEIRO 9-16:
ABORÍGINE
GENERATIVO
ROTEIRO 49-56:
SÍNTESE
RADIOSSÔNICA

ROTEIRO 17-24:
HIERÁTICO
PRÍSTINO
ROTEIRO 41-48:
GLOBAL
INDUSTRIAL

ROTEIRO 25-32:
HIERÁTICO
IMPERIAL
ROTEIRO 33-40:
MEDIEVAL

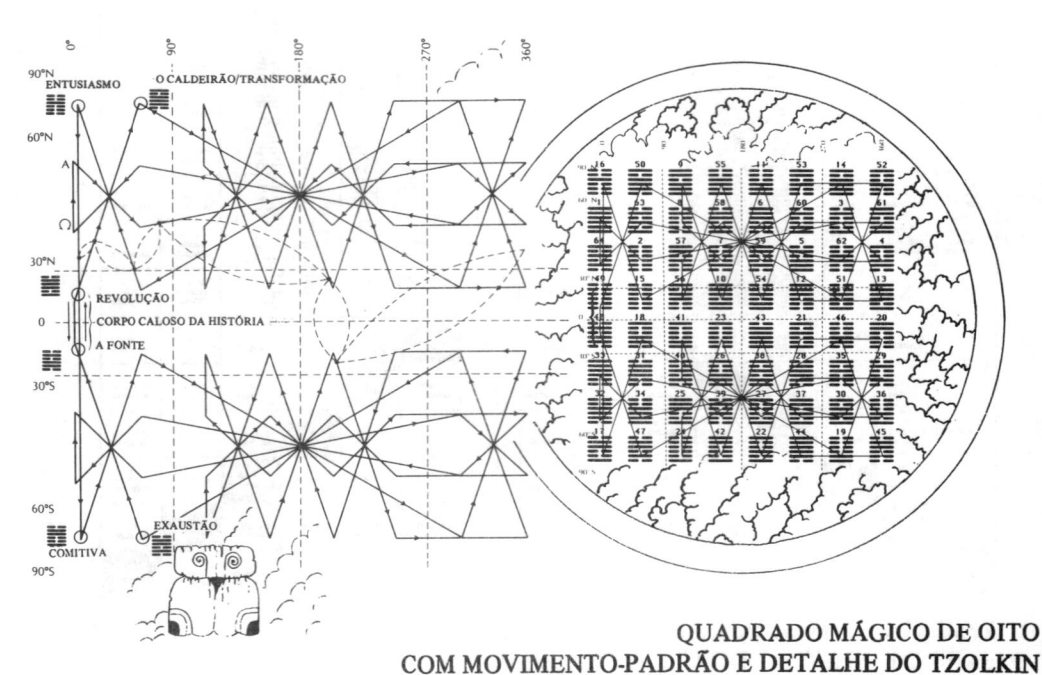

QUADRADO MÁGICO DE OITO
COM MOVIMENTO-PADRÃO E DETALHE DO TZOLKIN

Segunda Vinda, um Retorno Maia? Kukulkan/Quetzalcoatl/Pacal Votan planeja verificar como têm andado as coisas desde que ele e sua corte galáctica terminaram as calibrações harmônicas na Terra, o terceiro giroscópio harmônico a partir da estrela local, o Sol?

Os antigos maias foram — e são — surfistas cósmicos, e não nos é dado conhecer seja a sua capacidade de deslocamento interdimensional, seja o seu paradeiro. É verdade que os xamãs das terras altas da Guatemala, os Guardiães do Dia como são chamados, mantêm a tradição, o conhecimento que liga o Raio no Sangue ao fluxo harmônico de sabedoria galáctica, e alguns como Humbatz Men e Domingo Parédez traduzem essa sabedoria para nós, enquanto outros ainda juntam-se aos curandeiros das Américas para uma última narrativa sobre a passagem entre os mundos. Mas estes são os remanescentes, os raros que guardam em seus corações a chama de incompreensível intemporalidade.

Onde estão os que chamamos de mestres galácticos? O que podemos dizer sobre eles depois de sua partida no final do Baktun 9? Ou estão aqui entre nós enquanto marchamos inexoravelmente para a Convergência Harmônica? À medida que avançamos, estarão os maias voltando do futuro no Zuvuya de retorno, prontos para nos ajudar na conclusão do katun final do Grande Ciclo? Se o Tzolkin é uma pista, um cartão de visitas cósmico deixado para um planeta de humanóides, existirão outros indícios em algum outro lugar do sistema solar?

Os dois principais planetas mencionados no grande número harmônico maia que tudo abrange, 13 66 560, são Vênus e Marte. Enquanto Vênus, tão intimamente associado a Quetzalcoatl-Kukulkan, era mostrado pelas sondas espaciais com uma atmosfera densa, vaporosa, cheia de nuvens e espessa demais para permitir uma visão de sua superfície, Marte esperava com ao menos uma pista bem definida — a Face de Marte, um enorme rosto humanóide, de um quilômetro e meio de comprimento, fitando o céu. É estranho que a face esteja olhando na direção do céu. Isso dá a impressão de que foi construída precisamente para os que, como nós, percorreram às cegas o universo com o nosso orgulho de conquistadores e as nossas engenhocas movidas a propulsão.

Embora a Face fosse descoberta em 25 de julho de 1976, uma pista ainda mais misteriosa, lançada através do Zuvuya Maia como um ardil do tempo, foi o projeto não realizado de uma escultura monumental: uma face com uma milha de extensão, que seria intitulada *A Escultura a Ser Vista de Marte*. Estranho, porque a escultura foi proposta em 1947 — o Ano do OVNI — pelo artista nipo-americano Isamu Noguchi, 29 anos antes da sonda Viking.

As coincidências — sincronicidades das mais profundas — envolvidas na compreensão da Face de Marte e na *Escultura* de Noguchi são muito amplas para serem entendidas pela mente racional, por demais imensas para o pequeno anzol do materialismo científico, ines-

A FACE DE MARTE:
TECNOLOGIA E
TRANSFORMAÇÃO

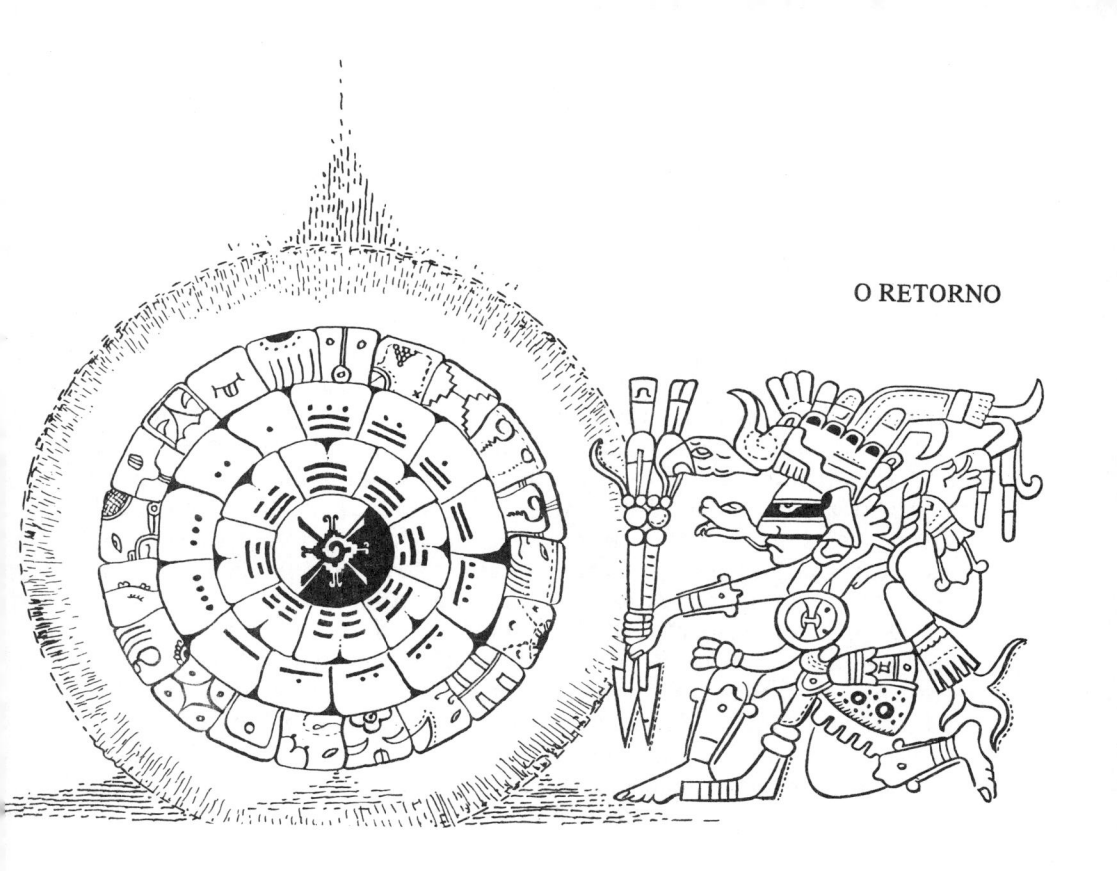

crutáveis demais para caberem na rede insignificante da doutrina do "não-predomínio de humanóides no universo". Mas, de dentro do código ressonante dos maias, mestres da luz e da viagem galácti-ca, sincronizadores do fractal de onda que faz mover moléculas e projeta planetas de acordo com o mesmo índice, a Face de Marte, *A Escultura a Ser Vista de Marte* e, também, a divisa e os sinais ovais do satélite de Urano, Miranda, são todos fenômenos da mesma es-pécie, nodos em uma teia intergaláctica ressonante ativada apenas por uma sabedoria que renuncia ao velho paradigma e aceita o novo incondicionalmente.

Pacal Votan e os portadores da linhagem dos Quetzalcoatl pre-viram tudo isso. Projetando-se a si mesmos instantaneamente até às mais longínquas regiões da galáxia, por meio de transporte cromo-mo-lecular, os sábios maias, entretanto, também se prepararam para vol-tar. Quando? Bem, muito provavelmente durante o último dos 52 katuns de ativação galáctica, 1992-2012 d.C., o katun indicado como 13 AHAU, o número mais exaltado, o signo da Maestria Solar. Po-rém, mesmo no presente imediato, seu retorno é iminente, pois lo-go chegará o momento em que a onda gerada pelo testa-de-ferro cris-tão, Cortés, em 1519 d.C., terá completado uma volta. O momento

181

é 16-17 de agosto de 1987. Essa data, kin 1863022 e 1863023, é a da chamada Convergência Harmônica, o primeiro ponto de entrada do retorno maia, um Tollan planetário temporal em que a presença deles será percebida por alguns como uma luz interior e por outros como as rodas multicolores da serpente emplumada girando no ar. Acompanhando a mudança de freqüência ressonante, as formas ondulatórias luminosas de Quetzalcoatl voltarão a entrar na atmosfera.

Significando o começo da mudança de fase, quando a velocidade exponencialmente acelerada atinge a sincronização, a Convergência Harmônica não será apenas o sinal da volta de Quetzalcoatl, mas também a exclusão do Armagedon. Para alguns poderá até ser um outro Pentecostes, uma segunda vinda do Cristo. Em meio ao espetáculo, à celebração e à urgência, o velho manicômio se dissolverá, provocando o retorno de memórias e impressões arquetípicas há muito adormecidas. Sincronizadas com a descida do novo estado mental, essas memórias e impressões de "retorno", correspondendo a estruturas arquetípicas coletivas reais, irão saturar o campo e criar o impulso para uma nova ordem e um novo estilo de vida.

O principal aspecto dessas memórias de retorno é o próprio tema do *retorno*. Não só o retorno do Cristo e de Quetzalcoatl, mas o retorno de todos os deuses e deusas, heróis e heroínas que já viveram na imaginação humana. Pois o mito não é menos real que a história. E o que é chamado de imaginação é a função da estrutura ressonante daquilo que é chamado de mente. Não é essa mente que julgamos responsável pela ciência e pelo mito? No Zuvuya Maia, evento mental, memória e evento real são todos nodos do mesmo circuito. O que alguns chamariam de geometria sagrada e outros, psicologia profunda, é unificado, pois a informação chega das mesmas estruturas ressonantes. Sob esse aspecto, Platão e Pitágoras, Goethe e Jung estão incluídos entre os maias, como todos os que prontamente aceitam a doutrina da harmonia qualquer que seja a forma em que essa é transmitida.

O retorno maia, a Convergência Harmônica, é a reimpregnação do campo planetário com experiências harmônicas e arquetípicas do planeta como um todo. Essa reimpregnação ocorre devido a uma precipitação interna, enquanto a energia psíquica, há muito reprimida, transborda de seus canais. E, então, como veremos novamente, todos os arquétipos de que precisamos estão ocultos nas nuvens, não como poesia, mas como reservatórios reais de energia ressonante. Essa energia arquetípica é a energia de ativação galáctica, que flui em nós mais no nível inconsciente que consciente. Operando sobre freqüências harmônicas, a energia galáctica naturalmente busca aquelas estruturas que lhe são ressonantes. Essas estruturas correspondem a impulsos bioelétricos que conectam os campos dos sentidos a modos comportamentais reais. Os impulsos são organizados nas estruturas "geométricas" primárias experimentadas através do ambiente imediato, seja ele de nuvens vistas a olho nu, seja de pulsações de um "quasar" recebidas por meio de um radiotelescópio.

Quando o reconhecimento crítico de nossa responsabilidade como seres deste planeta for em massa, será acionado o momento de transbordamento arquetípico, soltando os grilhões do velho paradigma e imprimindo, num batismo ressonante, um novo padrão sobre uma massa crítica de seres humanos. Então, o passado, o esquecido, e até "o-que-está-por-vir", se tornará consciente. Na verdade, o "retorno" é uma tomada de consciência do que está acumulado, e, ao mesmo tempo, mais conhecimento. Veremos que eventos não reconhecidos pelo velho paradigma tinham assumido formas de medo em nossa mente. No momento da convergência harmônica, não mais sentiremos esse medo. Pois a consciência traz a luz. Esse é o significado do retorno de Quetzalcoatl. Para outros esse momento será a visão das rodas da serpente emplumada girando no ar — 144.000, conforme a profecia do Zuvuya. A par das condições naturais das coisas, um novo entusiasmo brotará nessa malfadada criatura, "o homem do século vinte". Esse entusiasmo trará em si um sinal, libertando da matriz uma Campanha pela Terra, a oportunidade de auto-redenção humana.

A Campanha pela Terra é o plano para a transição de um estado mental a outro. Em 1992, o plano iniciado com a Convergência Harmônica terá estabilizado o mundo, embora nem tudo vá estar dominado. Como um giroscópio sofrendo uma oscilação temporária e depois se reestabilizando, assim a Terra, reassumindo o seu trajeto, registrará sua onda elíptica ao redor do Sol. Inspirada e iluminada como uma consciência mobilizada em ressonância consigo própria, e dentro das paredes membranais de seu sistema solar, bastará uma única sincronização para que nosso planeta entre para a Federação Galáctica.

Como um movimento inicial de retorno ao fluxo evolutivo central, de cujo fio de prumo a civilização industrial mais recente foi uma notável aberração, a Campanha pela Terra será ativada por personagens arquetípicos, seres humanos representando sugestões reimpressas por freqüências galácticas sobre a Convergência Harmônica. E não somente isso, mas muitos indivíduos perceberão que estão executando variações sobre o mesmo tema. Mais uma vez a memória comum tomará conta do planeta. Dentre estas memórias e impressões arquetípicas, as principais serão as do Rei Artur e a do Reino de Shambhala. A ressonância arquetípica exige um círculo, uma távola redonda de doze cavaleiros e um rei — novamente o mágico número treze — para restaurar o Reino de Avalon. Avalon é a Terra, e o reino é a nossa intendência ressonante consciente deste belo planeta. Como um clã compromissado com suas responsabilidades guerreiras, os Cavaleiros da Távola Redonda ressurgirão com voluntariedade para se mobilizarem e se sacrificarem em nome da causa da Terra, que é a causa da luz. Todo verdadeiro guerreiro tem deveres para com a luz.

Enquanto a Távola Redonda Arturiana recapitula os treze maias, o mito de Shambhala, o reino místico da Ásia Central, é um eco dos

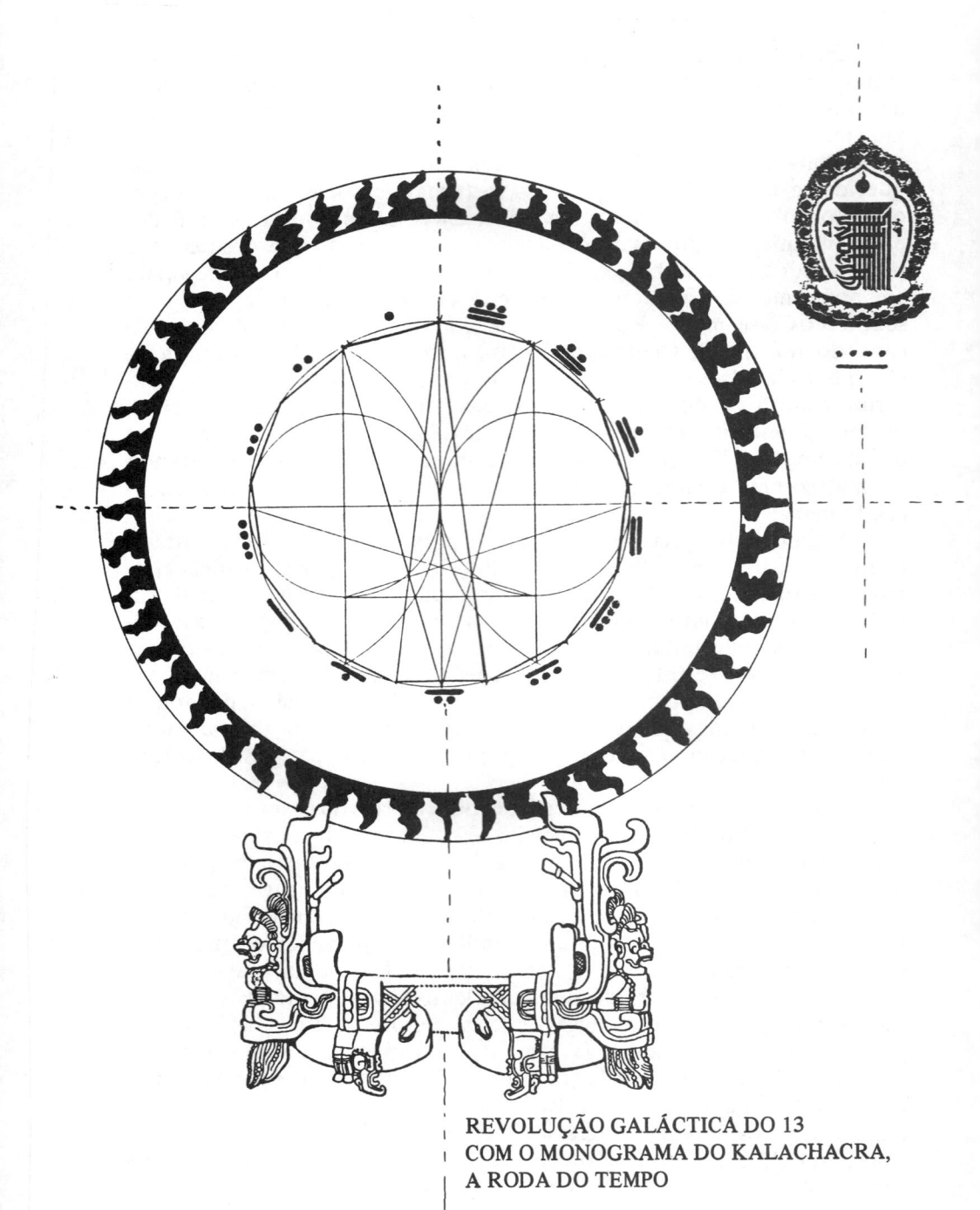

REVOLUÇÃO GALÁCTICA DO 13
COM O MONOGRAMA DO KALACHACRA,
A RODA DO TEMPO

Nove Senhores do destino galáctico, os Senhores do Tempo maias, chamados no Tibete de Nove Grandes Lhas. O Reino de Shambhala é o aspecto central — o nono — num vale cercado por oito grandes montanhas. Seus habitantes, inspirados pelos ensinamentos do Kalachacra Tantra, a Roda do Tempo recebida de seus Reis, atingiram, todos eles, um estado de iluminação coletiva, razão pela qual não mais são vistos na Terra.

Mas, conforme os ensinamentos deixados, promete-se um retorno para livrar o mundo do flagelo dos "Três Senhores do Materialismo". Esse retorno se dará na forma da emanação de um arquétipo coletivo conhecido como Guerreiros de Shambhala. O objetivo da volta é estabelecer o Reino de Shambhala na Terra. E em que isso difere do retorno de Avalon, das injunções do Cristo quanto a entrada no Reino dos Céus, ou a volta de Quetzalcoatl para restaurar o novo reino dos treze céus? Cada variação arquetípica é como uma conta de inspiração retirada ao rosário do Zuvuya Maia. Como ressonância múltipla, o mito abre as portas para uma realidade que é profundamente interdimensional.

O grande retorno da Convergência Harmônica é, portanto, como o despertar de um transe cultural. É a oportunidade para todos se engajarem no Fator Maia e receberem a impressão galáctica. Apesar de, a princípio, não parecermos maias, quando atingirmos o momento da sincronização galáctica, nosso modo de vida será sob todos os aspectos um modelo daqueles que nos precederam na América Central. Só que nos veremos como maias planetários, possuindo uma tecnologia maravilhosamente simples e sofisticada, baseada na combinação das freqüências solares e psíquicas que harmonizam a "razão dos campos dos sentidos". Criando uma tecnologia não-poluidora, nos permitiremos subsistir confortavelmente em pequenos grupos biorregionais, coesos como nodos de informação em um sistema de comunicação que finalmente terá dispensado os fios. E por fim, aproveitando o tempo de lazer para o qual nosso *hardware* genético foi originariamente designado, resgataremos o conhecimento como um só. Assim, nossas vidas se transformarão na vida maior. O mistério do desconhecido, que sempre nos atraiu pela luz que há em seu conteúdo, nos fará expandir a níveis de ser jamais sonhados pelo ego cansado de discórdias nesse velho manicômio.

Como indicativo da velocidade de aceleração planetária, a tecnologia sem dúvida terá transformado a si própria. Através da sincronização, essa transformação mostrará que com todo o nosso *hardware* bioeletromagnético e com a programação galáctica do corpo de luz, somos nós mesmos, em nossos corpos, a melhor e a mais sofisticada tecnologia que existe — *nós* somos além da tecnologia.

CICLO PENTAGONAL DE 26.000 TUN
O *HOMO SAPIENS* COMO
REVOLUÇÃO PLANETÁRIA

8

A ERA SOLAR QUE SE APROXIMA

Através do feixe de radiação galáctica sincronizante de 5.200 tun, o Grande Ciclo, vimos focalizando o clímax de uma fase evolutiva em que um planeta é alinhado com um circuito tecnicamente criado de consciência auto-reflexiva, por causa de uma espécie chamada humanidade. Porém, em se tratando de medidas maias, um ciclo dessa magnitude é relativamente breve. Também, porque pensamos ser o centro do drama, é fácil para nós perdermos de vista que nossa perspectiva certamente não é a única — nem nècessariamente a melhor — capaz de entender a situação.

Como vimos, a ciência maia reconhece a coexistência de diferentes níveis do ser, a coexistência de diferentes dimensões da consciência, que juntos passam por fases de desenvolvimento interativo durante ciclos evolutivos discretos. Estas dimensões incluem: CHICCHAN — o cérebro reptilino ou sistema límbico autônomo — o revestimento físico metabólico e vegetativo; OC — a inteligência horizontal, emocional-conceitual e estratégica; MEN — a mente superior, a inteligência analógica vertical, ressonante, com o objetivo evolutivo do planeta; e AHAU — a mente solar, a mente de luz, a esfera dos guias evolutivos do planeta, que os maias chamam de AHAU KINES, os Senhores Solares.

O surgimento da humanidade — *Homo sapiens* — representa um determinado estágio no ciclo evolutivo de um sistema estelar, um estágio em que a integração intencional dos quatro níveis de consciência torna-se uma possibilidade planetária bem definida. O estágio *Homo sapiens* tem uma duração de 26.000 tun ou cinco grandes ciclos de 5.200 tun. O ciclo de 26.000 tun é mais ou menos equivalente ao assim chamado Grande Ano Platônico. O ciclo de 5.200 tun, que tem sido focalizado em nosso livro, é apenas o quinto ou último estágio do atual ciclo evolutivo. O que estamos vivendo neste clímax da nossa espécie são os últimos 26 anos de um ciclo cuja extensão é de cerca de 26.000 anos!

Essa avançada condição dos seres humanos significa uma utilização competente e consciente de trajes espaciais físicos e tridimensionais para percorrer e dominar o plano físico de um planeta. CHICCHAN e OC são altamente interativos no uso desse traje espacial. O corpo de luz ou duplo-etérico, aquilo que os egípcios chamavam de KA, é a sonda eletromagnética quadridimensional que faz do corpo físico tridimensional o seu instrumento. Ele corresponde a um escoadouro de MEN. Finalmente, o AHAU, a mente solar de cinco dimensões, onde não há tempo. Esta é ativada pelo Zuvuya galáctico e processa informações interdimensionais em nome do planeta. E aqui, na Terra, a esfera dos senhores solares ou guias é o corpo etérico planetário, que é ressonante tanto com o campo eletromagnético do planeta quanto com o seu controle giroscópico interdimensional no núcleo cristalino da Terra.

No começo do atual ciclo evolutivo, há quase 26.000 anos, no auge da última Era Glacial, os senhores solares, os AHAU KINES, foram contemplados, cortesia da Federação Galáctica, com as sementes evolutivas para a ativação de diferentes estágios do presente ciclo. Essas sementes são as formas puramente eletromagnéticas dos arquétipos do ciclo evolutivo. Quando a sincronização da terceira com a quarta necessidade dimensional — o corpo físico com o corpo de luz — alcança certos estágios ou níveis de desenvolvimento, formas arquetípicas adequadas são acionadas.

O nome mítico da quinta dimensão planetária dos senhores solares, os AHAU KINES, os guardiões dos arquétipos do ciclo evolutivo, não é outro senão Shambhala. Diretamente interfaciada com a Federação Galáctica, posicionada em relação ao norte magnético do planeta, e em particular sintonia com Órion e Arcturus, o Reino de Shambhala penetrou na terceira e na quarta dimensões durante um certo estágio do atual ciclo.

Essa manifestação ocorreu logo depois do nascimento do Senhor Buda (filho da Rainha Maia, em 6.10.0.0.0, o ponto médio do Grande Ciclo), quando o Rei Suchandra de Shambhala pediu ao Buda que revelasse os ensinamentos sobre a Roda do Tempo, Kalachacra. Esses ensinamentos, Suchandra levou de volta ao Reino, onde floresceram sob os reinados de sete grandes reis do dharma. Após o reinado do sétimo rei, na verdade uma rainha, Visvamati, o Reino retornou à esfera interdimensional, onde permanece até agora, prenhe de guerreiros espirituais, prontos para descer sobre os desertos materialistas do mundo atual.

Enquanto isso — antes, durante e depois deste interlúdio — os AHAU KINES, os Senhores do Sol, permaneceram vigilantes e sintonizados. É devido à sua influência, que de tempos em tempos desce até nós na forma de sementes eletromagnéticas chamadas arquétipos, que os assuntos humanos têm sido elevados, dirigidos ou transmitidos por meio da religião do Sol, o grande culto solar planetário. De fato, especialmente nos estágios iniciais do atual e último ciclo de 5.200 tun, esse culto foi a forma mais sublime de mobilização de energia social. Acima de tudo, no início do atual ciclo, em 3113 a.C., o culto do senhor solar, RA, no Egito, ocupou um lugar de máxima proeminência. Comemorado e consagrado na décima terceira câmara secreta da Grande Pirâmide, o culto de RA pretendia incidir como um raio de pura luz no começo do ciclo para evocar na humanidade a memória dos propósitos evolutivos superiores.

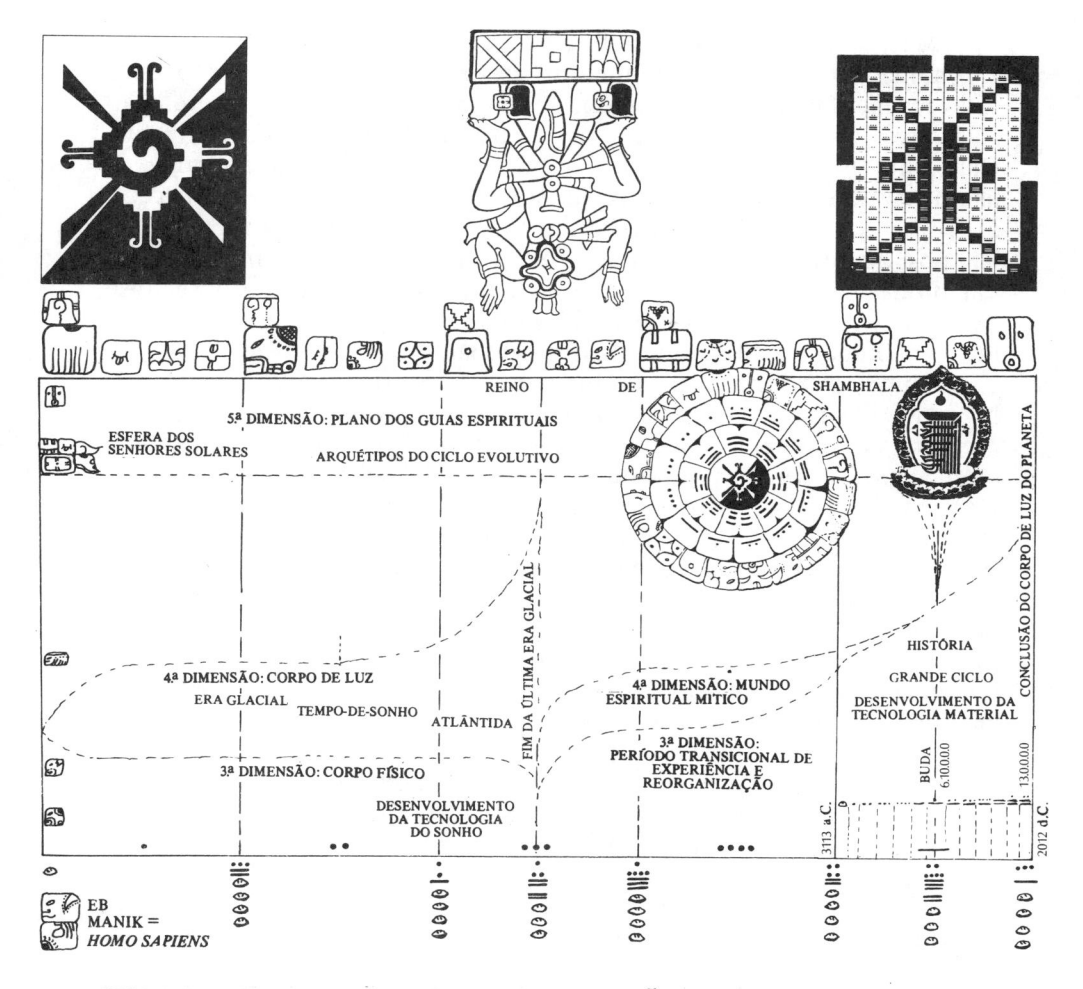

CICLO DE 26.000 TUN MOSTRANDO A RELAÇÃO ENTRE AS 3.ª, 4.ª E 5.ª DIMENSÕES, GRANDE CICLO E REINO DE SHAMBHALA

O culto solar planetário foi poderoso, mobilizando a energia inicial do atual ciclo civilizatório, seja no Egito, na Mesopotâmia, na Índia, na China, no México ou no Peru. Porém, assim que o impacto da criação tecnológica começou a ser traduzida em termos e formas cada vez mais materialistas, diminuiu o poder do culto solar planetário. Reduzida essa influência, os seres humanos começaram a confiar mais em seus trajes espaciais tridimensionais e menos em seus duplos-etéricos ou corpos de luz quadridimensionais. Como resultado, o contato e a comunicação com os AHAU KINES, os grandes senhores solares e guias, retrocederam. O advento de grandes instrutores ou avatares, principalmente o Buda, o Cristo e, nas Américas, Quetzalcoatl, foi para manter viva a memória evolutiva superior.

189

Mas, como já vimos, ao final do décimo segundo ciclo, Baktun 11, a luz do culto solar planetário havia se ofuscado a ponto de a sombra mental chamada matéria, projetada pelo eclipse da religião solar, ser considerada a base mais apropriada para a nova ciência. Daí, num *insight* criado pela sombra, nasceu a ciência do materialismo mecanicista. No fim da conquista espanhola, em 1697 d.C., o eclipse foi total. Em sua força noturna o princípio da regência solar nos assuntos humanos começou a desaparecer da memória de um número cada vez maior de seres humanos. Essa seqüela do eclipse ficou conhecida como a Era do Materialismo e gerou a criação tecnológica máxima, a civilização industrial global.

Como o triunfo do enfatuamento humano com a sua própria inventiva material, a industrialização global vem intensificando a cegueira dos homens modernos quanto à realidade do Sol como uma *inteligência* a ser decomposta em cada atividade nossa. A fumaça revolvida pelos moinhos escuros de Satã, tanto literal quanto metaforicamente, vem provocando o esquecimento de nossa herança solar, colocando-nos à beira da autodestruição. Até entendermos que essa fascinação fatal pela inventiva tecnológica representa um afastamento das forças da luz e negligência em relação ao nosso próprio potencial como co-criadores universais, não escaparemos às conseqüências de tal ignorância. Pois a verdade é que recorremos às engenhocas, não querendo reconhecer o poder que existe em nosso circuito interno, um circuito bioeletromagnético que está diretamente conectado, através dos Senhores Solares, os AHAU KINES, com o Sol. Foi assim que viemos a padecer nos abismos do materialismo. Separada dos guias da quinta dimensão, não aceitando nem a existência do corpo de luz quadridimensional – a "alma" –, identificando-se exclusivamente com o revestimento físico da terceira dimensão, a humanidade materialista traça um caminho de sombras numa escuridão que ela mesma criou.

13 AHAU   GLIFOS KIN   GLIFO "KINICH AHAU" OU AHAU KINES

Miticamente, o desenvolvimento faustiano da industrialização global representa um afastamento da luz – nossa "alma-luz" interior – para perseguir o poder imediato de um dócil domínio tecnológico sobre os recursos materiais. Na realidade, esse distanciamento é uma capitulação das forças das trevas, chamada pelos antigos mexicanos de Tezcatlipoca, O Senhor Negro do Tempo. Foi ele, a contraparte de Quetzalcoatl, quem, disfarçado em Cortés, chegou no México em 1519 d.C., anunciando a entrada no atual "ciclo do inferno" de 468 anos. Encorajados pelo exemplo de homens como Cortés, cúmplices do tosco poder que o domínio tecnológico trouxe a alguns de nós — empenhamo-nos em construir toda uma civilização na ignorância dos princípios da luz e da regência solar.

É significativo que um dos últimos monarcas imperiais da Europa antes da Revolução Industrial, Luís XIV, fosse chamado de Rei Sol. Na época em que o extravagante rei estava em seu túmulo, o carvão era explorado na antiga Albion de Artur. E quando chegou a hora de manifestar o terrível poder do homem faustiano sobre a natureza, é também significativo que tal se deu pela liberação artificial do poder do átomo, o poder que acreditamos gera o Sol, assim criando o nosso próprio sinal de parada, a bomba atômica. Mas, para quê? Hiroxima, Nagasaki e Chernobyl são testemunhas mudas do esquecimento a que o nosso descaso pelo Sol e pelos verdadeiros princípios da ordem cósmica nos levou. Entretanto, as armas nucleares continuam a proliferar, cada uma delas uma projeção mortal de nossa cegueira solar.

Porém, com a transformação tecnológica que se aproxima, e com uns cinco anos até a entrada no último katun da radiação sincronizante de 260 katun/5.200 tun, poderemos ainda renascer e despertar para a dádiva do Sol. Afinal de contas, o 260º katun do Módulo Harmônico é o katun regido pelo 13 AHAU. Treze, o movimento imanente em todas as coisas, é o mais poderoso dos raios de pulsação galácticos. Exaltado no signo da Maestria Solar e da consciência, AHAU, a culminação dos vinte signos, deveríamos esperar o 260º katun como uma era de regeneração espiritual, uma era dourada para o planeta. De fato, apesar do materialismo desumano que aí está, possuímos conhecimentos e percepção temporal para transformar o Katun 13 AHAU, de 1992 a 2012 d.C., em uma Nova Era Solar, que superará em muito as eras douradas solares do Egito, ou mesmo mais recentemente, dos maias clássicos. Pois essa seria uma era dourada genuinamente planetária, prenunciando a entrada consciente na Federação Galáctica. Supondo o melhor, supondo que a Convergência Harmônica é aquela volta helicoidal no DNA coletivo que destrói o velho manicômio e projeta as bases de um novo estado mental, como será isso? O que há além da tecnologia? Como o "modo AHAU", em nós e através de nós, se liga ao Sol? Antes de tudo, pintemos um novo quadro do mundo, que inclua o passado mas recompondo-o em um contexto solarizado.

De acordo com o Fator Maia, vivemos no fundo de um oceano eletromagnético. O que chamamos de plano físico da Terra é o leito do oceano, enquanto nós, como calamares ou animais quase cegos, nos aglomeramos em nossos caminhos estreitos, apenas vagamente conscientes de que nadamos e nos deslocamos no fundo de um vasto oceano eletromagnético multidimensional. Devemos parecer esquisitos para aqueles que nadam em correntes bem acima de nós, e o que dizer dos seres que estão além da superfície? O que será que eles vêem?

Mas, para viver, e sobreviver, nas densas, embora frágeis, profundezas de um mar eletromagnético, devemos possuir um circuito bioeletromagnético. Na verdade, por meio do nosso primoroso radar sensorial, somos capazes de adquirir mais alimentos por parte do campo eletromagnético e de muito mais direção do que agora nos permitimos. Atualmente, desprezamos todos os nossos poderes eletromagnéticos em favor de companhias de utilidade pública privadas ou estatais, às quais temos que pagar por aquilo que é naturalmente nosso. Todavia, como provou Nicholas Tesla em seu laboratório, em Colorado Springs, um único ser humano pode ser co-autor de um campo eletromagnético de incrível intensidade enquanto permanece calmo e em ressonância.

Os elementos do circuito que conectam o revestimento físico tridimensional e incluem o corpo de luz quadridimensional são bem conhecidos. Primeiro, o radar sensorial — os cinco órgãos dos sentidos e a "mente"; depois, os canais neurais que transportam os impulsos elétricos do órgão do sentido para serem processados no computador central, o cérebro; finalmente, os centros psicofísicos, associados ao sistema glandular, chamados de chakras e sua rede de fluxos de energia sutil. O circuito se completa com as correntes sutis que fluem como transmissão ressonante do sistema dos chakras, atravessando o Kuxan Suum, as fibras galácticas, para as vastas correntes do oceano eletromagnético que nos conecta com os planos dos senhores e guias solares; depois para o Sol e daí para o eixo galáctico.

As correntes que transmitem informação das dimensões superiores — a quinta, a sexta e a sétima — do oceano eletromagnético, chegando e saindo do plexo solar, também possuem pontos de entrada no alto da cabeça, na garganta, no coração, nos órgãos sexuais, nas palmas das mãos e nas plantas dos pés. Logo, vemos que o revestimento tridimensional do corpo físico, como qualquer traje espacial decente, tem os seus pontos de conexão que fornecem ao corpo de luz quadridimensional, coexistindo com o corpo físico, seus nodos respiratórios eletromagnéticos.

Os AH KINES, "Servos-Guerreiros do Sol", são os seres humanos que possuem total percepção do corpo de luz dentro do corpo físico e — entendendo o circuito do organismo humano — utilizam aquele para navegar nas águas eletromagnéticas que chamamos de universo. Através da sintonia de seu radar sensorial e do uso adequado do Kuxan Suum, o "cordão umbilical" que surge do plexo solar, os AH KINES estão aptos a se tornarem médiuns estelares, canalizando informação galáctica diretamente no leito terrestre do grande mar eletromagnético. Desta forma, eles abordam os Zuvuyas e mantêm a contagem sagrada. Já que possuímos o mesmo circuito, podemos agir como os fabulosos AH KINES. Cada um de nós, voltado para a simplicidade pós-histórica, pode canalizar diretamente as correntes galácticas alternadas para adequar-se à nossa condição.

Para que isso ocorra, tudo que precisamos fazer é inverter a nossa concepção. O original não é o corpo físico, e sim o corpo de luz. O corpo físico autocinético, como as folhas de uma árvore, é a projeção de nossa realização interior. O corpo de luz, com o seu radar sensorial, canais neurais, computador central, sistema nervoso sutil dos chakras e fibras ultra-radiantes, é o verdadeiro esqueleto do corpo físico. Operando, como o Sol, num gabarito de pulsação com 260 unidades — o Módulo Harmônico Maia —, o funcionamento do corpo de luz é extraordinariamente simples. Porém, o desprezo por ele é que nos leva ao reino das feras.

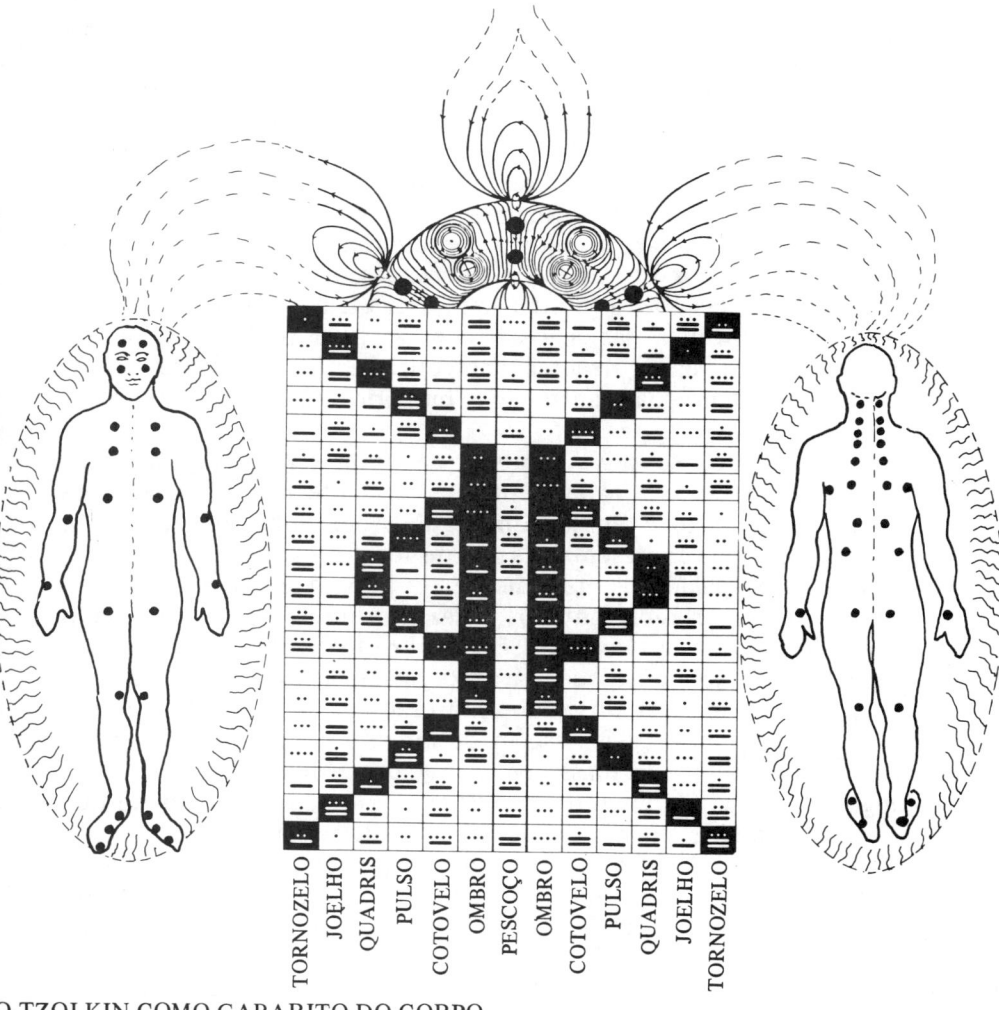

O TZOLKIN COMO GABARITO DO CORPO
COM A LOCALIZAÇÃO DE 52 PONTOS DE ENERGIA

Ao usar o gabarito do Tzolkin como um esquema do corpo de luz, identificamos imediatamente o Tear dos Maias com as correntes elétricas — uma positiva, a outra negativa — que são as correntes polares universais de qualquer campo eletromagnético. Empregando o corpo físico como uma bateria bioeletromagnética, as correntes elétricas universais permutam-se entre si numa pulsação contínua. Esse processo ocorre num nível micro com todas as descargas nervosas e interseções sinápticas. O que chamamos de informação é o processamento "mental" dessas descargas. Isso também acontece no nível macro e toda a unidade física, que cada organismo encerra, pode ser vista como uma única bateria bioeletromagnética acomodando a poderosa permutação das duas correntes universais de energia.

As treze colunas verticais do gabarito harmônico representam as treze articulações mais importantes do corpo, que também separam os principais canais neurais que vão dos pés à cabeça, passando pelas mãos, ligados à coluna central e por ela mediados. Essa sétima coluna mística representa o pescoço e a coluna vertebral, bem como o alinhamento dos chakras. Em ambos os lados da coluna central, as duas colunas imediatamente contíguas representam os ombros, depois os cotovelos e finalmente os pulsos. Continuando na direção externa, as quartas colunas representam os quadris, as quintas, os joelhos, e, por fim, as últimas colunas, as sextas, representam os tornozelos. Estas são as juntas que articulam o fluxo dos canais neurais com as palmas das mãos e com as plantas dos pés, pontochave de entrada das correntes energéticas sutis. Os vinte Signos Sagrados encontram sua contraparte numérica nos vinte dígitos — os dedos das mãos e dos pés.

Os órgãos dos sentidos também são representados pelas treze colunas. A do meio é o canal central — a mente maior que se abre para o universo, vasto e fluido. Em seguida, em ambos os lados, vêm as duas colunas que representam a mente local e os sentidos da visão, audição, olfato, paladar e, finalmente, o tato. Agrupados em volta do canal central, e representados pelas dez unidades de cada lado do Tear dos Maias, estão os receptores neurocerebrais dos órgãos dos sentidos. Os 26 pontos de ativação galáctica que constituem ambas as correntes do Tear dos Maias representam os 52 pontos de harmonização da técnica de massagem de Jin Shin Jyutsu. Na verdade, nossas técnicas atuais de massagem e de cura psíquica não vão muito longe em seu entendimento e, portanto, em sua aplicação do que se pode corretamente chamar de medicina bioeletromagnética.

Utilizando o Módulo Harmônico como gabarito para o circuito do corpo de luz, e compreendendo ser este o verdadeiro esqueleto do corpo físico, podemos verificar que as doenças e epidemias que nos afligem — o câncer e a AIDS — não são efeitos de uma causa celular, mas o resultado direto de bloqueios em nosso campo bioeletromagnético coletivo. Esses bloqueios são a conseqüência imediata do apego aos efeitos de *feedback* de nosso ambiente tecnológico nocivo. A

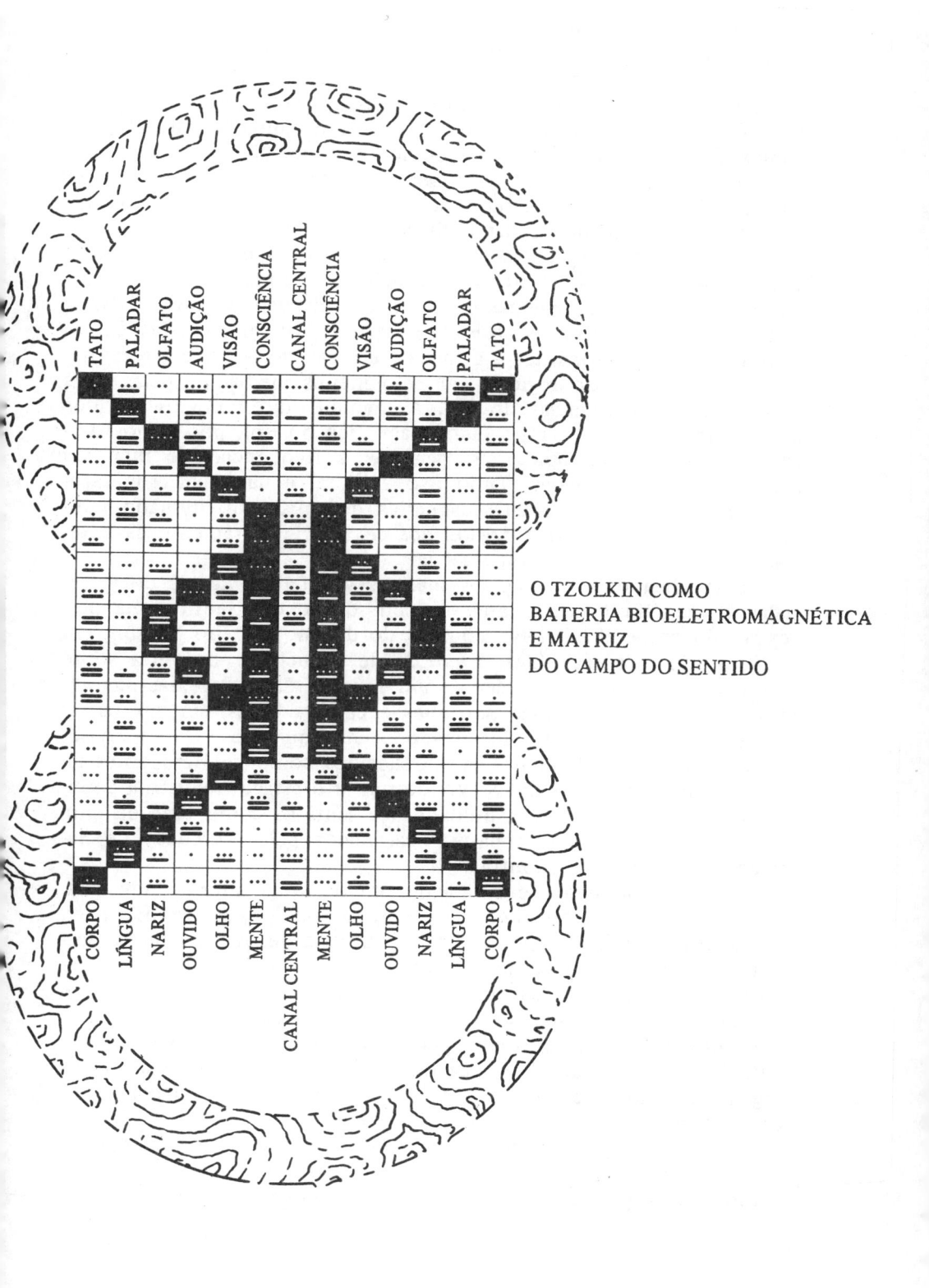

O TZOLKIN COMO
BATERIA BIOELETROMAGNÉTICA
E MATRIZ
DO CAMPO DO SENTIDO

cura para essas moléstias da Recente Era Industrial, portanto, não está na química ou no tratamento radioativo, mas numa mudança radical de tendências, acompanhada pelo desenvolvimento de uma medicina genuinamente bioeletromagnética que explique o poder da mente, a realidade do corpo de luz e a restauração natural e orgânica da ressonância intrínseca como os principais fatores de cura.

A chave de como isso pode ser realizado está mais uma vez no gabarito harmônico, o Tzolkin de 260 unidades. Além de nos dar um esquema do corpo de luz individual que anima cada um de nós, o Tzolkin também descreve o fluxo padronizado da energia e inteligência solar, o fluxo contínuo da própria energia espiritual criativa do universo. Essa energia é também conhecida dos AH KINES, visto que eles praticam as artes da cura tanto quanto aquelas da expressão criativa ressonante — a música e a canção, a cor e a forma — cujos harmônicos são regidos, ou pelo menos mediados, pelas sutis e penetrantes freqüências do Sol. À medida que os nossos sentidos são informados pelo campo eletromagnético do Sol, poderemos descobrir oitavas heliotrópicas no perfume e freqüências de manchas solares em nosso paladar. Tudo isso é literal e não apenas metafórico, pois a bateria bioeletromagnética do organismo humano individual liga-se *através dos órgãos dos sentidos*, diretamente às baterias eletromagnéticas planetária e solar.

Essa idéia não é nova. Os maiores visionários da era do materialismo científico sintonizaram-se com o uso dos sentidos na percepção do corpo de luz. No começo do décimo terceiro baktun, em 1627, a superutópica *Nova Atlântida* de Francis Bacon versa sobre "mineradores da luz" e descreve um mundo cheio de casas panorâmicas, casas sonoras, casas perfumes e casas sabores, em que os requintes dos sentidos são sintetizados e multiplicados. Os supervisores de todas essas atividades são conhecidos como os Mercadores da Luz — os mesmos AH KINES. Vendo passar o estágio industrial da civilização, Bacon sustenta a unidade dos sentidos como base de uma ordem mundial benigna e harmônica, regida pela Sociedade de Salomão, chamada Nova Atlântida.

E Blake, também, se ocupa do fim do atual inferno industrial, que se alcança "aperfeiçoando o prazer sensual". Mas, diz Blake em seu memorável *Céu e Inferno*, "Antes, a idéia de que o homem possui um corpo distinto da alma deve ser expungida". É essa noção de que o corpo é distinto da alma, exteriorizada como a crença de que o homem é distinto da natureza e superior a ela, que causa o bloqueio primário experimentado pelo corpo de luz coletivo durante o atual estado mental. É a raiz das moléstias e dos terrores que os afligem, do câncer e da AIDS ao medo permanente da morte e do horror nuclear.

O aperfeiçoamento do prazer sensual é inseparável da capacidade de perceber a nossa própria força eletromagnética. Através do circuito do corpo de luz podemos nos comunicar diretamente com

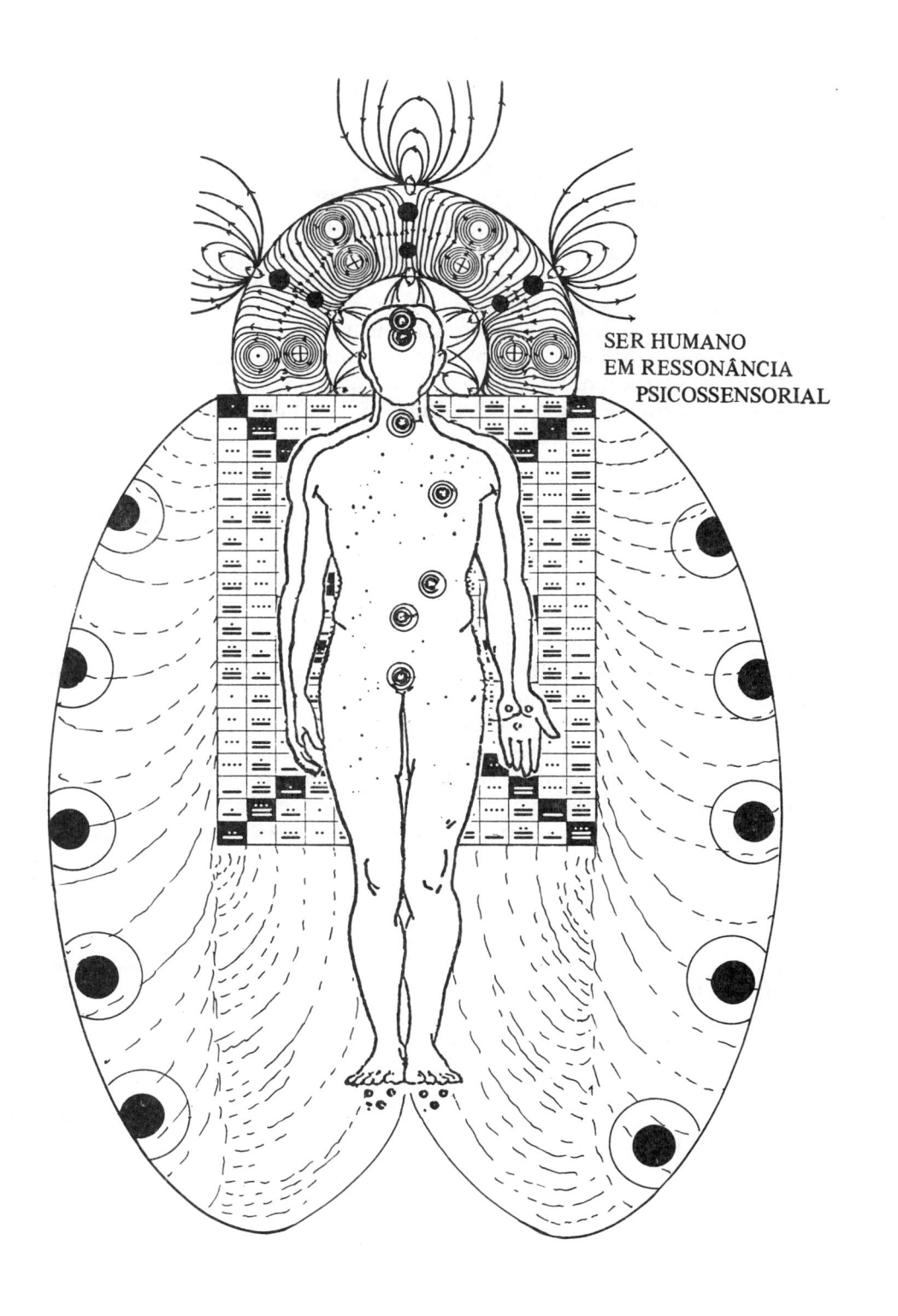

SER HUMANO
EM RESSONÂNCIA
PSICOSSENSORIAL

a estação de força solar. As pulsações eletromagnéticas captadas pelo nosso sistema de radar sensorial, canalizadas pelos nossos canais neurais, purificadas através dos chakras e mediadas pelos nossos guias planetários superiores — os arquivistas dos arquétipos — não são outras senão as pulsações do corpo solar, o Sol, a nossa estrela local.

A chave para o nosso desabrochar nesse estágio final do ciclo evolutivo repousa na simplicidade de estar em ressonância. Mais ainda, é nesse estado que a freqüência psicossolar, mediada pela bateria eletromagnética terrestre, é mantida; que o corpo de luz é alimentado; e que podemos atinar com o conhecimento e a energia necessários à nossa própria preservação individual. Dizer que estamos no limiar da magia é apenas admitir que não acreditamos naquilo de que realmente somos capazes mediante nosso instrumento, o corpo sensorial. O que tem sido demonstrado pelos xamãs e feiticeiros, iogues e mestres espirituais é — afinal de contas — o direito evolutivo de todos nós.

Mas somos seres condicionados, enredados em nossa própria ignorância. Por essa razão, os novos cientistas, "engenheiros sinestésicos", devem erigir casas panorâmicas e sonoras, casas perfumes e casas sabores, de modo que os organismos humanos, há muito desacostumados ao direito natural de seus campos dos sentidos, possam aprender novamente a navegar no oceano eletromagnético. No circuito do corpo de luz encontram-se as leis ressonantes da inconstância para compensar os efeitos de precipitação nos sulcos neurais causados pela habitual obediência às leis da gravidade. A lei da inconstância é tão real quanto esta última e tem tudo que ver com libertar-se do apego à vaidade. Pois, no final das contas, prega-se uma peça nos que não podem elevar-se acima de si mesmos, para se divertirem na vasta luminosidade que as fendas estreitas do egoísmo impedem de entrar na caverna neural do corpo dos sentidos.

Nesse processo, o controle da mente é de máxima importância, pois é dela que fluem continuamente as projeções errôneas sobre a nossa natureza real. A chave para o processo de tomada de consciência está na coluna mística que representa a mente superior. Ela está vazia, um canal aberto totalmente desimpedido. À medida que a mente individual, representada pelas duas colunas em ambos os lados da coluna central mística, permanece aberta, vazia e livre, com acesso, pois, à mente superior, a consciência é mantida, e nós agimos com natural espontaneidade, penetrando um campo onde nada nos pertence. Como crianças dotadas de sabedoria universal, canalizamos e recebemos nossa herança galáctico-solar.

É nessa condição, com a mente aberta e vazia, que surge a nova tecnologia. Utilizando-se o corpo como uma bateria eletricamente carregada ou como um diapasão, constrói-se o ambiente apropriado para o corpo de luz. Células solares, amplificadas e focalizadas por cristais, serão os receptores do campo eletromagnético. A energia captada será transformada em calor ou em energia cinética, e também proporcionará um elevado enriquecimento sensual. A regulagem da energia dar-se-á por meio de sintonia com as freqüências psíquicas. Assim se realizará o sonho de Nicholas Tesla, a "energia livre".

Como observou Tesla, a ressonância da Terra funciona como oscilações de uma gigantesca bateria eletromagnética. Os principais aspectos dessa bateria são duas camadas da ionosfera, a camada inferior lunar e a superior solar, respectivamente 60 e 70 milhas acima do leito terrestre do oceano eletromagnético. São as correntes da ionosfera, em ressonância direta com os campos solar e lunar que atenuam o vento e as correntes atmosféricas das camadas mais inferiores do oceano eletromagnético. Oscilando a aproximadamente 7,8 ciclos por segundo, a ionosfera está em ressonância com o cérebro humano, que — oscilando nessa mesma freqüência — reflete uma condição de samadhi ou absorção meditativa. Essa freqüência neuro-ionosférica comum é uma das mais importantes chaves de acesso à nova tecnologia.

Bem além da ionosfera, encontram-se dois outros componentes da bateria eletromagnética da Terra, os cinturões de radiação — o cinturão galáctico-lunar inferior de prótons, de carga positiva, e o solar superior de elétrons, de carga negativa. São esses cinturões, como uma membrana celular, que fazem a mediação entre as correntes eletromagnéticas maiores ligando o Sol, a Terra e os outros sistemas do eixo galáctico, Hunab Ku.

Em ressonância polar com os cinturões de radiação exteriores encontra-se a memória da Terra: o banco PSI, o cérebro global, a dimensão dos arquétipos do ciclo evolutivo, o místico Reino de Shambhala. Correspondendo à interação da mente coletiva superior, representada pelo signo MEN, com AHAU, a mente solar, o funcionamento da mente planetária e do campo de memória é inseparável da mediação planetária da energia eletromagnética que forma o vasto oceano galáctico. Se entendermos que energia e informação não são diferentes entre si, isto significa que estaremos dando um grande passo na direção da luz. Os grandes fluxos de radiação cósmica que jorram no campo planetário representam variedades de informação. Codificado dentro do banco de memória do planeta e em ressonância com a câmara interdimensional no núcleo cristalino da Terra, essa energia pode ser liberada através de atos ritualísticos criativos e de sintonização místico-extática. O poder criado por tais atos — o poder da poesia, da dança, ou da música — é literalmente o mesmo que anima fenômenos celestes como o arco-íris. Na verdade, somos urdidos com a substância das estrelas.

No campo terrestre, as descargas "naturais" da bateria eletromagnética são numerosas: as auroras que emanam dos cinturões de radiação e que são co-geradas de ambos os pólos magnéticos são as mais importantes dentre essas descargas, tanto pela sua beleza quanto pela extraordinária energia que elas transmitem. O raio, gerado pelas interações da ionosfera com as correntes da atmosfera superior e as pulsações geomagnéticas, é outra das manifestações do poder da bateria eletromagnética da Terra. Intimamente relacionadas com esses fenômenos estão as emanações de seres de energia radiante chamados pássaros do trovão, guias ou seres espirituais de diversas espécies.

Ressonando na mesma freqüência da ionosfera, nosso corpo também tem o seu "raio no sangue", e é caracterizado por duas correntes polares e dois geradores polares. Regulados pelos órgãos sexuais e pela glândula pineal, estes dois pólos em ressonância são capazes de gerar descargas que são o equivalente organísmico individual das auroras. Quando essas descargas são conscientemente ativadas em ressonância com o campo eletromagnético, quando mediado por células solares e cristais, a liberação de energia pode resultar na "iluminação" do nosso ambiente. Dirigindo essas descargas para necessidades de ordem cinética ou de calor, podemos superar os dispositivos mecanísticos e, ao mesmo tempo, impregnar-nos de um prazer ordinariamente desconhecido em nossa cultura atual. Sendo assim, podemos começar a construir nossas casas dos sentidos, que são templos do corpo solar tanto interior como exterior. Há muito tempo atrás, quando a ciência atual ainda usava fraldas. *Sir* Thomas Browne escreveu, "Vivemos como se um Sol invisível queimasse dentro de nós".

Ao construir nossas casas dos sentidos perceberemos que a mente superior *é* o Sol. Surgirá a nova era solar. Nascerá uma visão de mundo que é uma interação urdida de campos ressonantes de maior ou menor magnitude. Entendendo a energia e a informação como transduções de constantes universais representadas por simples operações de harmônicos de onda, criaremos uma tecnologia que é planetária em seu alcance e individual em sua manipulação. Juntando-nos em células-grupo ligadas por técnicas de fusão sensorial, aprenderemos a navegar em um universo tão múltiplo em suas dimensões quanto rico em suas sensações.

Como Novos Maias, tendo renunciado à nossa visão restrita das coisas e atravessado o limiar da história rumo à pós-história, finalmente não haverá ninguém isento de compreender como operar o seu corpo de luz. Pois se saberá que a plena utilização da bateria eletromagnética da Terra depende da plena participação de cada organismo existente no planeta. À medida que o indivíduo torna-se mais coletivo, o coletivo torna-se mais individual. Quanto mais suas consciências individuais se fundirem na bateria eletromagnética do planeta, mais a utilização da inspiração e da inteligência solar afetará esses mesmos indivíduos em suas ações diárias. Desse modo, a sincronização total prenunciada para o final do feixe de radiação de 5.200 tun poderá ser percebida rapidamente, e o embarque galáctico concluído em 2012 d.C., ou 13.0.0.0.0.

O apelo compassivo para a incorporação de todos os indivíduos, operando para que haja uma total integridade bioeletromagnética em células-grupo, cada uma ligada à bateria eletromagnética da Terra, é um chamado do próprio Sol, AHAU KINICH, conhecido pelos

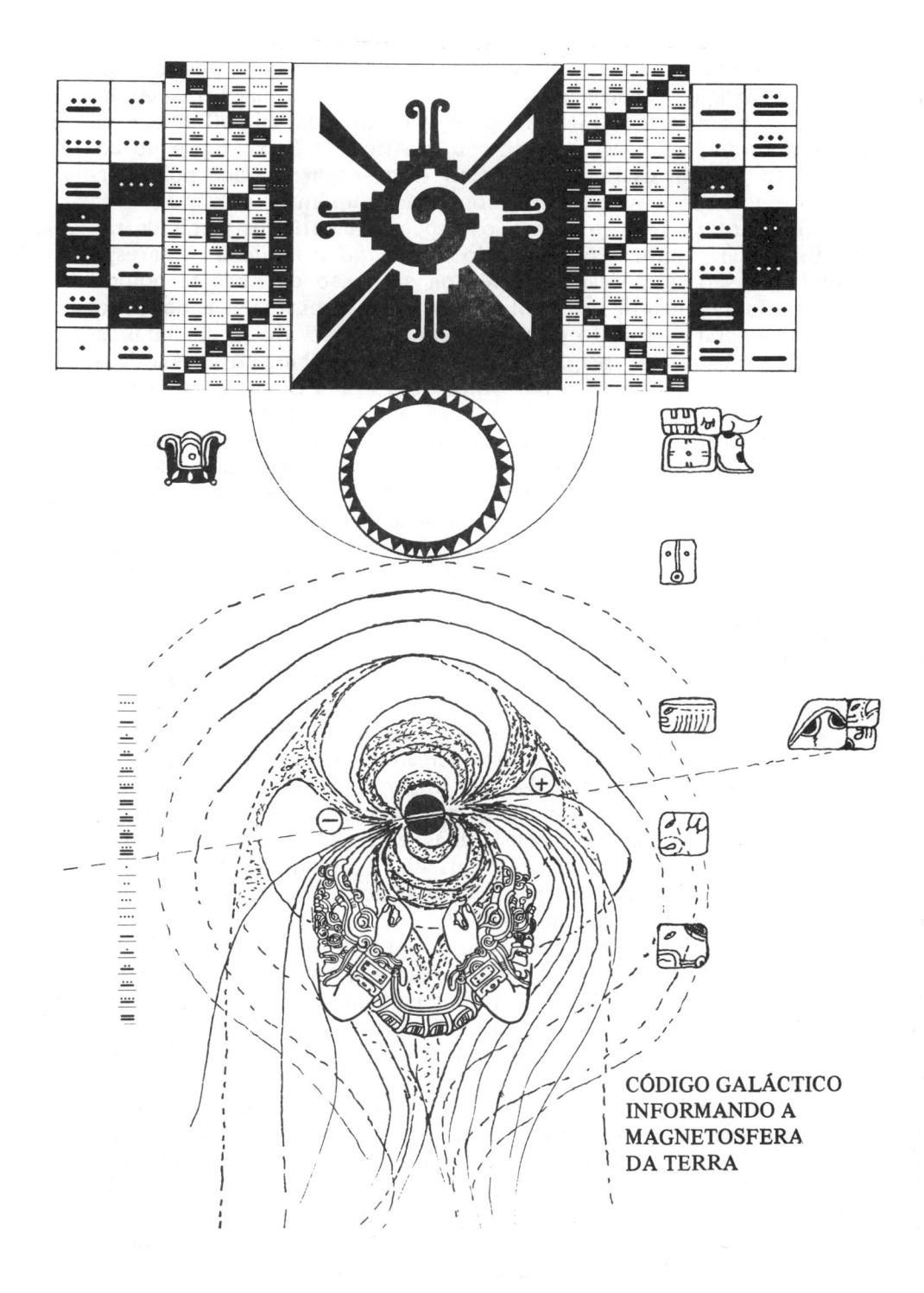

CÓDIGO GALÁCTICO
INFORMANDO A
MAGNETOSFERA
DA TERRA

egípcios como RA, o supremo Senhor Solar. Portanto, não devemos nos surpreender se depois de 1992 d.C. os emissários do Sol, os novos AH KINES biorregionais estiverem assumindo suas posições entre nós, para o estabelecimento do Reino do Céu na Terra. Assim sendo, preparar-se-á o final do ciclo evolutivo de 26.000 tun, e da mesma forma como Menés unificou o Alto e o Baixo Egito no começo do Grande Ciclo, a unificação eletromagnética dos pólos planetários norte e sul marcará a sua conclusão triunfante.

Embora eu tenha descrito os aspectos científicos gerais da nova Era Solar, também é necessário considerar o modo de vida espiritual que será estimulado através da aplicação da nova tecnologia do campo ressonante psicossolar. Sem bases espirituais, a nova Era Solar malograria, transformando-se em mais um abuso de habilidades. Organizada em pequenas células, germes bioeletromagnéticos, a vida dos seres humanos por volta de 1992 d.C. começará a assemelhar-se muito mais ao modo extensivo das famílias da fase pré-histórica do que às famílias nucleares diluídas e fragmentadas da Recente Era Industrial. A ênfase na integridade individual será equilibrada pela participação individual e coletiva nos novos campos criados pelas casas dos sentidos. Cada célula será uma projeção do corpo individual, pois o mesmo circuito animará o corpo de luz individual, o da célula-grupo e o planetário. Uma das funções da nova ciência será prestar ajuda para a exata localização e alinhamento das células-grupo com os pontos planetários, aumentando a ressonância do todo.

No centro de cada comunidade haverá um templo solar, uma simples porém elegante construção para a contemplação e restauração de energia. Junto ao templo, casas de energia e informação: abrigos de luz com cristais solares cercando um centro nervoso educacional computadorizado, ligando o germe bioeletromagnético local com todas as outras células-grupo do planeta. As casas dos sentidos serão radiantemente construídas entre jardins onde se praticarão técnicas de intensificação agrícola e atividades de luz. E finalmente, espalhados em padrões organicamente radiais, teremos os agrupamentos residenciais.

Refletindo o padrão radial do próprio corpo de luz, as formas exteriores das casas dos sentidos irão variar conforme o clima, criando uma grande diversidade de estilos cujo objetivo, entretanto, será globalmente unificado. Combinando riqueza sensorial, que nos dias de hoje exigimos dos fones de ouvido e das salas de projeção cinematográfica, com o intenso envolvimento resultante da participação ritual e de um total engajamento sensorial, as atividades das casas dos sentidos serão o nexo de ação que nos ligará à bateria eletromagnética do planeta. Em vez de irmos para o trabalho todos os dias às nove horas da manhã, deveremos nos preparar para a celebração do ritual de sintonia sensorial com as pulsações galáctico-solares. Através da fusão sensorial — a união de vários sentidos na experiência da sinestesia — perceberemos uma expansão sinérgica da energia e do prazer.

O tempo disponível para tanto será a conseqüência natural de nos haver despojado de uma economia militar desnecessária e da produção de bens de consumo supérfluos e mesmo tóxicos, em total desacordo com a realidade do corpo de luz. Alimentando-nos da maneira mais simples e localizada possível, transformaremos o excedente de nossa riqueza em pesquisa, educação e produção artística necessários para o estabelecimento de um organismo coletivo saudável, em sintonia ressonante com o Sol e, através deste, com o núcleo galáctico, Hunab Ku.

Além do desenvolvimento do prazer sensual, haverá igualmente um aperfeiçoamento dos poderes psíquicos ou paranormais. De fato, todos serão um canal — um médium —, e o que hoje consideramos ser impressões psíquicas ou veiculações não passarão de brinquedo de criança quando comparadas ao nosso real potencial. Em vez de trazer à consciência arquétipos melancólicos do passado anunciados em vozes pseudofantasmagóricas, nos comunicaremos diretamente com as estrelas. Veremos que o nosso entusiasmo e a nossa aventura está em coletivamente fazer travessias interdimensionais que simultaneamente intensificam o nosso crescimento na direção da sincronização coletiva do corpo de luz do planeta. Abrindo os campos dos sentidos, há tanto tempo desprezados, ao menos para a nutrição do corpo de luz do planeta, os OVNIs finalmente serão entendidos como fenômenos interdimensionais gerados na Terra, células eletromagnéticas galacticamente programadas, a nós acessíveis com propósitos educacionais.

Como os maias que nos precederam, estaremos conscientes de que o caminho para as estrelas passa pelos sentidos e que a utilização adequada da mente como fator de controle auto-regulador nos ajudará a facilitar o trânsito para diferentes níveis ou dimensões do ser. Essas dimensões ou níveis do ser, agora freqüentadas pelo que chamamos de OVNIs, são universalmente acessíveis e, portanto, constituem o ponto de encontro de inteligências de diferentes setores da galáxia. Como um germe multidimensional, o modelo do nosso "novo" lar galáctico, além dos meios de "transporte" para as diferentes dimensões do oceano eletromagnético, é o grande canal central único ao longo do qual os vários níveis do ser estão dispostos: individual, coletivo, planetário, solar, estelar, da matriz-código e do núcleo galáctico.

À medida que formos aprendendo a navegar na mediana galáctica pelo uso competente das freqüências harmônicas ressonantes, nos juntaremos na vida maior. Encontros psicossensoriais diretos, com perspectivas mais reais e mais amplas do que as sugeridas pelos radiotelescópios irão naturalmente dissolver valores que agora nos amarram, através do medo, a nomes e lugares. Ao viver a plenitude do significado da vida universal, seremos guiados pelo altruísmo e pela com-

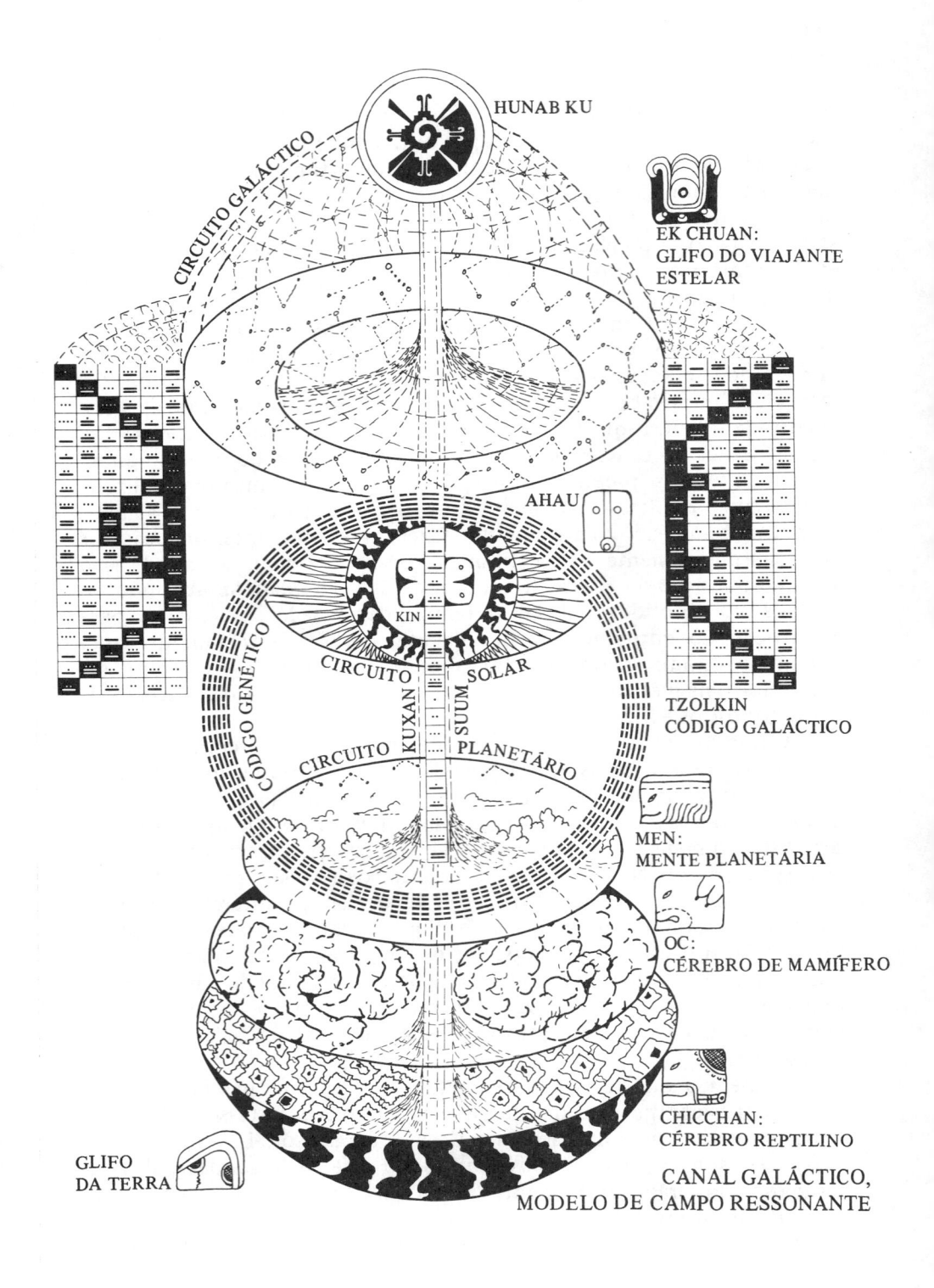

HUNAB KU

EK CHUAN:
GLIFO DO VIAJANTE
ESTELAR

CIRCUITO GALÁCTICO

AHAU

KIN

CIRCUITO SOLAR

CÓDIGO GENÉTICO

CIRCUITO KUXAN SUUM PLANETÁRIO

TZOLKIN
CÓDIGO GALÁCTICO

MEN:
MENTE PLANETÁRIA

OC:
CÉREBRO DE MAMÍFERO

CHICCHAN:
CÉREBRO REPTILINO

GLIFO
DA TERRA

CANAL GALÁCTICO,
MODELO DE CAMPO RESSONANTE

paixão. Como navegantes ressonantes, encontraremos os grandes seres dos nossos mitos e o tempo-de-sonho nos envolverá com todas as suas riquezas sutis. Técnicas e *insights* desenvolvidos pelas grandes tradições místicas estarão na vanguarda de nossas atividades, e lá, onde outrora sucumbimos ao medo da morte, veremos mais uma vez aquela continuidade do ser que percebe a totalidade em cada um de nós.

Ao atingir o ser universal, não podemos subestimar o poder do que agora chamamos de música, canção e som harmônico. Através das casas dos sentidos, sonoras e coletivas — os templos radiossônicos —, os harmônicos surgirão a ponto de percebermos o Reino do Céu na Terra. Ao compreender que a navegação é função de um harmônico superior com o qual estamos sintonizados coletivamente, descobriremos ao mesmo tempo níveis de memória cada vez mais profundos. Constituída de padrões primários de ressonância, a memória virá a ser entendida como o padrão radial que unifica todos os níveis do ser e da consciência. Por meio desse conhecimento, anunciado como os tons altissonantes da sincronização coletiva, será aberto o palácio da memória universal. Campos estelares se unirão e a consciência da humanidade será banhada pelos vagalhões da criação cósmica.

Vivendo através dos nossos sentidos, tornaremos conscientes, por fim, o tempo-de-sonho venerado pelos aborígines. À medida que embarcarmos nas ondas de pulsação de nossos circuitos neurais, restabeleceremos a comunhão com os outros reinos: o mineral, o vegetal, o animal e os estratos superiores do mar eletromagnético. Operando novamente dentro do contexto de uma hierarquia natural maior, nossa vida irá combinar a resiliência ambiental do xamã com o aparato de uma corte medieval, e tudo isso será iluminado por uma bioluminescência intrínseca que faz com que a eletricidade dos nossos dias não passe de uma insinuação. A humanidade voltará a ser um reino, mas um reino subordinado ao Sol, e toda a Terra seu único domínio.

Temperados e amadurecidos pelo nosso breve encontro com a máquina e com os horrores da experiência nuclear, a nobreza no Novo Reino será um traço universalmente reconhecido. O valor democrático do indivíduo não será abandonado, mas, em vez disso, uma nova compreensão do individual na hierarquia galáctica será estabelecido. O exemplo dos xamãs-guerreiros que pela primeira vez passaram da história para a pós-história servirá para todos. Crônicas de beleza lírica e de proporções épicas irão desabrochar espontaneamente com a sintonia coletiva diária. E no mercado, no teatro, a dança e as canções animarão a troca de informações e mercadorias conduzida pelos mercadores da luz.

E ao se perguntar como tudo isso será governado e regulado, não subestimemos o papel do senso comum e da inspiração humana dirigida e informada pelo Conselho de Assuntos Solares e Planetários.

MATRIZ DE PULSAÇÃO DE RESSONÂNCIA PSICOSSOLAR

Incumbido de monitorar o alinhamento da bateria eletromagnética terrestre com as freqüências e pulsações solares para a grande ressonância harmônica do todo, as operações desse Conselho afetarão naturalmente todas as outras atividades e ações do planeta.

Operando em íntima colaboração com o Alto Conselho de Assuntos Solares e Planetários, haverá o Conselho dos Midiarcas e o Conselho dos Geomantes. O primeiro será encarregado da disseminação da informação e da educação através de uma rede de computadores e vídeos; o segundo terá por incumbência a interface harmônica e artística entre o ser humano e os campos planetários de ressonância. A ação conjunta desses dois conselhos será o de realizar sincronizações cada vez maiores na raça humana. A vasta miscelânea de organizações biorregionais mandará emissários ao Conselho de Assuntos Solares e Planetários para conferências anuais, solstícios e equinócios. O evento principal e foco de todas as atividades será a promoção semi-anual de comemorações em todo o planeta do Dia Solar Terrestre.

Após despojar a velha instituição militar de sua opulência e eliminar os recursos tóxicos, a economia depois de 1992 d.C. será regulada livremente. Árbitros ou supervisores econômicos, trabalhando juntamente com o Conselho de Assuntos Solares e Planetários e o Conselho dos Midiarcas, viajarão pelas biorregiões recolhendo informação a fim de igualar a produção e a distribuição da riqueza global. De fato, a riqueza será a informação distribuída em unidades de acordo com as biorregiões locais. As trocas serão estabelecidas entre os representantes dos diferentes grupos, realizando-se polinizações cruzadas no âmbito cultural, informativo e econômico. Viajando sob a bandeira do Ser Solar, equipes de árbitros econômicos serão acompanhados por alegres menestréis e *troupes* artísticas em sua tarefa de hibridação planetária.

Atividades criminosas como o roubo, a estocagem, o saque, o estupro e o assassínio serão tratadas pelo Conselho de Reabilitação Criativa. Operando em colaboração com o Conselho de Saúde Geral, aquele enviará todos os "criminosos" para Centros de Reabilitação Criativa supervisionados por ritualistas geomantes que, após o diagnóstico, destinarão aos ofensores tarefas criativas relacionadas com as Casas dos Sentidos.

Não havendo mais necessidade da guerra, e com os cidadãos do planeta estimulados para a Campanha pela Terra, a fisionomia de toda a sociedade irá mudar rapidamente na próxima geração. À medida que se aproxima o ano de 2012 d.C., o planeta estará vibrando como nunca. Os cinco anos finais do período, 2007-2012 d.C., serão direcionados para o posicionamento de equipes de sincronização galáctica em todos os nodos reticulares do corpo de luz planetário.

Utilizando padrões de informação harmônica que inter-relacionam os corpos de luz individual, planetário e solar, sintonizados com as freqüências galácticas, grupos de navegação coletiva psicossolar e equipes de sincronização trabalharão para que nenhum indivíduo seja deixado fora de sintonia. Os grupos de educação e reabilitação servirão nas mais longínquas prisões e nos mais afastados hospitais. Equipes de medicina bioeletromagnética providenciarão para que cada cidadão biorregional seja alinhado com o gabarito do corpo de luz planetário. Monitorando sinais da Federação Galáctica, unidades avançadas do Conselho de Assuntos Solares e Planetários darão as últimas instruções às equipes de sincronização.

Então, tudo estará pronto. O momento único, o momento de sincronização planetária, 13.0.0.0.0 no feixe de radiação, terá chegado — a conclusão não apenas do Grande Ciclo, mas do ínterim evolutivo chamado *Homo sapiens*. Em meio às preparações festivas e aos espantosos sinais galáctico-solares psiquicamente recebidos, a raça humana, em harmonia com os animais e com os outros reinos, e assumindo seu lugar de direito no grande mar eletromagnético, será unificada num só circuito. Transmissões sonoras solares e galácticas inundarão o campo planetário. Finalmente, a Terra estará pronta para surgir em meio à civilização interplanetária.

Então, como se um interruptor estivesse sendo acionado, uma grande voltagem percorrerá esse circuito finalmente sincronizado e integrado chamado humanidade. A própria Terra será iluminada. Uma corrente carregando ambos os pólos atravessará os céus, ligando as

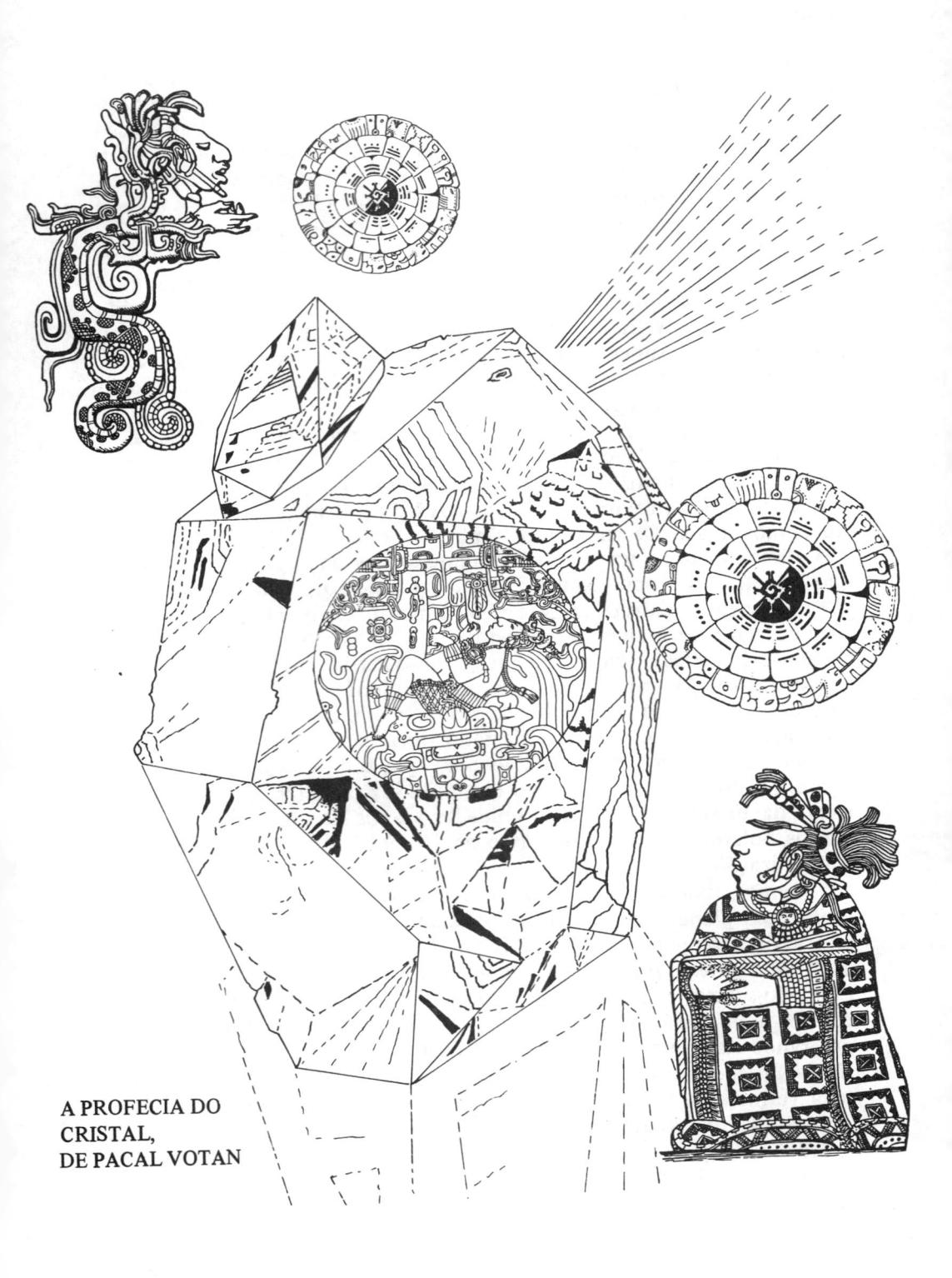

A PROFECIA DO
CRISTAL,
DE PACAL VOTAN

auroras polares num único clarão. Como um arco-íris, esta energia circumpolar unindo os antípodas planetários será instantaneamente compreendida como a projeção externa da unificação da mente coletiva da humanidade. Nesse momento, seremos projetados coletivamente em um domínio evolutivo que hoje é inconcebível.

Entretanto, deveremos saber. Como crianças em um vasto e novo *play-ground*, reteremos na memória a mais elevada e mais exaltada visão. Novos níveis de espontaneidade serão iluminados. Em todos os lugares se ouvirão as Vozes da Federação Galáctica: os Anciães, os Ancestrais, os grandes Bodhisattvas e Santos, os maias, o nosso Eu mais profundo, o Espelho Cósmico, a Indumentária do Tempo e do Espaço feito Um. Como uma só voz, será anunciado: e agora começa a aventura!

Ora, alguns dirão que teci uma fantasia, uma história utópica, irrealizável em tão pouco tempo. Mas eu apenas a criei a partir do que os maias deixaram e dos ensinamentos da vastidão da mente, a todos acessível. De acordo com as profecias de Shambhala, após a derrota final dos Três Senhores do Materialismo, impingida pelos exércitos espirituais no final do ciclo, haverá uma Era Dourada de 500 anos. Enquanto seguimos neste último fractal baktun, atravessando momentos tenebrosos de um desfecho faustiano para a libertação planetária final desse cativeiro por nós mesmos criado, deixemos que aqueles xamãs-guerreiros entre nós recobrem o ânimo. Pois é pelos portais abertos do coração que o futuro retorna em todo o seu esplendor.

Humildemente apresentada como uma dádiva para as crianças, termino a minha obra com o código de honra dos maias:

In Lake'ch: Eu sou um outro você.

Concluído em 1 Imix, 12 Zotz, 6 de outubro de 1986, Ano Oriental 7 Muluc.

Boulder, Colorado, Central Rockies, América do Norte.

O GRANDE SELO
DA FEDERAÇÃO GALÁCTICA

UMA INTRODUÇÃO AO PARADIGMA RESSONANTE: GLOSSÁRIO DE TERMOS E CONCEITOS MAIAS

A Perspectiva Maia, embora freqüentemente caracterizada como tendo uma obsessão pelo tempo, não possui, na verdade, uma palavra específica para ele, ou mesmo palavras para espaço ou matéria. Por essa razão, a Perspectiva Maia é excepcionalmente qualificada como um paradigma ressonante e matricial, distinto do paradigma atual que é atomisticamente ancorado em calibrações de espaço, tempo e matéria.

O glossário de termos que se segue, inspirado por Domingo Martinez Parédez e livremente adaptado de sua obra *Parapsicologia Maia* (México, 1981), pretende ser uma introdução ao *Paradigma Ressonante*. Seu objetivo é fornecer ao investigador uma base para pensar uma visão da realidade diferente da que hoje predomina no mundo, embora dentro da estrutura de uma concepção fisicista pós-quântica. Essa visão da realidade, como a maia, é um paradigma baseado em harmônicos de onda e campos ressonantes. Os termos estão arranjados, tanto quanto possível, para apresentar um desdobramento cosmológico coerente dessa perspectiva dinâmica não-materialista.

O Glossário é seguido de vários parágrafos que ampliam o significado do Tzolkin, colocando-o no contexto da holonomia — a lei que governa sistemas integrais.

GLOSSÁRIO MAIA

HUNAB KU. O Único Doador do Movimento e da Proporção. O princípio da energia inteligente que permeia todo o universo, animado ou inanimado.

HUYUB CAAN (HURUCAAN). O Coração do Céu. O construtor celestial, princípio do desígnio cósmico.

KIN. O Sol. Principal mediador de HUNAB KU para o nosso sistema planetário. O Dia. Unidade harmônica ou propriedade ondulatória básica.

KINAN. Força Solar. Energia espiritual superior. A mente solar enquanto meio universalmente acessível de transmissão da energia psíquica superior neste planeta.

TIN KINANTAH. Qualidade da transmissão espiritual de energia; energia superior relacionada ao Sol e responsável pelos diferentes tipos de fenômenos psíquicos ou paranormais.

KINICH AHAU. O Senhor do Sol. Supervisor galáctico, mente solar ou mente de luz.

AHAU KINES (Também AH KIN, AH KINES). Senhores Solares. Sacerdotes do Sol. Profetas da harmonia, videntes.

BAAXTEN. Capacidade de projetar energia, bem como o efeito dessa projeção.

PAX. Ruptura cósmica, o poder da música.

PIXAN. Aquele que se manifesta dentro da forma, o "espírito".

TIN UILA LUUN TUL PIXAN. Ver uma alma, um espírito. Perceber o manifesto.

KUXAN SUUM. A estrada para o céu que conduz ao cordão umbilical do universo. Fios galácticos vitais invisíveis mediados por KIN, o Sol.

CAAN. O Céu.

CAN. Serpente, energia, o quatro. Funções de onda de energia quádrupla: força gravitacional, força eletromagnética, força forte e força fraca (as duas últimas combinadas criam o campo biopsíquico ou psi). (No I Ching, as quatro funções de onda energéticas correspondem respectivamente ao Jovem Yin, Jovem Yang, Velho Yang e Velho Yin.)

NAC. O inverso de CAN, princípio da forma.

CANNAC. Princípio de que não há forma sem espírito e vice-versa. Complementaridade de forma e energia. Também, aquilo que tem de ser aprendido.

TUMEN. Causa e efeito. Princípio da relação causal.

CUXTAL. Atingir a oxidação (CAXUM). Princípio gerador da vida.

CANIL CUXTAL. Serpente da vida. Energia resultante da oxidação ou que assume forma, limitação da energia; conseqüentemente, sofrendo como qualidade primária da existência.

WINCLIL. Ser humano. WINC, tubérculo, raiz; LIL, vibratório, portanto, humano. Raiz vibratória cósmica ou ressonador.

CI'ZIN. Radiação, raio, psique. Projeção da energia particular, personalidade.

ET P'IZ. Nossa medida. Lei do karma, compensação.

K'OCHIL. Aquilo com que nascemos, aquilo com que morremos. Resíduo kármico que modifica a existência individual.

YACUNAH. Amor, ao mesmo tempo sofrimento. Pungência inexorável da existência.

IN LAKE'CH. Eu sou um outro você. Princípio do amor e compaixão universal.

CHAN. Qualidade da inteligência. Intelecto.

CHICCHAN. Réptil. Mente instintual. Inteligência primária.

CHANES. Os primeiros filhos do Sol. Mensageiros galácticos.

ITZAES. Os primeiros filhos da água. Os atlantes.

HOB, HOOL. Cabeça, idéia. Mente ou faculdade mental.

NENHOOL. Espelho da mente. Tudo é reflexo. Princípio do NAGUAL, ou duplo espiritual do corpo de luz.

PANCHE BE. Procurar a raiz da verdade. Caminho natural da existência.

MEN. Acreditar, criar, fazer. Força mental superior, expressando PIXAN, energia espiritual, mediada por KINAN, mente solar superior.

H'MENES. Feiticeiros, magos, curandeiros. Aqueles versados no MEN.

H'PULYAHES. Lanceiros do mal. Deturpadores da energia.

DZAC. Feitiço, veneno.

OL, OLAL. Qualidade do que é animado. Vontade, qualidade do espírito (PIXAN) enquanto formas animadas de expressão.

OL UOLAH. Espírito da vontade praticado de acordo com a lei de causa (TUMEN) e efeito (ET P'IZ).

LUK'AN TUMEN CAN. Os portadores da serpente. Os iniciados.

TUCU'T. Pensar, venerar.

THAN. Gota d'água. Poder da palavra.

HEL, GEL. Ovo, zero, base da transformação.

CANHEL. Serpente autotransformadora. Dragão. Totalidade da energia quádrupla manifestada como ser-energia autotransformador.

CHE, TE. Árvore. TE-OTL. Espírito da árvore. Energia divina.

YAX. Verde. Poder da Renovação.

YAXKIN. O centro. Fonte sem origem. Lugar de Renovação.

YAXCHE. Árvore primitiva. Eixo do universo. Coluna mística. Ser humano como canal.

BAAL CHE. Criatura da árvore, isto é, animal, poder animal.

TOK'ZAH. Acupuntura.

HUP KIIX. Furar com agulhas.

XICH. Nervo. Rede elétrica.

ZUVUYA, ZUYUYA. Circuito por onde todas as coisas retornam a si mesmas. Décimo terceiro céu ou céu superior. Ponto planetário de entrada. Linguagem dos KATUN, a gramática da harmonia.

TZOLKIN. Contagem dos dias. Calendário Sagrado, matriz cósmica. Módulo harmônico universal que acomoda cada permutação possível de HUNAB KU — O Único Doador do Movimento e da Proporção.

O movimento — princípio da energia doador da vida — é representado pelo número treze, OXLAHUN. Cada número, de um a treze, é considerado uma emanação-pulso de uma qualidade específica de energia que confere estrutura inerente e significado às possibilidades do ser. Incluindo os doze números que o precedem, o treze é a força imanente em todas as coisas, o número do céu mais elevado, a fonte da informação galáctica.

A Proporção — princípio da energia criador da forma — é representada pelo número quatro, CAN. A esse número correspondem as quatro funções de onda primárias: gravidade — atração; eletromagnética — radiação; força forte — transmissão (psíquica); e força fraca — receptividade (psíquica).

O 4, representando a Proporção, multiplicado por 5, o número que descreve a estrutura matricial primária — o centro e os quatro pontos cardeais —, é igual a 20. O TZOLKIN — o Módulo Universal

Harmônico — na verdade é uma matriz criada pelas permutações de dois números-chave, o treze e o vinte (4x5). Assim, a matriz de pulsação TZOLKIN consiste em 260 unidades de permutação.

As treze colunas verticais do TZOLKIN representam o princípio do movimento; as vinte colunas horizontais representam o princípio da proporção considerado como cinco seqüências rotatórias de quatro estações ou posições matriciais.

Embora o Tzolkin seja visto geralmente como o Calendário Sagrado de 260 dias — os números de um a treze repetidos vinte vezes em combinação com os Vinte Signos Sagrados —, na verdade ele é muito mais do que isso. Por ser a Matriz Harmônica Universal, ele é também o módulo do BANCO PSI, o campo de memória do planeta. (Ver *Earth Ascending*, Mapas 1, 2, 3, 9, 29, 30, 31, 32, 40, 41, 42, 46, 47, 48.) Oito desses módulos constituem o BANCO PSI, quatro por campo polar, o quatro novamente recapitulando o número da proporção. Tomado como uma contagem dos dias, dezesseis Tzolkin correspondem a 11,3 anos, o número médio que descreve a periodicidade dos ciclos binários das manchas solares, do começo do movimento à inversão polar. 11,3 multiplicado por 23, o número médio para um movimento total de manchas solares, é igual a 260, o número de unidades num Tzolkin, o Módulo Harmônico Universal.

Tomado como um grande calendário, o Tzolkin descreve o GRANDE CICLO MAIA, ou Holograma do Tempo. Este Ciclo, que corresponde a 5.125 anos da Terra, vai do ano terrestre agora calculado como 3113 a.C. até o ano terrestre 2012 d.C. Consiste em treze ciclos baktun de vinte katun, para um total de 394 anos por baktun. Também consiste em vinte Ciclos AHAU de treze Katun, totalizando 256 anos por ciclo.

Ao se falar do Grande Ciclo, a palavra calendário deve ser usada com cuidado. O Holograma do Tempo acompanha a Perspectiva Maia. Isto é, assim como o Tzolkin é o Módulo Harmônico Universal que acomoda todas as permutações de movimento e proporção, o Grande Ciclo deve ser entendido como o holograma da possibilidade civilizacional, proporcionando calibrações harmônicas que ligam o processo evolutivo terrestre com o programa galáctico. O objetivo do Holograma do Tempo é que a manifestação inteligente construa o CORPO MÍSTICO DO PLANETA. Esse Corpo é a CONFIGURAÇÃO TRÍPLICE BINÁRIA DE 52 UNIDADES ou TEAR DOS MAIAS contido no Tzolkin, a quem concede uma estrutura única.

Visto que o Holograma do Tempo, o Grande Ciclo de 5.125 anos, não é diferente do módulo-chave do Campo de Memória do planeta, o Banco Psi, pode-se considerá-lo como o campo em que certos padrões universais são representados. A representação hábil desses padrões de memória resultam na construção bem-sucedida do Corpo Místico do Planeta. O Corpo Místico é o aspecto de KINAN, a Mente Solar, ou Força Mental Superior, pois se unifica com um de seus filhos, no caso, a Terra.

Deve-se observar com cuidado que em termos do Grande Ciclo, o planeta está prestes a entrar no 260º Katun (1992 d.C.), que é também o 52º Katun do Corpo Místico, um Katun que manifesta o décimo terceiro raio de pulsação e é regido pelo vigésimo Signo AHAU, a Mente Solar. É crucial entender o holograma do tempo, as estruturas ressonantes e os padrões de memória do planeta se se quer concluir o Corpo Místico e estabelecer KINAN e a Força Mental Superior no planeta Terra.

Entender o Holograma do Tempo e as estruturas ressonantes em termos do Tzolkin não é difícil. Enquanto Módulo Harmônico Universal, o Tzolkin não é menos concreto do que nossa composição genética e as funções do corpo — WINCLIL —, a raiz vibratória cósmica.

Pelo fato de cada um dos oito módulos da Matriz do Banco Psi do Tzolkin poder ser dividido em oito partes iguais, toda a matriz do Banco Psi comporta o campo gerador de unidades do DNA — 64 (8x8), o banco planetário da informação genética. Além disso, treze, o número do movimento, corresponde às treze articulações mais importantes do corpo: os ombros, os cotovelos, os punhos, os quadris, os joelhos, os tornozelos e, correspondendo à coluna mística, o pescoço e a espinha dorsal. Ao quatro, número de medida, correspondem os dois braços e as duas pernas, enquanto ao vinte (4x5) correspondem os vinte dedos — dez artelhos e dez dedos. Às 52 unidades da TRÍPLICE CONFIGURAÇÃO BINÁRIA correspondem os 52 pontos meridianos — 26 em cada lado do corpo.

Desde que a estrutura do código dos 64 códons é idêntica à da linguagem codificada do I Ching, estabelece-se uma relação íntima entre a chave do Banco Psi/Tzolkin de oito partes e o I Ching compreendido como código da vida. A razão da existência dessa conexão é o fato de o Tzolkin ser o Módulo Harmônico Universal auto-existente, que contém os gabaritos da matriz para o DNA e o I Ching. Estes sistemas — Tzolkin, DNA e I Ching — são todos padrões geradores de memória cujos códigos são definidos por simples relações numéricas. Decifrar os padrões de memória contidos nesses códigos é a primeira tarefa do momento atual na história da humanidade. Ao decifrar estes padrões de memória, a inteligência humana pode alcançar um entendimento inicial da construção do Corpo Planetário Místico — KINAN — no ano de 1992, época em que se entrará no 260º katun e em que o décimo terceiro raio de pulsação será manifestado pelo Signo AHAU.

 O SISTEMA NUMÉRICO HARMÔNICO MAIA

O sistema numérico maia fundamenta-se numa progressão binária que avança exponencialmente, utilizando o 20 como base. Todo o sistema de progressões harmônicas binárias infinitesimais é registrado com apenas três notações: um ponto indicando unidades; uma barra indicando cinco unidades; e uma concha indicando zero, posição ou inteireza. É binário porque, numericamente, 20 tem um valor de base 2. Precisamente por ser um sistema *vigesimal*, a matemática maia recapitula a progressão binária universal. Logo, enquanto estiver na primeira posição, uma unidade é igual a 1; na segunda posição, uma unidade é igual a 20; na terceira, igual a 400; e assim por diante. Na progressão numérica para as primeiras treze posições, o valor de uma unidade é a seguinte:

1
20
400
8000
160.000
3.200.000
64.000.000
1.280.000.000
25.600.000.000
512.000.000.000
10.240.000.000.000
204.800.000.000.000
4.096.000.000.000.000

Embora nessa progressão estejam incluídos os zeros, ao lidar com os harmônicos é suficiente indicar o número-base que realmente se refere a uma freqüência que pode ser expressa em qualquer oitava. A progressão binária universal inerente ao sistema maia confere a este um poder harmônico e exponencial não existente no sistema decimal, de base 10, agora comumente em uso. No sistema decimal, base 1, não importa quantas vezes esta é multiplicada por si mesma, pois é sempre igual a 1, ao passo que no sistema vigesimal, 2 multiplicado por si mesmo gera a progressão binária infinita.

É comum pensar que os maias utilizavam esse sistema para registrar períodos ou ciclos de tempo. Mas, uma vez que o sistema registra uma progressão binária harmônica universal, as notações podem também referir-se ao harmônico de onda binário pelo qual os fenômenos se manifestam no espaço. Em outras palavras, a periodicidade dos movimentos no tempo, além da periodicidade das manifestações no espaço, são governadas pelo mesmo harmônico de onda universal que opera de acordo com a mesma progressão binária universal. Em última análise, o harmônico do espaço é indistinguível do harmônico do tempo.

Ao adotar o sistema para a Terra, como objetivo de computar os ciclos básicos do tempo, os maias o modificaram para que correspondesse com mais precisão à revolução anual deste planeta ao redor do Sol. Assim, a progressão utilizada para registrar os ciclos do tempo terrestre é a seguinte:

1 : 20 : 360 : 7.200 : 144.000 : 2.880.000 etc., onde a **unidade 1 = 1 dia**. Esta progressão, significativamente, corresponde às séries dos harmônicos de luz, onde **144 = harmônico de luz,** 72 = **1/2 onda seno,** e 288 = **harmônico de luz polar.** O harmônico 288, incidentalmente, é o harmônico de luz da Terra; 144, o harmônico de cada pólo.

Uma vez que a contagem de tempo maia, substituindo a unidade base 360 por 400 na terceira posição, é idêntica à progressão do harmônico de luz, as contagens de calendário registradas em profusão entre os artefatos maias assumem uma nova dimensão. Essas contagens podem ser lidas tanto como um calendário, começando em 13 de agosto de 3113 a.C. (= 0.0.0.0.0 maia), quanto como calibrações do harmônico de luz.

Enquanto a progressão binária universal é responsável por valores de 2, incluindo a oitava, a progressão do harmônico de luz também inclui valores de 3 e 9, 8 e 9 sendo os principais múltiplos do harmônico de luz, p. ex., 72=8x9, 144=8x9x2. 360, o número de graus de um círculo = 40 (8x5) x 9.

Juntamente com o 20 (4x5), o outro número-chave, se não *O número-chave* no sistema harmônico maia, é o **13.** Como um número primo, o 13 é o coeficiente ou constante desse sistema. É, pois, a unidade base que governa o calendário sagrado *TZOLKIN* de 260 unidades, que é o produto dos dois coeficientes do sistema, **13** e **20.** O ciclo que rege o tempo terrestre também é computado como um ciclo de treze baktun. Baktun é o nome dado à quinta posição e é um período de tempo ligeiramente inferior a 400 anos; portanto, um ciclo de treze baktun é um período ligeiramente inferior a 5.200 anos. Na progressão da contagem de tempo modificada, é atribuído ao baktun um valor de 144.000, o valor do harmônico de luz. A progressão dos atuais treze ciclos baktun/harmônico de luz, iniciado em 3113 a.C., termina em 21 de dezembro de 2012 d.C.

A identidade entre os harmônicos de luz e os períodos de tempo é de especial interesse nessa abordagem das progressões harmônicas maias. O tempo é a manifestação expansiva de um harmônico de luz. Uma seqüência de tempo terrestre de treze desses harmônicos, ou **grande ciclo** de treze baktun, abrange o período necessário para que uma manifestação específica experimente todas as suas permutações possíveis antes de subir uma oitava. Isso significa que no atual esquema planetário estaremos saltando uma oitava no começo do próximo século. Numa escala solar baseada na progressão da forma ondulatória dos números 1-16, o 13º tom é o único que cria uma matriz harmônica perfeitamente audível, ou abertura dimensional. 13 é o Número Solar, ou na verdade a onda de informação da luz original. Ele representa os meios para a mudança interdimensional.

Recapitulando: a matemática maia na verdade é um sistema dual de progressões primárias baseado num sistema de notação vigesimal. O sistema primário é a progressão binária universal absoluta: 2 : 4 : 8 : 16 : 32 : 64, *ad infinitum*. Note-se que esta progressão inclui números-base da **oitava (8), das propriedades de simetria do cristal (32) e dos códons do DNA (64).** A variante deste sistema é a progressão temporal/terrestre relativa **1 : 20 : 360 : 7.200 : 144.000** etc., utilizada nos cálculos de calendário, e também correspondendo à progressão dos harmônicos de luz.

O sistema matemático dos maias foi e ainda é o mais bem definido e o mais eficiente sistema que descreve os harmônicos de onda universais que governam as manifestações de todas as matrizes espaço-temporais. O sistema supõe um campo unificado expresso através de progressões binárias harmônicas que, sendo intrinsecamente harmônicas, também descrevem a matriz unificada espaço-temporal como um campo de ressonância. Uma vez que a progressão primária descreve um processo universal, os sistemas matemático e de notação também são universais.

Mesmo se a sua origem for terrestre, o sistema notacional harmônico maia somente poderia ter sido criado pela capacidade de uma ressonância pura da mente com a ordem universal. Porém, sendo um harmônico universal puro, o sistema descreve os meios para a transmissão universal através dos poderes ressonantes, operando, no mínimo, na velocidade da luz. A plena compreensão dos harmônicos de onda representados pelos harmônicos notacionais dos maias abrirá as portas de uma ordem de realidade puramente ressonante e, portanto, não-material, *que está tão além das complexidades de nossa ordem material atual quanto apresenta uma simplicidade desconcertante.*

XAMAN do **Norte**, no lado direito
branco e puro como a Lua em sua magnífica plenitude
NOHOL do **Sul**, no lado esquerdo
amarelo como a luz brilhante do Sol flamejando nos campos
LIKIN do **Leste**, onde o Sol se levanta
vermelho como o sangue, mais poderoso que o grande oceano da Terra

CHIKIN do **Oeste**, onde o Sol se põe
negra como a sabedoria, ainda mais sublime que a noite
YAXKIN Centro do céu   zênite do Sol
abertura de onde a seidade Universal
lança seu fio de prumo unindo a Terra ao Céu
apesar de invisível e irreal   nada passou
a circunferência da Terra estava aqui antes da Terra
antes mesmo que o Sol estivesse de muito longe
a circunferência falou   ainda fala a linguagem da luz
Coluna Mística 225-40 N Outono Gravura da Terra 40 AH

APÊNDICES

APÊNDICE A. NÚMEROS RADIAIS E DIRECIONAIS

A fertilidade da compreensão radialmente recíproca dos treze números torna-se ainda maior se os números individuais na série 1-13 (ou 13-1) apresentam uma relação entre si não apenas seqüencial mas também *direcional*. Em outras palavras, façamos com que o número 1 represente o Leste; o número 2, o Norte; o 3, o Oeste; e o 4, o Sul; e o 5, o Leste novamente, e assim por diante. A série 1-13 com as notações direcionais será assim:

1 - 2 - 3 - 4 - 5 - 6 - 7 - 8 - 9 - 10 - 11 - 12 - 13
L - N - O - S - L - N - O - S - L - N - O - S - L

Chegando no 13, a pulsação retorna ao 1, enquanto as notações direcionais continuam onde pararam:

1 - 2 - 3 - 4 - 5 - 6 - 7 - 8 - 9 - 10 - 11 - 12 - 13
N - O - S - L - N - O - S - L - N - O - S - L - N   etc.

Para que o 1 combine de novo com o L, são necessárias 52 permutações (13 números x 4 posições direcionais). É preciso dizer também que as posições direcionais possuem o seu próprio ciclo, que consiste em 5 voltas, em outras palavras o padrão L-N-O-S deve girar 5 vezes em seguida para completar um único ciclo, para um total de **20 posições** — 20, é claro, sendo não apenas **4x5** mas a soma de 7 e 13, os dois números "místicos" na série 1-13.

Sendo assim, cria-se uma matriz radial com **260** permutações possíveis — o *Tzolkin* — descrita pela rotação dos 13 números, cada um girando através de 20 posições direcionais. Se a cada um dos 13 números é dada uma qualidade tonal, com a variação de 20 posições, então, torna-se possível uma fecunda descrição harmônica. A matriz de **260** unidades pode começar a assemelhar-se a um teclado multifásico para a composição da sinfonia galáctica — e de fato é assim!

APÊNDICE B. OS FATORES MAIAS E OS FRACTAIS

Para entender os fractais, lembre-se: *fractal é uma proporção que permanece constante.* Por exemplo, um segmento de 36 graus em um círculo sempre terá 36 graus, não importa o tamanho do círculo. Também, este segmento contém informação suficiente para se construir um círculo inteiro. O princípio do fractal fundamenta a natureza holográfica das coisas: de um fractal de um todo particular pode-se construir a totalidade.

O mesmo princípio se aplica aos harmônicos. Assim como um tom em uma oitava pode ser reverberado ou ressoado em outras oitavas, embora os diferentes tons da oitava vibrem em diferentes freqüências, um número ou uma fração de um número pode ser "ressoado" em diversos níveis, gerando harmônicas proporcionais similares. Incidentalmente, quando é soada uma escala de 16 tons, apenas um tom reverbera uma matriz de harmônicos — o décimo terceiro.

Por exemplo: 13 é um fractal de **130 (13 x 10)**, **144** é um fractal de **1.440 (144 x 10)**; isto é, de 13 podemos construir o 130, ou vice-versa, enquanto do 1.440, podemos derivar o 144. Neste caso, os fractais 13 ou 144 representam proporções que permanecem constantes ao longo de uma série potencialmente infinita.

Assim, pode-se montar uma tonalidade fractal com toda uma série de números: **26, 260, 2.600, 26.000** etc. ou **52, 520, 5.200, 52.000** etc. O que é importante e dá o tom a cada número numa série fractal não é a quantidade que o número certamente também denota, mas o número fractal-chave, isto é, **13, 26, 52** etc., que cria o "tom" proporcional na série. Os zeros adicionados a uma série fractal podem ser considerados como o equivalente de registros mais elevados de freqüências.

Relacionados aos fractais estão os *fatores — os números que fornecem os múltiplos de um dado algarismo*. Por exemplo, **260** é o produto dos fatores 13 e 20. Ao mesmo tempo, **260** é um membro da série **fractal** baseada no **26**. Por sua vez, **26** é o produto de 13 e 2. Todos os fractais são números fatoriais que fornecem a base para as diferentes séries de relações proporcionais.

Uma reflexão paciente mostrará como os diferentes números se interpenetram e se permeiam entre si, como diferentes tipos de perfume. Por exemplo, **144** sempre seria lido como **12x12, 9x16, 18x8, 4x36**, ou **72x2**; enquanto **52** seria lido como fatores de **13x4** ou **26x2**. Incidentalmente, no sistema maia praticamente todos os fractais-chave são fatores de **13, 4** ou **9**. Assim, **260** é um fator de **13x20, 64** é um fator de **4x16**; e **144** é um fator de **9x16**. *Desse modo, vários números inteiros maiores são considerados mais ou menos harmônicos de acordo com a diversidade das possibilidades fatoriais e fractais que eles representam.*

APÊNDICE C. OS HARMÔNICOS DO CALENDÁRIO

O "calendário" de 360 unidades chamado *tun* representa a terceira categoria posicional da progressão numérica dos maias que utiliza o fator de **9**. Esta progressão, que também avança por múltiplos de **20**, poderia prosseguir infinitamente, mas para efeitos práticos consiste em nove ordens. Lidas de baixo para cima, com os nomes maias para as respectivas posições e aproximações de tempo, as nove ordens são:

9. **Alautun** = 23.040.000.000 (ou 20 kinchiltun) 63.040.000 anos
8. **Kinchiltun** = 1.152.000.000 kin (ou 20 calabtun) 3.152.000 anos
7. **Calabtun** = 57.600.000 kin (ou 20 pictun) aprox. 157.600 anos
6. **Pictun** x 2.880.000 kin (ou 20 baktun) aprox. 7.900 anos
5. **Baktun** = 144.000 kin (ou 20 katun) aprox. 394 anos solares
4. **Katun** = 7.200 kin (ou 20 tun) aprox. 19 anos solares
3. **Tun** = 360 kin (ou 18 (9x2) vinal) aprox. 1 ano solar
2. **Vinal** = 20 kin (ou 20 dias)
1. **Kin** = 1 kin (ou 1 dia)

Tivesse essa progressão avançado simplesmente aos 20, um tun seria equivalente a 400 kin. Em vez disso, o fator de 9 é introduzido na ordem do *vinal*, os períodos de 20 dias. Em lugar de 20 vinal, há apenas 18. Portanto, 18x20=360 kin ou um tun. O resto da progressão continua com a introdução de múltiplos de 20, mas impuro, por assim dizer, devido à deformação causada pela inclusão do fator de 9 na segunda ordem.

As progressões anteriores de nove ordens é a contagem maia adotada para propósitos relacionados com o cômputo do tempo. Sendo assim, 9 é o número mais intimamente associado com o conceito de tempo. De qualquer forma, esta progressão, que utiliza a deformação do 9, contrasta com a contagem "pura" dos maias. Enquanto a nossa matemática posicional é *decimal*, isto é, avança em 10, a contagem "pura" dos maias é *vigesimal*, avançando em 20. Enquanto o nosso sistema segue 1, 10, 100, 1.000 etc., o maia avança da seguinte maneira:

9ª Posição: uma unidade é igual a **25.600.000.000** (20x1.280.000.000)
8ª Posição: uma unidade é igual a **1.280.000.000** (20x64.000.000)
7ª Posição: uma unidade é igual a **64.000.000** (20x3.200.000)
6ª Posição: uma unidade é igual a **3.200.000** (20x160.000)
5ª Posição: uma unidade é igual a **160.000** (20x8.000)
4ª Posição: uma unidade é igual a **8.000** (20x400)
3ª Posição: uma unidade é igual a **400** (20x20)
2ª Posição: uma unidade é igual a **20** (20x1)
1ª Posição: uma unidade é igual a **1** (1x1)

Note-se que os números fractais da progressão pura maia — 2, 4, 8, 16, 32, 64 etc. — representam a progressão primária que avança dobrando a última soma, isto é, 2+2=4, 4+4=8, 8+8=16 etc. Esta progressão é a base da matemática permutacional tanto do DNA quanto do I Ching.

Mas, voltando ao "calendário" e seus números, nos "calendários" de 260 e 360 unidades, vemos os números-chave: 4, 9 e 13. 4 é o número que significa *proporção*; 9 é o número que significa *periodicidade* ou *totalidade*; 13 é o número que significa *movimento imanente em todas as coisas*. A diferença entre 9 e 13 é, logicamente, 4.

Enquanto 7, meio caminho entre 1 e 13 é o *termo místico de abertura* que penetra em todas as coisas, 5, a diferença entre 4 e 9, é o *número do centro*, entendido como o ponto de onde as coisas podem ser medidas, ou seja, as quatro direções, as estações etc. Isto porque **5** é **4**, o número da proporção, mais **1**, o *número da unidade*.

O significado de qualquer número depende parcialmente dos fatores dos quais ele é a soma. **2** (1+1) é o *número que significa polaridade*, enquanto **3** (2+1) representa *o princípio do ritmo*. **6** (3x2 ou 3+3) é o número da *totalidade rítmica*, enquanto **8** (4+4), ou a "proporção" dobrada, é o *número da oitava*, o número harmônico ressonante em si. **10** (9+1) representa o *princípio da manifestação*; **11**, o *princípio da dissonância*; e **12**, o *princípio da estase dinâmica*.

APÊNDICE D. NÚMEROS HARMÔNICOS

O princípio do número harmônico, conforme enunciado no Apêndice B, diz que números inteiros maiores são considerados mais ou menos harmônicos conforme a diversidade das possibilidades fatorais e fractais que representam. 936.000, representando o ponto médio do Grande Ciclo, é um exemplo. Marcando a passagem de seis ciclos e meio de 144.000 kin ou dias, o número 6.10.0.0.0 denota o **harmônico 936**, o transcorrer de 936.000 (6,5x144.000) dias ou kin desde o início do ciclo em 3113 a.C. Além disso, 936.000 acomoda o fractal-chave 26, visto que 936.000 = 2.600 tun de 360 dias. Numerologicamente, a data 936.000 kin (9+3+6=18=1+8) é igual a 9.

O mais importante dos números harmônicos, entretanto, é 13 66 560:

13 66 560 dividido por 360 = 3796 Tun (tun = 360 kin).

13 66 560 dividido por 365 = 3744 Haab (365 kin = Haab, ou ano solar).

A diferença entre 3796 Tun e 3744 Haab = 52 (13x4).

52= "uma volta do calendário" de 52 anos solares sincronizados com 73 ciclos do calendário sagrado de 260 dias.

13 66 560 dividido por 72 = 18980, o número de dias numa "volta do calendário" de 52 anos.

Uma volta do calendário de 52 anos = 52x365 ou 260x73.

13 66 560 dividido por 73 = 18720 = 52x360 ou 260x72.

13 66 560 dividido por 9, número dos Senhores do Tempo = 15 18 40.

151.840 kin dividido por 365 = 416 anos solares imprecisos (Haab).

13 66 560 dividido por 260 = 5256 Tzolkin ou ciclos do calendário sagrado.

13 66 560 dividido por 584 dias aparentes no ciclo de Vênus = 2340 anos de Vênus.

13 66 560 dividido por 780 dias aparentes em um ciclo de Marte = 1752 anos de Marte.

13 66 560 dividido por 2920 dias = 468 ciclos venusiano-solares.

2920 dividido por 365 = 8; dividido por 584 = 5.

13 66 560 dividido por 37 960 = 36 ciclos de 104 anos; 104 anos correspondem a uma conjunção de Vênus, calendário sagrado e ciclos solares.

13 66 560 dividido por 52 = 26 280 ou 72 anos solares imprecisos.
13 66 560 dividido por 12 = 1 13 880 ou 312 anos solares imprecisos.
13 66 560 dividido por 13 = 10 51 20 ou 288 anos solares imprecisos.
13 66 560 dividido por 8 = 17 08 20 ou 468 anos solares imprecisos.

Mais adiante entraremos em detalhes em relação ao significado de alguns dos ciclos acima mencionados — em particular, a volta do calendário e os ciclos de Vênus. Por enquanto, é suficiente contemplar a espantosa capacidade do **harmônico 136656** em acomodar fatores e algarismos cíclicos tão diferentes.

Se tomarmos o número 13 66 560 como o número de dias do ponto de partida 3113 a.C., chegaremos em 9.9.16.0.0 ou 631 d.C. Esta data equivale a **3796 ciclos tun** de 360 dias ou **3744 haab** ou **ciclos solares** de 365 dias. A *diferença* entre os **3796** tun e os **3744** ciclos solares da data 3113 a.C. é **52**. Se adicionarmos **52 anos**, o número de anos de uma "volta do calendário", à data 9.9.16.0.0, chegaremos à data 9.12.8.13.0, ou 683 d.C. O número de dias transcorridos de 3113 a.C., o começo do Grande Ciclo, a 683 d.C. é **1385540**, ou o equivalente a **3796** anos solares **imprecisos** — impreciso porque os dias de ano bissexto não estão incluídos. O número 13 85 540 também corresponde a **ciclos de revolução do calendário** de 73 52 anos. 73 é o número de ciclos do Tzolkin de 260 dias que sincronizam com **52** anos solares, abrangendo uma volta ou revolução do calendário (52x365=260x73). Assim, a data 683 d.C. corresponderia a um *harmônico fractal da volta do calendário*. Por outro lado, 13 66 560 ou 631 d.C. corresponde a ciclos de **73 tun** de 52x360 unidades. Não é de admirar que Pacal Votan estivesse associado com o magnífico número 13 66 560!

Finalmente, 13 66 560 corresponde ao término do 36º ciclo venusiano-solar (cada um com 104 anos — 104x36=3744 anos solares) desde o começo do Grande Ciclo, 3113 a.C. Estrela da manhã tanto quanto estrela da tarde, Vênus é o planeta particularmente associado a Quetzalcoatl-Kukulkan. Pois Quetzalcoatl era tanto o Senhor da Alvorada, portador da luz, a estrela da manhã, quanto o Guia dos Mortos, aquele que preside seus mistérios, a estrela da tarde.

APÊNDICE E. O CICLO DE 52 ANOS E O CICLO DO CALENDÁRIO DIÁRIO

O Tzolkin, entendido como o Calendário Sagrado de 260 dias, quando combinado com o calendário solar impreciso de 365 dias, ou Haab, cria um ciclo de 52 anos. Isto é, a coincidência do primeiro dia do Calendário Sagrado com o primeiro dia do calendário solar ocorre uma vez a cada 18.980 dias, ou aproximadamente 52 anos. Enquanto os 260 dias se repetem infinitamente, o Haab de 365 dias é dividido em 18 vinal de 20 dias, com um VAYEB de 5 dias ou período de eliminação que precede um outro ano. Assim, uma data tradicional maia sempre inclui uma data do ciclo de 260 dias além de uma do Haab. Por exemplo: 2 IK 13 ZOTZ, 13 AHAU 1 POP etc.

52 (13x4, 26x2), 1/5 do Módulo Harmônico de 260 unidades é sem dúvida um número-chave dos maias; ele também aparece no Grande Selo dos Estados Unidos da América (13 setas, 13 estrelas, 13 listras, 13 ramos de oliva). Obviamente, o ciclo de 52 anos é um fractal do Grande Ciclo de 5.200 tun. Aproximadamente 100 daqueles ciclos formam um Grande Ciclo. Na época da Conquista, os ciclos de 52 anos eram contados do dia 1 Junco, Ano 1 Junco, que foi a data em que Cortés desembarcou no México. Esta data pôs fim a treze ciclos celestes de 52 anos e deu início a nove ciclos infernais de 52 anos, que terminam em 16 de agosto de 1987.

Parte da elegância dos ciclos de 52 anos, bem como a coordenação do Tzolkin de 260 dias com o Haab de 365 dias, deve-se a que o ponto de partida de cada um dos 52 anos solares imprecisos neste ciclo só pode cair em um dos quatro Signos Sagrados numa seqüência que retoma a rotação direcional anti-horária. Estes signos e sua seqüência são: MULUC (Leste); IX (Norte); CAUAC (Oeste); e CAN (Sul). O ano maia geralmente começa na data equivalente, 26 de julho. Esta data, em 1986, correspondeu a 7 MULUC; 26 de julho de 1987 é a data 8 IX; 26 de julho de 1988 é 9 CAUAC etc. Em anos bissextos há seis em vez de 5 Vayeb. Os Vayeb sempre caem cinco (ou seis) dias antes de 0 POP. O primeiro dia do Haab é sempre 0 POP; isto é, 26 de julho é sempre 0 POP. O primeiro dia de um Vinal é sempre 0, o último, 19.

Os 18 Vinal mais os Vayeb e seus glifos são dados logo abaixo. A partir dessa informação, juntamente com as concordâncias do signo do dia do planeta fornecidos em seguida, é fácil construir um diário ou calendário, e, utilizando a informação do Capítulo 4, começar a trabalhar com a "astrologia" maia do dia-a-dia.

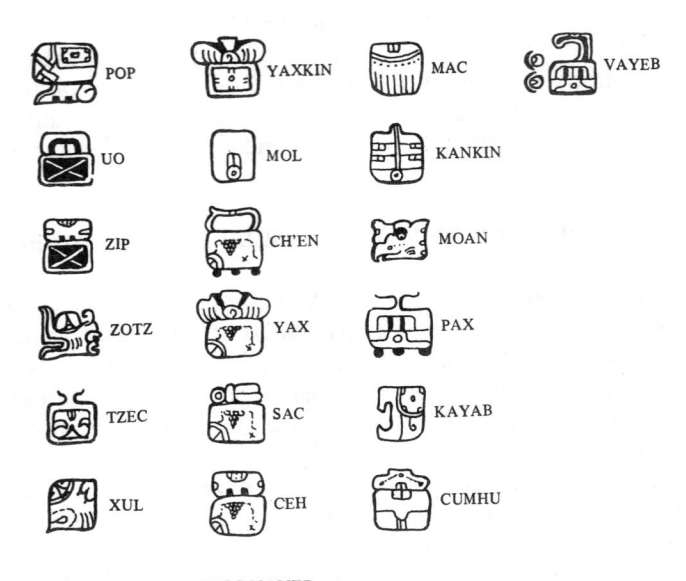

18 VINAL E OS GLIFOS VAYEB

CONCORDÂNCIA ENTRE OS SIGNOS DOS 20 DIAS E OS PLANETAS

IMIX – Netuno Solar
IK – Urano Solar
AKBAL – Saturno Solar
KAN – Júpiter Solar
CHICCHAN – Asteróides Solares
CIMI – Marte Solar
MANIK – Terra Solar
LAMAT – Vênus Solar
MULUC – Mercúrio Solar
OC – Mercúrio Galáctico

CHUEN – Vênus Galáctica
EB – Terra Galáctica
BEN – Marte Galáctico
IX – Asteróides Galácticos
MEN – Júpiter Galáctico
CIB – Saturno Galáctico
CABAN – Urano Galáctico
EDZNAB – Netuno Galáctico
CAUAC – Plutão Galáctico
AHAU – Plutão Solar

LISTAGEM DOS ANOS, 1986-2012 d.C.

1986: 7 MULUC
1987: 8 IX
1988: 9 CAUAC
1989: 10 KAN
1990: 11 MULUC
1991: 12 IX
Katun 13 AHAU
1992: 13 CAUAC
1993: 1 KAN
1994: 2 MULUC
1995: 3 IX
1996: 4 CAUAC
1997: 5 KAN
1998: 6 MULUC
1999: 7 IX

2000: 8 CAUAC
2001: 9 KAN
2002: 10 MULUC
2003: 11 IX
2004: 12 CAUAC
2005: 13 KAN
2006: 1 MULUC
2007: 2 IX
2008: 3 CAUAC
2009: 4 KAN
2010: 5 MULUC
2011: 6 IX
2012: 7 CAUAC
SINCRONIZAÇÃO GALÁCTICA

BIBLIOGRAFIA

Alonzo, Gualberto Zapata. *An Overview of the Mayan World*. Mérida, 1983.

    Annals of the Cakchiquels and Title of the Lords of Totonicapan. Traduzido por Adrian Recinos, Delia Goetz e Dionisio José Chonay. Norman: University of Oklahoma Press, 1953.

Argüelles, José. *Earth Ascending: An Illustrated Treatise on the Law Governing Whole Systems*. Boulder: Shambhala Publications, 1984.

    The Transformative Vision: Reflections on the Nature and History of Human Expression. Berkeley: Shambhala Publications, 1975.

Arochi, Luis E. *La Pirámide de Kukulkan: Su Simbolismo Solar*. Cidade do México: Panorama Editorial, 1981.

Aveni, Anthony, org. *Archeoastronomy in Pre-Columbian America*. Austin: University of Texas Press, 1975.

    Skywatchers of Ancient Mexico. Austin: University of Texas Press, 1980.

Beaman, Donald G. *Return to Saqqara: Book 6, Geometric Analysis*. Boston: Donald G. Beaman, 1985.

Bentov, Isaac. *Stalking the Wild Pendulum: On the Mechanics of Consciousness*. Nova York: E.P. Dutton, 1977.

Bernal, Ignacio. *Official Guide: Teotihuacan*. Cidade do México: INAH, 1985.

Bernbaum, Edwin. *The Way to Shambhala*. Nova York: Doubleday, 1980.

    The Book of Chilam Balam of Chumayel. Traduzido e org. por Ralph Roys. Norman: University of Oklahoma Press, 1967.

Bierhorst, John. *Four Masterworks of American Indian Literature*. Nova York: Farrar, Strauss & Giroux, 1974.

Carey, Ken (Raphael). *The Starseed Transmissions: An Extraterrestrial Report*. Kansas City: Uni Sun, 1984.

Carrasco, David. *Quetzalcoatl and the Irony of Empire: Myths and Prophecies in the Aztec Tradition*. Chicago: University of Chicago Press, 1982.

Caso, Alfonso. *Los Calendarios Prehispánicos*. Cidade do México: Universidad Nacional Autonomía de Mexico, 1967.

Castañeda, Carlos. *The Fire From Within*. Nova York: Simon & Schuster, 1984.

    The Teachings of Don Juan, A Yaqui Way of Knowledge. Berkeley: University of California Press, 1968.

Cathie, Bruce. *The Bridge to Infinity: Harmonic 371299*. Auckland, N.Z.: Quark Enterprises, 1983.

    The Codex Perez and the Book of Chilam Balam of Mani. Traduzido por Eugene R. Craine e Reginald C. Reindorp. Norman: University of Oklahoma Press, 1979.

Coe, Michael D. *The Maya*. Nova York: Praeger, 1966.

Coe, William R. *Tikal: A Handbook of the Ancient Maya Ruins*. Filadélfia: The University Museum of the University of Pennsylvania, 1967.

Contreras, Guillermo Garcés. *Los Códices Mayas*. Cidade do México: Sep/Setentas, 1975.

Covarrubias, Miguel. *Indian Art of Mexico and Central America*. Nova York: Alfred A. Knopf, 1957.

Díaz-Bolio, José. *Origen de la Cronología Maya*. Mérida: Revista de la Universidad de Yucatán, 1980.

    The Rattlesnake School for Geometry, Architecture, Chronology Religion and the Arts. Mérida: Area Maya, 1984(?).

226

Faucett, Lawrence. *Time and Morality: Establishing a Babylonian Source for Hindu and Mayan Chronologies*. Woodland Hills, Calif.: Woodland Hills Reporter, 1956.

Frick, Thomas, org. *The Sacred Theory of the Earth*. Berkeley: North Atlantic Books, 1986.

Gates, William. *An Outline Dictionary of Mayan Glyphs*. Baltimore: The Johns Hopkins Press, 1931.

Girard, Raphael. *Le Popol-Vuh: Histoire Culturelle des Maya Quiches*. Paris: Payot, 1954.

Grossinger, Richard, org. *Planetary Mysteries: Megaliths, Glaciers, The Face on Mars and Aboriginal Dream-time*. Berkeley: North Atlantic Books, 1986.

Harleston, Hugh. *The Keystone: A Search for Understanding, A New Guide to the Great Pyramids of Mexico*. Bellaire, Tex. Uac-Can, 1984.

Hatcher Childress, D., org. *The Anti-Gravity Handbook*. Stelle, Ill: Publishers Network, 1985.

Huff, Sandy. *The Mayan Calendar Made Easy*. Safety Harbor, Fla.: 1984.

Hurtak, J.J. *The Keys of Enoch: The Book of Knowledge*. Los Gatos: The Academy for Future Science, 1977.

Ivanoff, Pierre. *Monuments of Civilization: Maya*. Nova York: Grosset & Dunlap, 1973.

Kalachakra Initiation. Madison: Deer Park Books, 1981.

Katchongva, Dan. *From The Beginning of Life to the Day of Purification*. Traduzido por Danaqyumptewa. Los Angeles: The Committee for Traditional Indian Land and Life, 1972.

Krupp, Dr. E.C. *Echoes of the Ancient Skies: The Astronomy of Lost Civilizations*. Nova York: Harper & Row, 1983.

Landa, Friar Diego de. *Yucatan, Before and After the Conquest*. Traduzido por William Gates. Nova York: Dover Publications, 1978.

Lemusurier, Peter. *The Great Pyramid Decoded*. Longmead: Element Books, 1985.

León-Portilla, Miguel. *Pre-Columbian Literatures of Mexico*. Traduzido por Grace Lobanov e Miguel León-Portilla. Norman: University of Oklahoma Press, 1969.

Time and Reality in the Thought of the Maya. Traduzido por Charles Boiles e Fernando Horcasitas. Boston: Beacon Press, 1973.

Le Plongeon, Augustus. *Maya/Atlantis: Queen Moo and the Egyptian Sphinx*. Blauvelt, NY: Rudolf Steiner Publications, 1973.

El Libro de los Libros de Chilam Balam. Traduzido por Alfredo Barrera Vásquez e Sylvia Rendon. Cidade do México: Fondo de Cultura Económica, 1948.

López Portillo, José, et. al. *Quetzalcoatl in Myth, Archeology and Art*. Nova York: Continuum Publishing Company, 1982.

Luxton, Richard e Balam, Pedro. *Mystery of the Mayan Hieroglyphs Decoded*. Nova York: Harper & Row, 1982.

McKenna, Dennis J. e McKenna, Terence K. *The Invisible Landscape: Mind, Hallucinogens and the I Ching*. Nova York: The Seabury Press, 1977.

Marti, Samuel e Gertrude Prokosch Kurath. *Dances of Anahuac: The Choreography and Music of Pre-Cortesian Dances*. Chicago: Aldine Publishing Co., 1964.

Men, Humbatz. *Tzol Ek': Astrología Maya*. Cidade do México: Ediciones Juarez, 1983(?).

Metropolitan Museum of Art. *Before Córtes: Sculpture of Middle America*. Nova York: New York Graphic Society, 1970.

Morley, Sylvanus Griswold. *The Ancient Maya*. Stanford: Stanford University Press, 1956.

The Inscriptions of Peten. Washington: Carnegie Institute of Washington, 1937.

Guidebook to the Ruins of Quirigua. Washington: The Carnegie Institute, 1935.

An Introductions to the Study of Maya Hieroglyphs. Nova York: Dover Publications, 1975.

Nicholson, Irene. *Firefly in the Night: A Study of Ancient Mexican Symbolism and Poetry*. Nova York: Grove Press, 1959.

Mexican and Central American Mythology. Londres: Paul Hamlyn, 1967.

Ostrander, Edgar A. *Evidence that Ancient Mayan Cosmology Incorporated the Internal Functioning of the Human Brain*. Smithtown, N.Y.: Exposition Press, 1983.

Parédez, Domingo Martínez. *Parapsicología Maya*. Cidade do México: Manuel Porrua, 1981.

Piña Chan, Roman. *Chichen Itza: La Ciudad de los Brujos del Agua*. Cidade do México: Fondo de Cultura Económica, 1980.

Quetzalcoatl: Serpiente Emplumada. Cidade do México: Fondo de Cultura Económica, 1977.

Pollock, H.E.D. *Round Structures of Middle America*. Washington: The Carnegie Institute of Washington, 1936.

Popol Vuh, The Mayan Book of the Dawn of Life and the Glories of Gods and Kings. Traduzido por Dennis Tedlock. Nova York: Simon & Schuster, 1985.

Popol Vuh: The Sacred Book of the Ancient Quiche Maya. Traduzido por Delia Goetz e Sylvanus Morley do espanhol, de Adrian Recinos. Norman: University of Oklahoma Press, 1950.

Ramos, Ing. Alberto Escalona. "Areas y Estratos arqueologico cultural de la America Media", *Boletín de la Sociedad Mexicana de Geografía y Estadística*, Vol. LIX, nºs 1 & 2. (1944): 41-66.

Reiser, Oliver. *Cosmic Humanism: A Theory of the Eight-Dimensional Cosmos Based on Integrative Principles of Science, Religion, and Art*. Cambridge: Schenkman Publishing Co., 1966.

Ritual of the Bacabs: A Book of Maya Incantations, traduzido e organizado por Ralph L. Roys. Norman: University of Oklahoma Press, 1965.

Robertson, Donald. *Pre-Columbian Architecture*. Nova York: George Braziller, 1963.

Roerich, Nicholas. *Shambhala*. Nova York: Frederick A. Stokes Company, 1930.

Rupert, Karl. *The Caracol at Chichen Itza, Yucatan, Mexico*. Washington: The Carnegie Institute of Washington, 1935.

Russell, Walter. *The Secret of Light*. Waynesboro, Va.: The University of Science and Philosophy, 1947.

The Universal One. Waynesboro, Va.: The University of Science and Philosophy, 1926.

Santiago Robles, Federico J. *El Lenguaje de las Piedras: Chinicultic, Chiapas*. San Cristobal de las Casas, 1974.

Schele, Linda e Miller, Mary Ellen. *The Blood of Kings: Dynasty and Ritual in Maya Art*. Nova York: George Braziller, 1986.

Schönberger, Martin. *The I Ching and The Genetic Code: The Hidden Key to Life*. Traduzido por D. Q. Stephenson. Nova York: ASI Publishers, 1979.

Schwaller de Lubicz, R.A. *Nature Word*. Traduzido por Deborah Lawlor. Stockbridge Mass. The Lindisfarne Press, 1982.

Sacred Science: The King of Pharaonic Theocracy. Traduzido por Andre e Goldian Vandenbroeck. Nova York: Inner Traditions, 1982.

Sejourne, Lauarette. *Burning Water: Thought and Religion in Ancient Mexico*. Boulder: Shambhala Publications, 1977.

El Pensamiento Nahuatl Cifrado por los Calendarios. Cidade do México: Siglo Veintiuno, 1983.

El Universo de Quetzalcoatl. Cidade do México: Fondo de Cultura Económica, 1962.

Shearer, Tony. *Beneath the Moon and Under the Sun, A Poetic Appraisal of the Sacred Calendar and the Prophecies of Ancient Mexico*. Albuquerque: Sun Books, 1975.

Lord of the Dawn, Quetzalcoatl. Healdsburg: Naturegraph Press, 1971.

Sheldrake, Rupert. *A New Science of Life: The Hypothesis of Formative Causation*. Londres: Muller, 1982.

Sitchin, Zecharia. *The 12th Planet*. Nova York: Stein and Day Publishers, 1976.

Sodi, Demetrio M. *La Literatura de los Mayas*. Cidade do México: Editorial Joaquin Mortiz, 1964.

The Maya World. Cidade do México: Minutiae Mexicana, 1976.

Sopa, Geshe Lhundub et. al. *The Wheel of Time: The Kalachakra in Context*. Madison: Deer Park Books, 1985.

Spinden, Herbert J. *A Study of Maya Art, Its Subject Matter and Historical Development*. Nova York, Dover Publications, 1975.

Steiger, Brad. *Gods of Aquarius: UFOs and the Transformation of Man*. Nova York: Harcourt. Brace & Jovanovich, 1976.

Sten, Maria. *The Mexican Codices and Their Extraordinary History*. Cidade do México: Editorial Joaquin Mortiz, 1972.

Stierlin, Henri. *Art of the Maya*. Nova York: Rizzoli, 1981.

    Living Architecture: Mayan. Nova York: Grosset & Dunlap, 1964.

Stromsvik, Gustav. *Guidebook to the Ruins of Copan*. Washington: Carnegie Institute of Washington, 1947.

Stuart, George E. e Stuart, Gene S. *The Mysterious Maya*. Washington: The National Geographic Society, 1977.

Swimme, Brian. *The Universe is a Green Dragon: A Cosmic Creation Story*. Santa Fé: Bear & Co, 1984.

Talbot, Michael. *Mysticism and the New Physics*. Nova York: Bantam Books, 1980.

Tedlock, Barbara. *Time and the Highland Maya*. Albuquerque: University of New Mexico Press, 1982.

Thompson, J. Eric S. *A Catalog of Maya Hieroglyphs*. Norman: University of Oklahoma, 1962.

    A Commentary on the Dresden Codex. Filadélfia: American Philosofical Society, 1972.

    Maya Hieroglyphic Writing. Norman: University of Oklahoma Press, 1960.

    The Rise and Fall of Maya Civilization. Norman: University of Oklahoma Press, 1954.

Thompson, William Irwin. *Blue Jade from the Morning Star: An Essay and a Cycle of Poems on Quetzalcoatl*. Stockbridge, Mass.: The Lindisfarne Press, 1983.

Tirado-González, Federico. *The Tree of Life: God, Love Creator*. Berkeley: Editorial Justa, 1986.

Tompkins, Peter. *Mysteries of the Mexican Pyramids*. Nova York: Harper & Row, 1976.

    Secrets of the Great Pyramid. Nova York: Harper & Row, 1976.

Tozzer, Alfred M. *A Maya Grammar*. Nova York: Dover Publications, 1977.

Trungpa, Chögyam, *Shambhala: Sacred Path of the Warrior*. Boulder: Shambhala Publications, 1984.

Waters, Frank. *Mexico Mystique: The Coming Sixth World of Consciousness*. Chicago: Swallow Press, 1975.

West, John Anthony. *Serpent in the Sky: The High Wisdom of Ancient Egypt*. Nova York: Harper & Row, 1979.

Westheim, Paul. *The Art of Ancient Mexico*. Traduzido por Ursula Bernard. Nova York: Doubleday, 1965.

    Prehispanic Mexican Art. Cidade do México: Editorial Herrero, 1972.

Zukov, Gary. *The Dancing Wu Li Masters*. Nova York: William Morrow, 1979.

O AUTOR

Artista, poeta, historiador visionário, harmonista cósmico, José Argüelles, Ph. D., é reconhecido como um importante porta-voz dos princípios da arte enquanto um despertar do guerreiro, e enquanto agente dinâmico da transformação planetária.

De ascendência mexicana e americana, nasceu em 24 de janeiro de 1939 e formou-se na University of Chicago (BA, 1961; MA, 1963; Ph.D., 1969). Após a conclusão dos estudos formais em história da arte, foi nomeado Samuel H. Kress Senior Fellow e passou o período de 1965-66 dedicando-se a cursos de estudos livres em Paris e na Europa. Como educador e professor, ensinou na University of Princeton (1966-68); University of California, em Davis (1968-71); Evergreen State College (1971-73); The Naropa Institute (1974-75, 1980-83); California State University, em São Francisco (1974-77); The San Francisco Art Institute (1976-77); University of Colorado, em Denver (1979-83); e Union Graduate School (1977- até o presente).

Como poeta, crítico de arte e filósofo, o trabalho de Argüelles tem sido publicado em muitos jornais de arte, de filosofia e do pensamento de vanguarda. Entre seus livros encontramos: *Charles Henry and the Formation of a Psychophysical Aesthetic* (1972); *Mandala* e *The Feminine, Spacious as the Sky* (com Miriam T. Argüelles, 1972 & 1977); *The Transformative Vision: Reflections on the Nature and History of Human Expression* (1975); e *Earth Ascending: An Illustrated Treatise on the Law Governing Whole Systems* (1984).

As pinturas de Argüelles têm sido exibidas por todo o país e reproduzidas em numerosos livros e jornais. Sua atividade com murais está em evidência na University of California, em Davis (1968), e no The Evergreen State College (1972). Aluno desde 1972 do mestre em meditação e artista tibetano Chögyam Trungpa, Rinpoche, Argüelles ajudou-o na formulação dos princípios da Arte Dharma e na organização dos projetos desta Arte em Los Angeles (1980) e em São Francisco (1981). Fundador do Primeiro Festival da Terra, em Davis, Califórnia, em 1970, como ativista da arte transformativa, Argüelles também fundou a Rede Artística Planetária em 1983, um instrumento visionário para a transformação artística global. Desde 1983, Argüelles e sua esposa, Lloydine, têm viajado muito promovendo a "Arte Como Fundamento para a Paz Global".

Além de suas atividades para a rede transformativa, Argüelles prossegue a pesquisa com os harmônicos ressonantes e os princípios da Ciência Cósmica. Residindo em Boulder, Colorado, sua família inclui ainda cinco crianças, um cão e dois gatos.

COMEMORE A CONVERGÊNCIA HARMÔNICA!

A Convergência Harmônica em 16 e 17 de agosto de 1987 depende de indivíduos decididos promovendo rituais, comemorações e eventos jubilosos que expressem seus sentimentos de paz e harmonia em relação com a Terra e as pessoas. Tome a iniciativa! Conte-nos os seus planos. Ligue ou escreva: *Healing Our World (H.O.W.)* (Curando o Nosso Mundo), P.O. Box 6111, Boulder, CO 80306, (303) 443-4328.